JN008775

ネットニュースでは
わからない本当の
日本経済入門

伊藤元重
Itoh Motoshige

東洋経済新報社

目次

第3章 見直されるケインズ経済学

ネットニュースではわからないインフレとデフレ

第6章 巨額の債務は何をもたらすか ネットニュースではわからない 財政

第8章 ネットニュースではわからない国際金融

第9章 ネットニュースではわからない資産市場

バブルも危機も繰り返す

（文中敬称略）

序章

ネットニュースではわからない **コロナ後の経済**

「戦後復興」政策と長期停滞の脱出策が議論に

バブル崩壊、リーマンショック、そしてコロナ危機

30年前にバブルが崩壊してから日本経済は困難続きだ。多くの金融機関が破綻した。経済に深刻な影響を及ぼした不良債権問題が長引いた。日本の金融危機の10年後に起きたリーマンショックは戦後最悪の世界規模の金融危機となり、日本もそれに巻き込まれた。その時点では戦後最悪の経済の悪化を経験する。東日本大震災と原発事故がそれに追い打ちをかけた。

それでも、リーマンショックの12年後の２０２０年に、新型コロナウイルスの感染拡大に

よってもっと厳しい試練に直面するとは誰も考えていなかっただろう。コロナ禍は１００年に1度の規模のグローバル経済の危機をもたらしている。経済の落ち込みは20世紀最悪の経済状況だった世界大恐慌以来の規模になりそうだ。

こうして並べてみると、この30年、日本経済にはろくなことが起きていない。だからなのか、それともそれにもかかわらずなのか、経済についての議論が活性化している。難しい経済状況になると議論が活発になるというのは、経済学の特徴なのかもしれない。現代のマクロ経済学の基礎となったケインズ経済学は、１９３０年代の世界大恐慌という困難の中で生まれた。後のミルトン・フリードマンなどによるケインジアン（ケインズ派）批判の議論は、１９７０年代の激しいインフレを背景に学界の中で勢力を拡大していった。

今世紀になって主要国が長期停滞に陥っていく中で、ケインジアンの議論がまた活性化してきた。流動性の罠など、私が学生の頃、教科書で習い、それ以来出会うことがなかった現象について、現代的なコンテクストで活発に議論が行われている。低成長・低金利・低インフレが続く長期停滞という意味では、日本がこうした動きの先頭にあるとも言える。だからこそ、日本経済の最近の動きを追うことは面白い。

時代によって経済学が塗り替えられていくのは当然のことかもしれないが、近年の日本経済の困難な状況の中で展開されている諸々の経済論議は、新しい時代を見通していく上で役に立つはずだ。本書では、一方で現実に起きている生々しい経済の流れを追いながら、もう一方でその複雑なできごとを理解するのに必要なマクロ経済理論を検討する。経済理論の先端分野を解説するのではないが、足下で起きているマクロ経済の動きを平易なマクロ経済理論で分析してみようと試みた。それによって現実に起きていることがより深く理解できればよいし、また標準的なマクロ経済理論を学ぶきっかけになればなおよい。

新しい経済用語に大事なことが詰まっている

デフレに苦しむ日本では、政策コミュニティや実務家の間で、次々に新しい用語が出てきた。金融政策関連に限定して見ても「量的緩和」「インフレーションターゲッティング」「フォワードガイダンス」「ゼロ金利政策」「イールドカーブコントロール」「日銀のバランスシート」「テーパリング」など、10年前にはあまり聞くことがなかった用語が新聞紙上を賑わしている。

　これらの中には専門性の高いものもあり、正確に理解するのはなかなか大変だ。ただ、これらの用語のそれぞれに、経済で起きている流れの本質が詰まっている。だからこそ、多くの人が経済を語る時に使う。最近の経済の流れの分析を材料にしてマクロ経済を語る、という意図を持った本書では、当然、こうした専門用語が多く出てくる。聞き慣れない用語が出てきたら、そこにこそ今動いている経済を理解するための本質が詰まっていると考えてほしい。

　本書に限らず、経済学を理解するためには、基本的な概念をしっかりと押さえることが鍵となる。大学で学ぶマクロ経済学でも、為替レート、金利、物価、ＧＤＰ、経常収支、失業率など、限られた数の基本的概念をきちっと理解することが、マクロ経済全体の理解を深めるために必要である。こうした基本的概念は本書にも出てくるが、それを丁寧に理解することがマクロ経済の見方を深める早道であると思う。

たとえば、金利（利子率）を例にとってみよう。預金の金利、貸出利息、日銀の政策金利、長期金利（国債の利回り）など、いろいろな形で登場する。金利が動けば、為替レートも動く。金利が下がれば、投資を刺激することでＧＤＰを拡大することにもつながる。また、金利が非常に低いことが、現在の世界的な金余りや株高につながっているとも言える。現状の解説と理論を通じて金利への理解を深めることで、マクロ経済の全体像もよく見えてくるはずだ。

俗説にだまされず、自分で考えてみよう

よく「10人の経済学者がいれば10の学説がある」と言われる。経済現象についての解釈は学説によって大きく異なることがあり、それは政策論議の場でも異なった提言につながる。マクロ経済政策では、ケインジアンと新古典派の考え方には多くの相反するものがあり、こうした論争は学問のレベルに止まらないで、政策での考え方の違いとなって表れる。

非常に明快な論理で一つの真理を解き明かそうとする自然科学と違って、社会科学である経

済学では目の前の経済現象について様々な解釈が成り立ちうる。それでも各自が現実を勝手に解釈するのではなく、ある程度の共通の基盤の中で議論する。理論や解釈だけで決着がつかない問題については、データを使って実証分析する。こうした姿勢はケインジアンも新古典派も同じである。だから経済学という共通の学問が世界中の大学で教えられている。

ただ、世の中で流布しているマクロ経済についての議論の中には、首を傾げたくなるような怪しいものも少なくない。そうした議論がインターネットの片隅で囁かれているだけならまだよいが、時には政治家の考え方を支配することさえある。ケインズはその主著『雇用、利子および貨幣の一般理論』の最後のところで次のように書いている。

「経済学者や政治思想家の考え方は、それが正しいものでも間違っていても、普通に考えられている以上に影響力が大きいものだ。……どのような知的なものからも影響を受けていないと信じている実践的な人でも、どこかのへっぽこ経済学者の（知的）奴隷であることが多い」（筆者訳）。

重要なことは、世に流布している議論をそのまま受け入れるのではなく、自分の頭で納得のいくまで考えることである。ケインズの高弟であるジョーン・ロビンソンは、「経済学を学ぶ目的は経済学者にだまされないためだ」というようなことを言っている。ここで「経済学者」というのは、世の中の俗説というぐらいに解釈すればよいだろう。

ネットでニュースを簡単に見ることができるようになり、便利になった。世界中で起きていることが、スマホなどで瞬時に読める。ただ、そうした情報は細切れであり、それだけで世の中で起きていることの本質が理解できるものではない。読者の多くもそう感じているはずだ。大切なのは、様々なニュースの底流となっている経済の基本を押さえることである。本書を通して読者の皆さんに、多くの経済現象は限られた数の基本原理がわかればより深く理解することができるということを伝えたい。そして他人の意見を鵜呑みにするのではなく、自分の頭で考えることが重要だ。そうすればネットで読むニュースも、その本質がよりよく見えてくるはずだ。

自分の頭で考えるのは大変なことのように思われるかもしれないが、実は楽しい作業である。世の中で起きている様々な経済現象について知識を増やし、納得のいくまで考えてみること、こうした経験をした人にはその楽しさがわかってもらえるはずだ。

ポスト・コロナの経済の焦点

新型コロナウイルスが突然世界を襲った。コロナ危機はあっという間に世界に広がり、経済地図を大きく変えてしまった。これから先の展開がどのようになるのか見通すのは難しい。新種のウイルスによるパンデミックもまた起こりうるという専門家の警告もある。そうなったらどうなるのか、予想もしたくない。

足下で多くの人が気にしているマクロ経済の問題がいくつかある。一つは、コロナ危機からの回復のスピードである。本文でも触れているように、ＩＭＦ（国際通貨基金）は２０２０年の世界経済の成長率をマイナス３・３％とし（21年4月時点の予想、以下同じ）、21年の成長率を６・０％と予想している。谷深ければ山高しだ。コロナ危機によって２０２０年の世界経済の成長率は、１９３０年代の大恐慌以来の最悪の落ち込みになる。しかし、その反動もあって、２０２１年の経済成長率は前年の落ち込みを補って余りある回復が予想される。ワクチンの接種が後れている日本では回復の時期は少し遅くなりそうだが、それでもどこかの段階で速いスピードでの回復が期待できそうだ。

コロナ禍での景気の落ち込みから回復するのは好ましいことだ。ただ、あまりに速いスピードでの回復は金融市場に混乱を招きかねない。コロナ禍の経済を支えるため、各国の中央銀行は徹底した金融緩和を行ってきた。その結果、実体経済は悪いのに株価は異常に高いという状況になった。景気回復のプロセスで金利が過度に上昇するようなことになれば、株価が大きく下がることにもなりかねない。中央銀行が過度な金融緩和をやめることをテーパリングと呼ぶが、市場関係者は景気回復のペースとテーパリングのタイミングに神経を使っている。

コロナ後のマクロ経済運営でもう一つ気になるのが財政の問題だ。コロナ禍の最中には、政府は経済を支えるため、財政赤字を大幅に増やしてでも財政刺激策を行ってきた。ただ、いつまでも財政赤字を垂れ流すことはできない。どこかの時点で財政を正常に戻す議論が必要だ。

ただ、米国での動きが最も顕著だが、コロナ後に大規模な財政刺激策を行う姿勢を強めている。コロナウイルスとの戦争の後の経済を立て直すためには、「戦後復興」の財政運営が必要だというのだ。先進国が長期金利の低下という長期停滞に陥っているので、積極的に財政刺激をしても過度なインフレや金利上昇には至らないという見方もあるようだ。欧州でも、ポストコロナの経済復興の柱として、気候変動対策の大規模な投資を予定している。

積極的な財政刺激策で経済の回復のスピードが速まるのは結構だが、過剰な刺激で金融市場が混乱したり、あるいは財政不安が出てくるようだと困る。日本では米欧のような大規模な財政刺激策が予定されているわけではないが、今後の経済回復のプロセスで米欧の政策運営の影響を受けて過剰な刺激に走ることもありうる。巨額の公的債務をすでに抱えている日本の財政問題は新しいステージに入るかもしれない。

デジタルとグリーンで成長を図る

すべての経済問題は需要と供給の両面から見る必要がある。アベノミクスでデフレからの脱却を図ろうとした時、その主たる論点は需要サイドであった。不良債権問題の影響や少子高齢化などによって日本の需要は弱く、それを放置するとデフレになる。そうならないように財政や金融でカンフル剤を打ち続けてきた。こうした政策が間違っていたわけではないが、需要サイドだけでは問題の解決にはならない。

アベノミクスで経済指標が回復基調にあったにもかかわらず、日本の経済成長率は上昇していかなかった。所得が増えていかないので、国民にも景気回復感が広がらない。カンフル剤を打ち続けても経済成長率が上がっていかないのは、供給サイドでの成長力が弱いのだ。労働力が増えないことは仕方ないとしても、投資が弱いので資本ストックも増えない。生産性も全く伸びていない。これではいくら需要サイドでカンフル剤を打ち続けても経済を浮揚させることにはならない。

コロナ後に日本経済を本格的に浮揚させる役割が期待されるのが、供給サイドの活性化である。デジタルとグリーン（気候変動対策）が脚光を浴びている。デジタル技術を成長に繋げるためにDX（デジタルトランスフォーメーション）を進めることが重要だ。さらにデジタルと気候変動対策で投資をどこまで拡大させていくのかが鍵となる。

米欧では気候変動問題への対応としての再生可能エネルギーや水素への投資、あるいは自動車の電気化などを、新たな成長の原動力にしようという考え方が広がっている。「グリーンディール」の発想だ。政府による政策だけでなく、気候変動対応を重視した金融の動きなども出ている。日本でもこうした流れが広がるのかどうかは、今後のマクロ経済を占う上でも重要なポイントとなる。

第1章

コロナ危機からの回復はいつか

ネットニュースではわからないGDPの理論

マクロ経済を見る上で最も重要でよく使われる指標は何だろうか。多くの人は「GDP」と答えるだろう。GDPはGross Domestic Productの略で、国内総生産と訳す。経済活動全体の規模を測る指標である。GDP統計を見ることで経済のいろいろな活動を把握することができる。年間でどれだけの生産が行われているのか。社会でどれだけの所得が生み出されているのか。そうした生産や所得は、消費・投資・政府財政支出・輸出などの項目にどのように配分されているのか。こうしたことを見るための指標だ。

新聞やテレビの経済分析を追っていても、GDPが話題になることは多い。たとえば足下でGDPがどれだけ増えているのかは、景気の状況を判断するのに利用される。本文中で詳しく述べるが、２０２０年の４月、ＩＭＦ（国際通貨基金）は20年の世界の経済成長率が世界大恐慌以来で最悪の状況になると予想した。世界大恐慌は１９３０年代に世界を襲った、20世紀最悪の世界的な経済不況である。それ以来の最悪の状況とは、80年に一度の景気悪化ということになる。

　このニュースはあっという間に世界中を駆け抜けた。ＩＭＦが示した数字は、２０２０年の世界のＧＤＰがマイナス３・０％で伸びるという予想であった。つまりＧＤＰが縮小するということだ。景気がどのような状況にあるのか。それを見るためにまず注目されるのがＧＤＰの動きである。ＩＭＦのように世界のＧＤＰに注目することもあるが、それぞれの国でその国の景気状況を判断するためにＧＤＰの伸びが計測されている。日本もその例外ではない。

　ＧＤＰは景気判断以外でもいろいろな形で利用される。たとえば、「中国が世界第２位の経済規模となっている」といわれるのは、中国のＧＤＰが現在、米国に次いで世界第２位の規模であるからだ。ちなみに日本は第３位である。２０００年には日本のＧＤＰは４・97兆ドル、中国のＧＤＰは約１・２兆ドルであった。当時はまだ日本の方が中国の約４倍の規模であったのだ。しかしそれから20年経って、日本のＧＤＰは５・05兆ドルと20年前とあまり変わらないが、中国のＧＤＰは日本の３倍の約14・７兆ドルまで膨れ上がっている。日本が足踏みしている間に、中国は巨大な規模になったのだ。

　いろいろな国のＧＤＰを比較するためには、共通の尺度として使える米ドルに変換された数字が用いられる。その場合、為替変動などの影響は生じる。それでもこうして世界の主要国のＧＤＰを比べることで、世界の勢力地図のイメージが描きやすくなることも事実だ。

　この章でいろいろな事例を使って説明するように、ＧＤＰは経済問題を考えるために利用できる便利な指標である。マクロ経済分析最強のツールといってもよい。ただ、一つの指標ですべてのことがわかるわけではない。ＧＤＰという指標が持っている限界や欠点についても認識しておこう。

　たとえば、その国の人々がどの程度豊かであるのかを見るために、１人当たりのＧＤＰを比較することがある。ＧＤＰをその国の人口で割ることで、１人当たりの所得や生産の規模を示したものだ。中国の１人当たりのＧＤＰは１万５８２・10ドル、ブータンのそれは３４３１・31ドルとなっている（２０２０年の数値）。では、世界で最も幸せといわれるブータンの人に比べて、中国の人が３倍以上幸せといってよいだろうか。ブータンの人たちがどれだけ幸せなのかということもわからないが、ＧＤＰだけで幸福度を測るのは全く意味がないことも明らかだ。ＧＤＰはパワフルな指標ではあるが、その限界についても意識する必要がある。

　この章ではＧＤＰを巡るいろいろな話を紹介することで、ＧＤＰへの理解を高めてもらいたいと考えている。統計的に見ればＧＤＰは一つの指標にすぎないが、その数字の中に実に多くの経済のドラマがあるのだ。

失われた20年

失われた10年、あるいは20年という表現を聞いたことがあるだろうか。バブルが崩壊した後、日本経済の停滞が続き、貧困が広がり、経済の成長も止まってしまった。経済的な停滞が10年も20年も続いたので、失われた10年（20年）という言い方がされる。こうした日本経済の状況をＧＤＰを使って考察しよう。

図１−１は、１９９０年以降の日本の名目ＧＤＰの動きを示したものである。「名目ＧＤＰ」とＧＤＰの前に「名目」という表現がついているが、この点はとりあえずは気にしなくてよい。この章の後半で名目ＧＤＰと実質ＧＤＰの違いなどについては説明する。以下では名目を省略して、ただＧＤＰと呼ぶことにする。

ＧＤＰとは、１年間で日本でどれだけの規模の生産が行われたのかを示したものである。したがって、**経済活動の規模**を表したものだといえる。この図を見ると１９９７年から99年にかけて日本のＧＤＰは大きく下がっている。その後、２００２年頃から少しずつ増加を始めているが、09年に大きく下がり、さらに11年にも下がっている。

このようなＧＤＰの動きは、この間の日本経済の動きを反映している。１９９０年前後に不動産や株価のバブルの崩壊が始まった。これが日本経済に深刻な打撃をもたらした。それでも経済は何とか持ちこたえていたが、１９９７年の年末に大手証券会社の山一證券が破綻して、98年には深刻な金融危機が日本を襲った。この時期、日本長期信用銀行、日本債券信用銀行、北海道拓殖銀行などの大手金融機関をはじめ、全国の多くの中小金融機関が破綻した。バブル崩壊による不良債権問題が深刻化した結果でもある。それによって、貸し渋り、貸し剥がしと呼ばれた銀行の貸し出し抑制が続き、経済は深刻な不況に陥っていく。

　１９９８年から日本のＧＤＰが大きく落ち込んでいく。この図からわかるように前年の**１９９７年の日本のＧＤＰは５３４兆円（暦年統計）であった。それから20年近く、ＧＤＰはこの水準を下回ることになる。**この水準に回復するのは、何と20年後の２０１６年のことである。**失われた20年**とはよく言ったものである。

図1-1　名目GDPの推移（1990〜2019年）

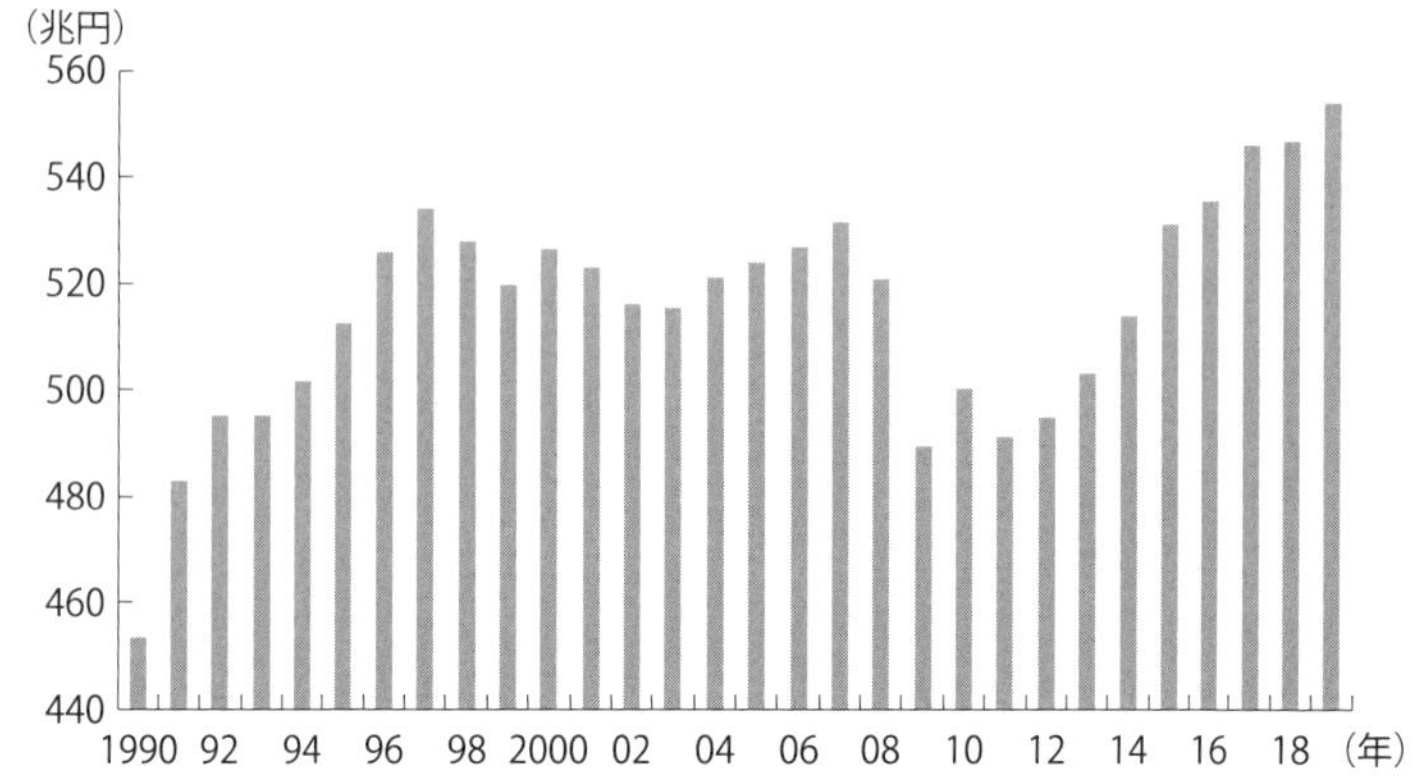

（出所）内閣府「令和２年度 年次経済財政報告」長期経済統計

ちなみに2008年のGDPの大きな落ち込みは、米国の巨大金融機関であるリーマン・ブラザーズの破綻に端を発したリーマンショックの影響である。日本で金融危機が起きたわけではなかったが、世界経済全体が大きく落ち込む中で、日本の主力輸出産業である自動車産業が深刻な影響を受けた。2011年の落ち込みは東日本大震災の時期と重なっている。震災が経済的にも大きなダメージを与えたことがよくわかる。

アベノミクスの功績と限界

図1−1にあるGDPの動きは、2013年あたりから顕著な増加を示している。日本のGDPは2017年には約20年ぶりに過去最高水準を更新し、その後も拡大を続けている。もっとも2020年になるとコロナ危機が広がり、こうした動きに変化が生じるが、これについては後で触れる。

2013年から日本のGDPが顕著に増加を始めたのは、12年の年末に安倍政権がスタートしたことと関係がある。安倍内閣はアベノミクスというキャッチフレーズを掲げて、デフレを解消するための大胆なマクロ経済政策を導入した。この時期に経済の流れが大きく変化したのを記憶している読者も多いだろう。アベノミクスが始まる前年の2012年のGDPは約494兆円（暦年統計）であり、これはさらに遡ること15年前の1997年のGDP534兆円に比べて７％も低くなっていた。これがコロナ危機前の２０１９年には約５５２兆円まで増加を続けるのだ。

２０１２年の失業率は４・３％であった（２０１２年12月）が、これも19年までに２・２％まで低下を続ける（19年12月）。雇用も大幅に改善したのだ。企業業績も大きく改善した。企業業績を反映する株価（日経平均）は２０１２年の年末には１万３９５・18円であったが、19年年末には２万３６５６・62円にまで上昇する。ＧＤＰが増加することは、政府の税収の増加につながる。政府の財政赤字は２０１２年には約41兆円（暦年統計）と巨額であったが、19年には約16兆円（暦年統計）にまで減少することになる。

バブル崩壊とその後のたび重なる金融機関の危機で、日本経済は深刻なデフレに陥っていた。デフレについては第３章で取り上げるが、それによって日本のＧＤＰは大きく縮小することになる。生産量が落ちるというよりも、物価や賃金が下がって名目値で評価したＧＤＰが縮小した。これが雇用、消費、財政収支、株価など、様々な面で日本経済に大きな負の影響をもたらした。**アベノミクスの課題はこうしたデフレの流れを変えること**だった。そのために大胆な金融政策を実行した。この点については第５章でもう少し詳しく述べるが、**ＧＤＰの動きで見る限り、結果的には大きな成果**をあげることになる。

コロナ危機の衝撃

　２０２０年は、第二次世界大戦後の世界経済の歴史の中で、強く記憶される年となった。新型コロナウイルスが世界全体に広がり、世界経済が大混乱に陥った。感染の比較的早い段階でＩＭＦが出した報告書は、多くの人に衝撃を与えた。**「２０２０年の世界経済の落ち込みは１９３０年代の世界大恐慌以来の深刻さになる」**という予想だ。

　表１－１はＩＭＦが３カ月ごとに発表する経済予測の表である。ここにある数字は各国の経済成長率の予想である。経済成長率は、その国がどの程度の伸び率で成長をしているのかをとった指標だ。この章の後半で説明するが、これは物価の動きを取り除いた実質ＧＤＰの成長率のことである。名目か実質かという区別は突き詰めていくと難しい問題があるが、この段階ではあまり気にせず、とりあえず経済成長率とは名目でも実質でもＧＤＰの伸び率のことを表していると考えればよい。

　さて、ここに掲げた表はその後の改定を経て２０２１年の４月に発表された数字である。この数字を見ると、２０２０年は世界全体でマイナス３・３％というマイナスの成長率となっている。大恐慌以来の最悪の落ち込みという予想は現実化している。日本はマイナス４・８％、米国はマイナス３・５％、そしてウイルスの被害を大きく受けてロックダウンをしたユーロ圏

表1-1　世界経済見通し（WEO）による成長率予測（2021年4月）

	推計	予測	
（実質GDP、年間の増減率、%）	2020	2021	2022
世界GDP	▲3.3	6.0	4.4
先進国・地域	▲4.7	5.1	3.6
米国	▲3.5	6.4	3.5
ユーロ圏	▲6.6	4.4	3.8
ドイツ	▲4.9	3.6	3.4
フランス	▲8.2	5.8	4.2
イタリア	▲8.9	4.2	3.6
スペイン	▲11.0	6.4	4.7
日本	▲4.8	3.3	2.5
英国	▲9.9	5.3	5.1
カナダ	▲5.4	5.0	4.7
その他の先進国・地域	▲2.1	4.4	3.4
新興市場国と発展途上国	▲2.2	6.7	5.0
アジアの新興市場国と発展途上国	▲1.0	8.6	6.0
中国	2.3	8.4	5.6
インド	▲8.0	12.5	6.9
ASEAN原加盟国5カ国	▲3.4	4.9	6.1
ヨーロッパの新興市場国と発展途上国	▲2.0	4.4	3.9
ロシア	▲3.1	3.8	3.8
ラテンアメリカ・カリブ諸国	▲7.0	4.6	3.1
ブラジル	▲4.1	3.7	2.6
メキシコ	▲8.2	5.0	3.0
中東・中央アジア	▲2.9	3.7	3.8
サウジアラビア	▲4.1	2.9	4.0
サブサハラアフリカ	▲1.9	3.4	4.0
ナイジェリア	▲1.8	2.5	2.3
南アフリカ	▲7.0	3.1	2.0
備考：			
発展途上国と中所得国	▲2.4	6.9	5.0
低所得途上国	0.0	4.3	5.2

（注）インドについては、データと予測が財政年度で表示されており、2020-2021年度は2020年4月に始まった。インドの成長率を暦年ベースで見ると、2020年が▲7.1%、2021年が11.3%。
（出所）IMF 2021年4月「世界経済見通し（WEO）」

はマイナス６・６％とひどい数字だ。パンデミックの影響が特に強かった英国ではマイナス９・９％という状況である。

ちなみにこの表には２０２１年と22年の主要国の経済成長率の予想も載せてある。そのとおりになるかどうかはわからないが、おおむねコロナ危機からの脱却について楽観的な予想となっている。コロナ危機によって２０２０年の世界全体の経済成長率はマイナス３・３％という大きな落ち込みだったが、21年には前年比で６・０％の回復となっている。落ち込みの回復分の３・３％を引くと、コロナ危機前に比べて２・７％程度の伸びということになる。前に述べた日本の経験で、１９９０年代末の金融危機で落ち込んだＧＤＰがもとの水準に戻るのに20年近くがかかってしまったのと比べると、この予想では2年でもとに戻るということになる。驚くべきスピードでの回復である。

このような楽観的な予想になっているのは、**コロナ危機にもかかわらず金融危機が起きていない**ことが大きい。この点については第5章で取り上げるが、金融危機にならないように主要国の中央銀行が必死になって金融市場を支えている。また、２０２１年に入ってワクチンが利用可能になってくることへの期待感もある。ワクチンがどの程度の有効性があるのか、この原稿の執筆時点ではわからない面が多いが、ＩＭＦの予想ではワクチンの効果を織り込んでいるように見える。

さて、表の日本の欄を見ると、２０２０年に４・８％の落ち込みがあって、21年にはプラス

３・３％成長となっている。３％を超える成長率は非常に高いが、前年に大きく落ち込んでいるので当然のようにも見える。この数字で見る限り、**日本の成長率はリバウンド（反動）とはなっているが、リカバリー（回復）とはなっていないようだ。**

ＱＥ：景気判断の重要指標

景気判断を行うエコノミストや市場アナリストなどの間で、**ＱＥ**と呼ばれる指標がある。これは**政府が四半期ごとに発表するＧＤＰの成長率の予測**のことで、Quarterly Estimates（四半期予測）を略してＱＥとなる。ちなみに最近では、日銀の量的緩和（Quantitative Easing）のことをＱＥと呼ぶことの方が多くなり、両者を混同しないでほしい。日銀のＱＥについては第５章で詳しく述べることにしたい。

四半期ごとにＧＤＰがどの程度のスピードで成長しているのかを予想するのは簡単ではない。しかし、足下で経済がどの程度のスピードで成長しているのかを知ることは、景気の状況を判断する上できわめて重要だ。だから、新聞やテレビで、政府が発表するＱＥが大きく報道される。ちなみに景気が悪ければ、ＱＥがマイナスになることもありうる。

図１‐２は２０１０年から20年までのＱＥの結果を図示したものである。ここにあるのは、ＱＥの中の実質ＧＤＰで、四半期ごとの前期と比べた成長率を年率換算したものの推移である。

要するに、四半期ごとに見たＧＤＰの成長率と考えればよい。

この図を見ても、成長率は大きく振れるものであることがわかる。たとえば２０１１年の前半の２四半期（前会計年度の第４四半期と２０１１年度の第１四半期）の成長率がマイナスになっているが、これは東日本大震災の影響が大きい。２０１４年度には第２四半期にマイナス成長となった。これは２０１４年の４月から消費税が５％から８％に引き上げられた影響と考えられる。その後、成長率が前期比では若干のプラスであるものの、前年比でマイナスの状況がさらに２期続く。関連して、２０１４年の１-３月期（第１四半期）の成長率が高くなっているのは、消費税の引き上げを控えて多くの消費者が増税前の駆け込み需要に走り、それが結果として消費を増やして成長率にもプラスに働いたという

図1-2　GDPの四半期速報

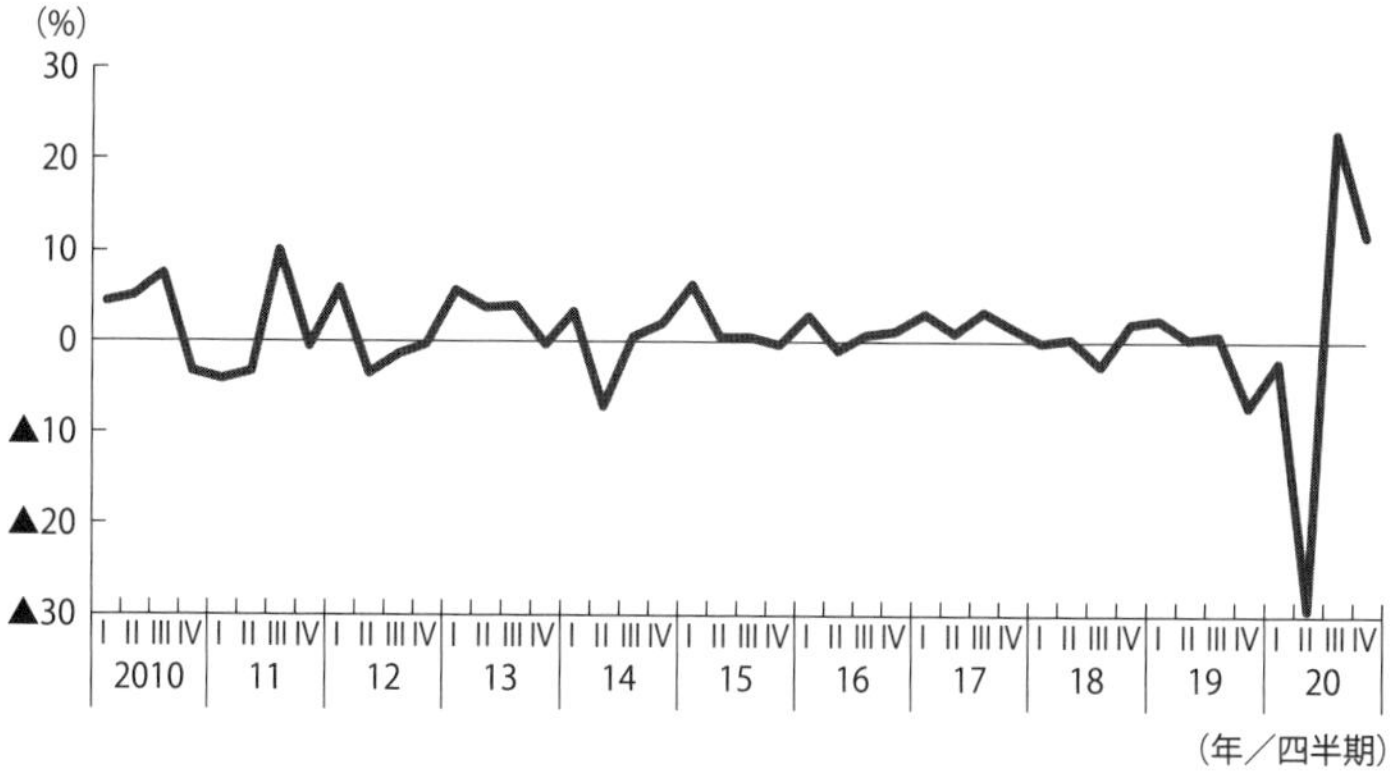

（注）前期比年率換算値。
（出所）内閣府「統計表（四半期別GDP速報）2020年10-12月期２次速報値」

ことが読める。

ちなみにこの図には、２０２０年のコロナ危機後のＱＥの数字も出ている。これまでに経験したことがないほどの成長率の落ち込みとなっている。特に緊急事態宣言の影響が大きかった４−６月期（第２四半期）は前期比年率換算でマイナス30％近い落ち込みが記録されている。

四半期ごとのＧＤＰの成長率の計測は、利用できるデータが限られているため、推計にも限界がある。この章の後半で説明するように、ＧＤＰには生産・分配（所得）・支出という三つの側面があり、そうした多面的な統計データを利用することで、より正確にＧＤＰが計測できるようになる。ところが、３カ月という短い期間ではその時点で利用できるデータに限りがある。時間的に集計が間に合わないデータがあるからだ。そのため、限られたデータの中で推計したＱＥが「暫定値」として発表される。少し時間が経ってもう少しいろいろなデータが集まった段階で、修正した数値が発表されるが、当初の暫定値とその後の修正値が大きく乖離することもある。

ＱＥはそうした不完全な推計ではあるが、それでも足下の景気判断には重要な存在である。政策的には、より短い期間により多くのデータを集計して、より正確な統計にすることが課題となる。

コラム

消費税率の引き上げは日本のＧＤＰを下げたのか

四半期ごとのＧＤＰの成長率を取ったＱＥのデータは、足下の景況を判断する上で重要な意味を持つ。問題は限られた時間の中で作成されるデータがどの程度実態を表した正確なものであるのかということだ。ＧＤＰの統計の精度を向上させることの重要性が指摘され、政府も統計の改革に取り組んできた。

そうした統計改革の議論を喚起する一つのきっかけになったのが、２０１４年の消費税率の引き上げの時期のＱＥの統計である。政府は２０１４年の４月に消費税率を５％から８％に引き上げた。この消費税の引き上げで景気がどうなるのかに関心が集まった。そこで４月以降の四半期ごとのＱＥの数値が注目された。結果的には、前年同期比で見ると３四半期マイナスの状態が続いた（図1−2は前期比だが、ここでは前年同期比）。３四半期、つまり９カ月も前年比でマイナス成長の状態が続いたということで、消費税の引き上げの影響の大きさに驚いた人も多かった。「消費税は引き上げるべきではなかった」と、今でもそう主張する専門家もいる。

ところが、日本銀行の中で発表された研究レポートの中では、実はこの時期にＧＤＰは前年比で上昇しているという推計結果が出ている。一方のＱＥでは大きなマイナス成長なのに、このレポートではプラス成長だという。

この違いはどこから来たのだろうか。重要なポイントは、QEは消費税の引き上げ直後から発表されていくが、このレポートが発表されたのは2年以上経った2016年の7月であったということだ。その時点では、QEの発表時点では利用できなかったデータが出てくる。特にGDPの分配面に関わる税務関係のデータが利用可能になる。このレポートではこうしたデータも利用することで、QEとは全く違った結果を出したのだ。

日銀のリサーチャーが出したレポートの中身を信じるとすれば、消費税率引き上げが経済を失速させたとする従来の見方は間違いということになる。一部のリサーチャーが行った調査では政府の出したQEをひっくり返すだけの影響力はない。ただ、このレポートには次々に出てくる所得データを利用して計算を精緻化するという強みがある。だからこそ、世の中もこのレポートに注目したのだ。

では政府の統計改革にはどのような教訓があったのだろうか。まず、迅速さを求められるQEのような推計は、データの不足から非常に不正確なものになる可能性があり、それは時として誤った政策判断につながることになる。可能な限り短時間の間に、推計に利用できるデータを集める努力をする必要がある。政府はその方向で改革を進めている。

もう一つの教訓は、時間が経ってからでも構わないので、過去の推計をより豊富なデータの中で検証する作業が必要だということだ。こうした検証の作業は民間が行うこともできる。政府の出す推計がすべて正しいわけではない。民間による事後チェックの作業がもっと行われるべきなのだろう。

日本企業の過剰貯蓄体質

ＧＤＰは経済全体の規模を示したものである。ただ、ＧＤＰを分析することで、家計や企業など、個々の部門ごとの行動にも分析のメスを入れることができる。後で説明するように、ＧＤＰは１年間に生産された付加価値の合計を示すものであるが、それは同時にどれだけの所得が生み出されるのか、それがそれぞれの部門にどのように分配されるのか、さらにはそれが消費や貯蓄などにどのように支出されるのかなどがわかる。

マクロ経済の動きを理解するためには、家計・企業・政府・海外部門などがどのように行動するのかを分析することが必要だ。ＧＤＰ統計はそうした部門ごとの動きを見るうえでも有効である。その一つの例として、ここでは企業の過剰貯蓄体質について触れてみたい。これは最近の経済政策論議の中でも重要な論点となっている。

図１‐３に示したのは１９９７年以降の企業部門の資金余剰の状態を主要国について比べたものである。資金余剰とは、要するに貯蓄から投資を引いたものであり、これがプラスであれば、資金に余りが生じて手元に残しているということだ。この図では各国の資金余剰の額をＧＤＰ

に対する比率で表してある。ＧＤＰ統計を利用することで、こうした国際比較が可能となる。

この図を見ると、**日本の企業部門の資金余剰が顕著に大きい**ことがわかる。直近のところで見ると、日本の企業はＧＤＰ比で約２・６％、金額にして約14兆円という資金余剰を出している。その金額は、諸外国に比べても大きい。

こうした企業の行動が批判の対象となることが多い。企業は本来であれば、賃金の引き上げ、投資の増加、あるいは株主還元の配当の引き上げなどの形で手元の資金を吐き出していく。こうしたことをキャッシュアウトという。企業は今日、キャッシュアウトをせずに資金を内部留保などの形で溜め込んでいるので、結果的に企業部門の資金余剰が大きくなっている。**賃上げや投資を抑えて溜め込むので、デフレの解消が進まないという批判**の声も出ている。

図1-3　企業の資金余剰（対GDP比）の国際比較（1997〜2019年）

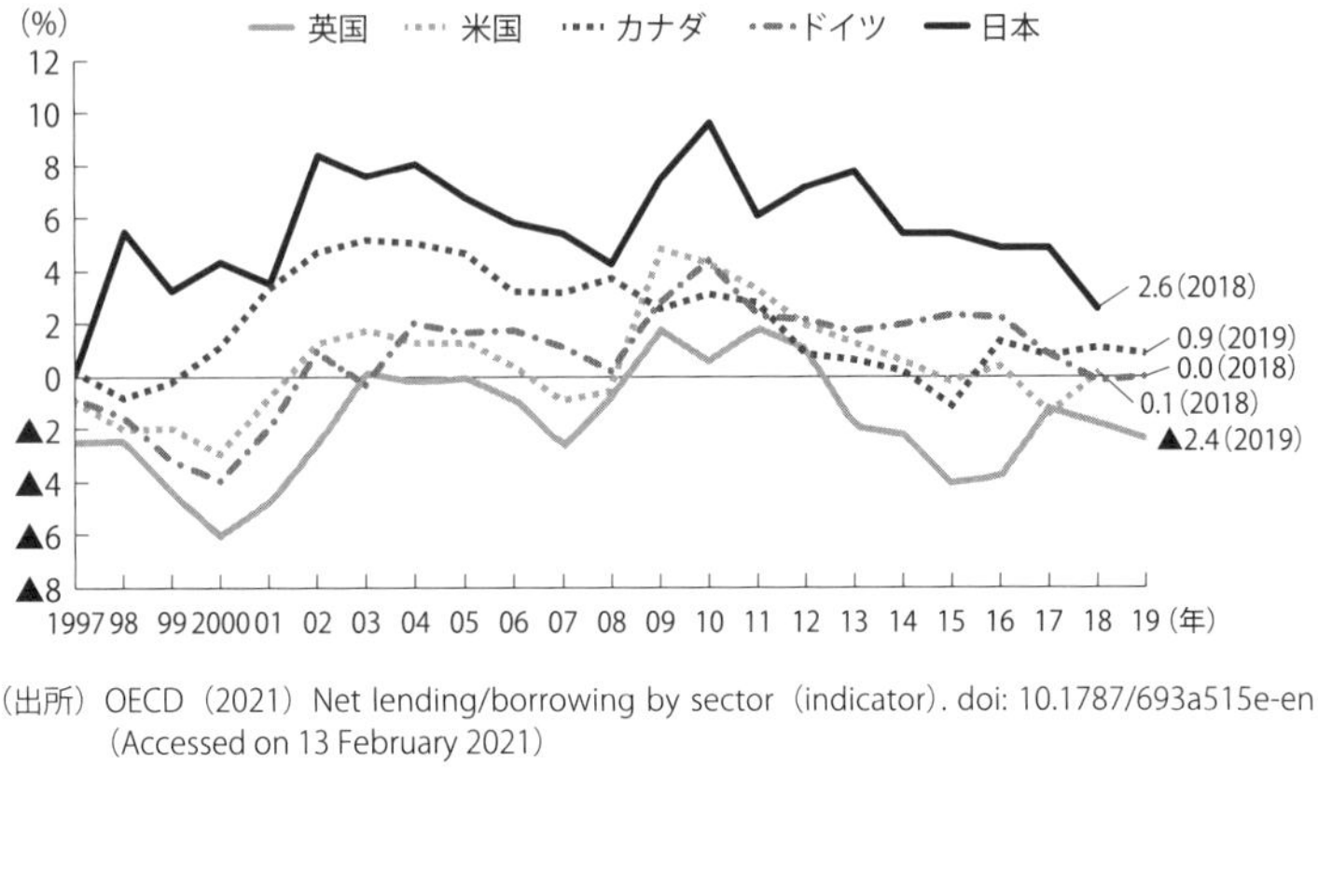

（出所）OECD（2021）Net lending/borrowing by sector（indicator）. doi: 10.1787/693a515e-en（Accessed on 13 February 2021）

日本の企業部門の資金余剰が大きくなっているのは、１９９８年以降ずっと続いている現象だ。この年に日本では金融危機の嵐が吹き荒れ、企業も大変な状況にあった。バブル崩壊以降、日本の企業は三つの「過剰」に苦しんだ。過剰雇用・過剰債務・過剰設備である。この過剰から脱却するために、多くの企業がリストラ・債務返済・投資抑制などに走った。その結果として企業の投資や支出は大きく落ち込み、残った資金が余剰として貯蓄されることになった。この状況はデフレが続く中で大きくは変わらなかった。守りに入った企業の行動が余剰資金の溜め込みということだ。２０１３年からアベノミクスが始まり景気が少しよくなった後もこの状況はあまり変わらず、コロナ危機まで続くことになる。こうしたことの影響や政策的な方向については次の章で触れることにする。

ＧＤＰとは付加価値の合計

これまでＧＤＰの動きを追いながら、近年の日本経済の動きを検証してみた。ＧＤＰがマクロ経済を見る上で非常に重要な指標であることがわかったと思う。ここでは、このＧＤＰがどのような指標であるのか、もう少し詳しく考察してみたい。

ＧＤＰとは付加価値の合計である。まず付加価値とは何かを、自動車産業を例に説明しよう。付加価値とはその企業や産業の生産額から、原材料の投入額を引いたものである。たとえばトヨタ自動車は、日本国内だけでも膨大な台数の自動車を生産している。１年間に何円分の自動車を生産したのかを合計すれば、トヨタ自動車の総生産額を計算できる。

ただ、この生産額はそのすべてがトヨタ自動車によって生産されたものではない。たとえば、タイヤをブリヂストンから購入しているなら、それはブリヂストンが生産したものだ。あるいは自動車部品の多くをデンソーなどの系列の会社から購入しているが、これもトヨタ自動車が生産したものではなく、部品メーカーが生産したものである。

結局、**トヨタ自動車が生産したものは、生産された自動車の総額から、外部から買ってきた原料や部品や電力などのエネルギー費を引いたもの**である。これがトヨタ自動車の付加価値である。

自動車産業全体の付加価値は、トヨタ自動車など自動車メーカーの付加価値だけでなく、デンソーなどの部品メーカーの付加価値をすべて足し合わせて求めることになる。ＧＤＰを計算するためには、こうした産業ごとの付加価値をすべて足し合わせて、経済全体の付加価値を計算すればよい。言い換えると、**ＧＤＰとは日本経済全体で生み出される付加価値**だということになる。

図１−４は、日本の付加価値を主要な産業ごとに整理したものである。全体で５００兆円近くある日本のＧＤＰがどのような産業によって生み出されているのかわかる。日本の付加価値（ＧＤＰ）の約70％以上が第３次産業、すなわちサービス産業から生まれていることがわかる。

日本は製造業中心の国だと考えている人も多いかもしれないが、製造業の付加価値はわずか20％前後しかない。もちろんそれでも製造業が重要ではないというわけではないが。

日本も戦後の高度経済成長期には製造業のウェイトがもっとずっと大きかった。しかし、経済が成熟して高度化すると、金融・流通・情報などのサービス業の重要性が増してくる。これを**経済のサービス化**と呼ぶ。サービス化は日本だけでなく、欧米の主要な先進国ではすべて同じような流れとなっている。

図1-4　日本の産業別のGDP構成比（名目）

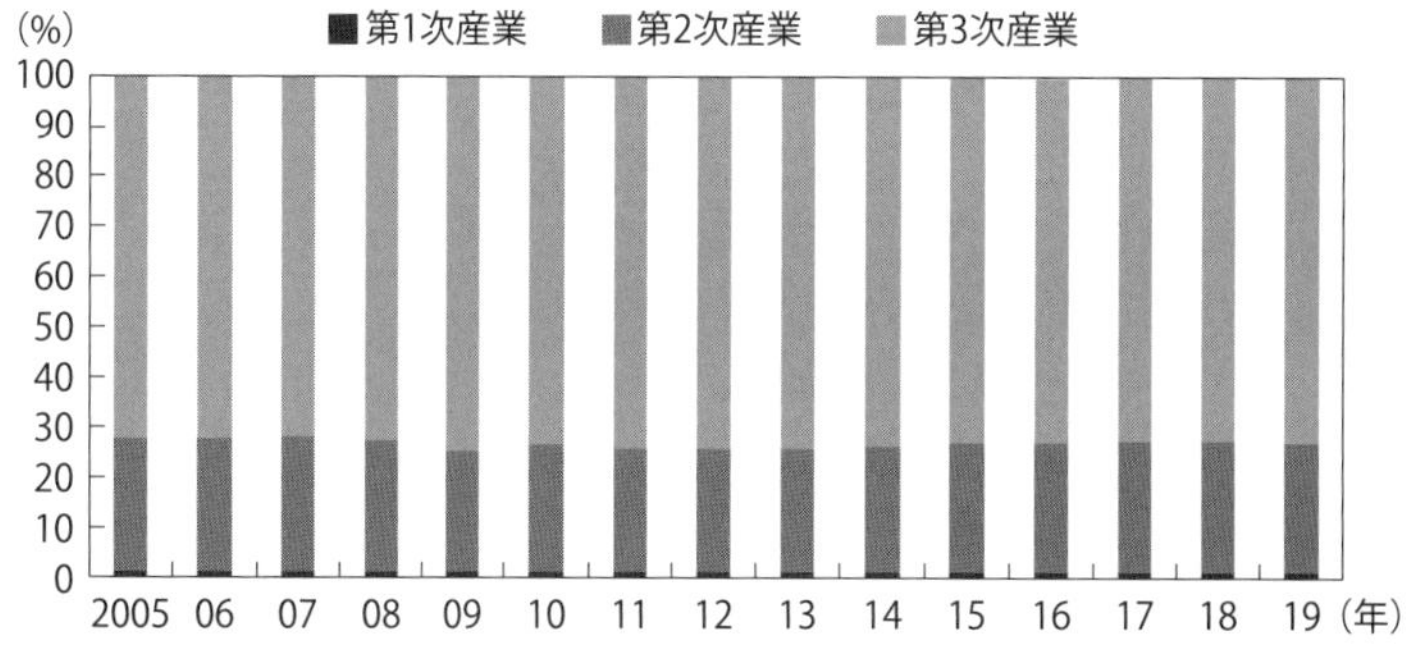

（注）第1次産業：農林水産業。
第2次産業：鉱業、製造業、建設業。
第3次産業：電気・ガス・水道・廃棄物処理業、卸売・小売業、運輸・郵便業、宿泊・飲食サービス業・情報通信業、金融・保険業、不動産業、専門・科学技術・業務支援サービス業、公務、教育、保健衛生・社会事業、その他サービス。
（出所）内閣府「2019年度（令和元年度）国民経済計算年次推計（2015年（平成27年）基準改訂値）（フロー編）ポイント」

ＧＤＰは所得の面から見ることもできる

ＧＤＰは**生産・所得（分配）・支出という三つの角度**から見ることができる。生産されたものが所得を生み出し、それが支出されると考えればこの三つの面があるのは当然だが、この三つが等しくなるということを理解すると、マクロ経済がさらに深くわかってくる。まず、生産と所得の関係について考えてみよう。

先ほどＧＤＰはいろいろな企業の付加価値を足し合わせたものであると説明した。そこで例に使った自動車メーカーの付加価値のイメージを図1－5に描いてみた。付加価値とは自動車の総生産額から原材料やエネルギー費などのコストを引いたものである。重要なのは、こうして生み出された付加価値がどのような形で分配されるのかということだ。

図に描いてあるように、付加価値として企業が生み出したものは、労働者への賃金、借りている土地建物などへの地代・賃料、政府への消費税や法人税の支払いに使われ、そうした支払いを除いたものが企業の利潤となる。利潤の一部は配当や利子で支払われるし、残りは内部留保として企業内に貯められる。このように付加価値として生み出されたものは、すべて賃金・地代・税金・利潤などの形で分配されることになる。自動車メーカーが生み出す付加価値は、自動車メーカーが分配する所得に等しくなる。

分配される所得は、労働者への賃金、土地建物への地代、資本に対する利潤、政府への税金など、いずれも分配先がある。分配先のことを生産要素と呼ぶ。生産要素とは、労働・資本・土地などで、これらを利用することで生産が行われ、その結果としての付加価値が生まれる。付加価値が生み出した所得は、生産要素への所得として分配される。ＧＤＰはすべての産業の付加価値を足し合わせたものである。それは、**経済全体で支払われる賃金・地代・税金・利潤などの合計に等しくなっているはずである。これが分配から見たＧＤＰである。**

　すべての産業の付加価値を足し合わせることでＧＤＰが計算できると述べた。同時に、経済全体の賃金や地代や利潤などの所得をすべて足し合わせても、ＧＤＰが計算できるはずだ。そして、両者は理論的には全く同じものになる。もちろん、

図1-5　自動車メーカーの付加価値のイメージ

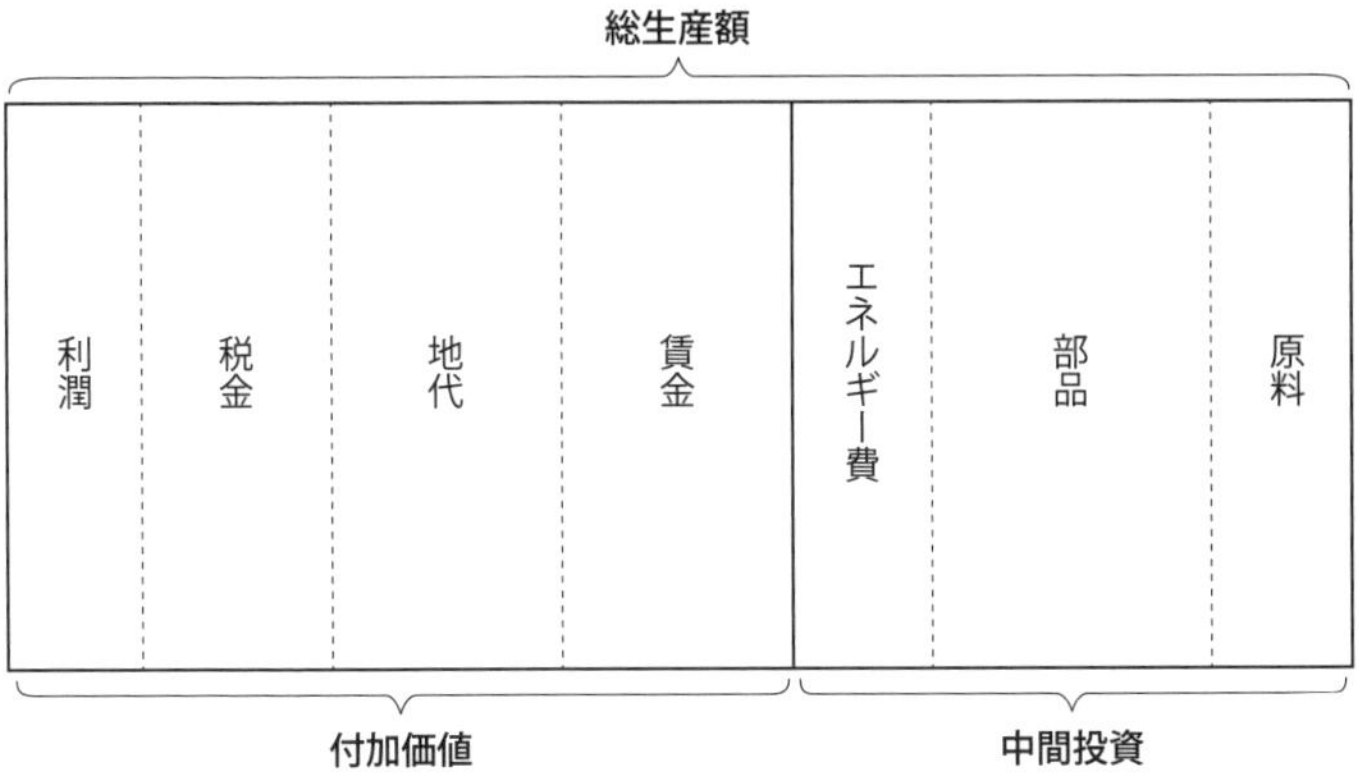

現実的にはそこまで統計を正確にとることは難しいので統計的には誤差は生じるだろうが。

表1-2は分配面からの日本のGDPを示したものだ。賃金（表では「雇用者報酬」）の部分が一番大きく、全体の71・4％になっている。この割合のことを**労働分配率**と呼ぶ。日本の総所得の何％が労働者の賃金所得として払われているのかも示している。同じような形で企業所得を主とした資本所得のシェアが28・6％であることも読み取ることができるはずだ。

支出から見たGDP

付加価値として生産された財やサービスは、必ずどこかの支出に回される。そう考えれば、GDPを支出から見ることもできるはずだ。支出からのGDPを考える時の基本式を提示しよう。これはマクロ経済の様々な問題でしばしば登場する重要な基本式である。

$$Y=C+I+G+(X-IM) \cdots\cdots (1)$$

ここでは多くの教科書で使われているのと同じ記号で表記した。すなわち、Yは生産から見たGDPを、Cは消費を、Iは投資を、Gは政府支出（公共投資と政府消費）を、Xは輸出を、そしてIMは輸入を表している。支出を行う主体は四つしかない。**家計**、**企業**、**政府**、**外国**である。少し単純化していえば、家計による支出を消費、企業による支出を投資、政府による支

表1-2　国民所得の分配（要素費用表示、2019年度）

項目	金額（単位：10億円）	構成比（%）
1. 雇用者報酬	286,892.4	労働分配率　71.4
（1）賃金・俸給	243,196.7	60.5
（2）雇主の社会負担	43,695.7	10.9
2. 財産所得（非企業部門）	25,884.4	**6.4**
（1）一般政府	▲453.3	▲0.1
a. 利子	▲2,599.8	▲0.6
b. 法人企業の分配所得（受取）	2,487.3	0.6
c. その他の投資所得（受取）	0.4	0.0
d. 賃貸料	▲341.2	▲0.1
（2）家計	26,021.9	6.5
a. 利子	5,236.9	1.3
b. 配当（受取）	7,551.5	1.9
c. その他の投資所得（受取）	10,064.2	2.5
d. 賃貸料（受取）	3,169.4	0.8
（3）対家計民間非営利団体	315.8	0.1
a. 利子	118.5	0.0
b. 配当（受取）	160.9	0.0
c. その他の投資所得（受取）	1.5	0.0
d. 賃貸料	34.9	0.0
3. 企業所得（企業部門の第1次所得バランス）	88,993.8	**22.2**
（1）民間法人企業	56,317.6	14.0
（2）公的企業	2,124.8	0.5
（3）個人企業	30,551.5	7.6
4. 国民所得（要素費用表示）（1+2+3）	401,770.6	100.0

（出所）内閣府「2019年度国民経済計算（2015年基準・2008SNA）」

出を政府支出、外国の人による日本で生産される財サービスへの支出を（財サービスの）輸出、そして日本人の海外の財サービスへの支出を輸入と呼ぶ。この式を理解するために、右辺の IM を左辺に移し、

$$Y+IM=C+I+G+X \quad \cdots\cdots（2）$$

と書いた方が、説明がしやすい。左辺は日本への財サービスの供給を表している。日本に財やサービスを供給するルートは二つしかない。国内で生産するＧＤＰの部分と、海外からの輸入である。他方で、日本で生産された財やサービスへ支出する主体は家計・企業・政府・外国（海外）の四つであるので、右辺が支出を表している。

　生産された財やサービスは、必ずどこかの支出に回るので、この両者は必ず等しくなっている。売れ残る商品もあるだろうと考える読者もいるかもしれない。売れ残ったものは、統計上は投資の一部の在庫投資として換算される。だから生産と支出は必ず等しくなる。

　支出から見たＧＤＰとは、（1）式の右辺のことである。輸出から輸入を引いた最後の項（$X-IM$）を純輸出と呼ぶとすれば、消費・投資・政府支出・純輸出を足したものが、支出から見たＧＤＰとなる。

　以上の議論を整理すると、ＧＤＰには三つの顔がある。

○生産から見たＧＤＰ：すべての産業の付加価値を足したもの
○分配から見たＧＤＰ：賃金、地代、利潤など、様々な生産要素の所得の和
○支出から見たＧＤＰ：消費・投資・政府支出・純輸出を足し合わせたもの

これら三つは、違ったもののように見えるが、ＧＤＰという同じものを三つの異なった角度から見ただけである。三つはつねに等しくなるので、これをＧＤＰの三面等価と呼ぶ。

貯蓄と投資

ここでＧＤＰに関連したもう一つの重要な指標を説明したい。**貯蓄**と**投資**である。まずは、家計部門を例にとって説明しよう。

すでに述べたように、家計は賃金や地代などで所得を獲得する。その所得から税金が徴収され、残ったものを可処分所得という。貯蓄とは可処分所得から消費を引いたもののことである。このあたりの関係は図1‐6で例示してある。貯蓄行動は具体的には銀行預金、株の購入、現金での保有など、いろいろな形態が見られる。どのような資産で保有しても、1年間で見て、可処分所得の中で消費に使われなかった部分が貯蓄に対応する。

ただ、貯蓄として残された資金がすべて金融資産として残るわけではない。前に「投資とは企業による支出である」と単純化した説明をしたが、現実には家計も投資を行っている。家を建てたなら、それは統計上、耐久消費財の購入とみなされるが、家計が住宅投資をしたと考えてもよいだろう。いずれにしても、家計部門の貯蓄から投資を引いたものを、家計部門の貯蓄投資差額（余剰貯蓄、資金余剰、マイナスなら資金不足）と呼ぶ。年間で見て、家計がどの程度の金額を余剰資金として残したのかを知ることができる。

以上の説明は企業部門でも同じように当てはまる。企業部門に内部留保などの形で入った所得から税金を引いたものが、企業の可処分所得となる。企業は消費をあまり行わないが、企業の可処分所得から消費を引いたものが企業による貯蓄となる。この貯蓄と企業による投資の差が、企業の余剰貯蓄（資金余剰）ということになる。一般的には企業は旺盛な投資をカバーするために、外から資金を

図1-6　可処分所得と貯蓄のイメージ

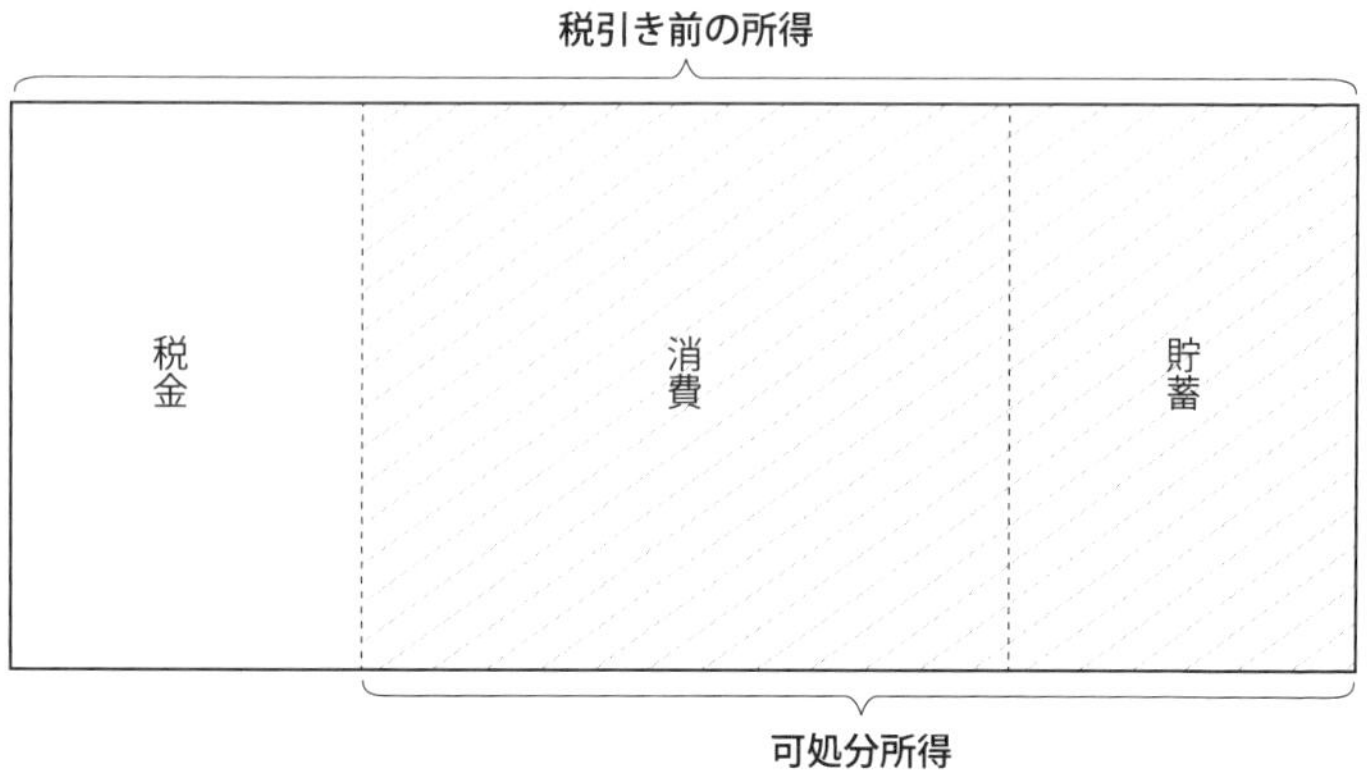

取り入れると考えられがちだ。しかし最近の日本の特徴は、企業部門において貯蓄の方が投資よりも大きく、その差額が資金余剰として企業部門に残っているということだ。この点はすでに述べたとおりである。

政府部門でも貯蓄や投資の概念を考えることができる。政府部門にとっての可処分所得とは、税などによって得られる税収が中心となる。その可処分所得から政府消費を引いたものが、政府貯蓄となる。政府消費とは公共サービスや教育など、政府が行うサービスの提供が中心である。この後述べる公共投資と政府消費を合わせて政府支出という。公共投資とは、道路の建設など今後の活動に使われる資本として残るものへの支出である。

政府の貯蓄投資差額、つまり資金余剰は税収から政府消費と公共投資を引いたものとなる。すなわち、税収から政府支出を引いたものである。これは財政収支に対応する。**日本では政府は慢性的な財政赤字の状態**である。すなわち、税収よりも政府支出の方が大きくなっている。これは**政府が資金不足（マイナスの資金余剰）になっている**ことを意味する。

部門間での資金の流れとＧＤＰ

ＧＤＰ統計によって経済全体の規模を掴むだけでなく、家計・企業・政府・海外というその四つの部門の動きを調べることで、マクロ経済の状態をさらに深く分析することができる。

これらの部門間でどのようなやりとりが行われているのか、それを図1−7に例示した。この動きを理解することはそれほど難しくないだろう。家計は自らの労働や所有する不動産を企業に提供することで、賃金や地代などの所得を獲得する。企業の株を保有している家計もあるだろうから、これは株を通じて企業に資本を提供し、それの対価で配当や利子を受け取る。企業はそうした生産要素を利用して生産販売活動を行い、その収益で賃金や地代を払い、残りが利潤となる。利潤の一部は家計などに配当や利子で支払われるが、残った部分は内部留保として企業内に貯蓄される。

　政府は企業や家計や海外部門から税金を徴収し、その対価として様々な公共サービスのための財政支出を行う。日本の各部門と海外部門は輸出や輸入などのやりとりを行っている。輸出の方が輸入よりも大きい時に、貿易収支は黒字になり、逆に

図1−7　部門間のやりとりのイメージ

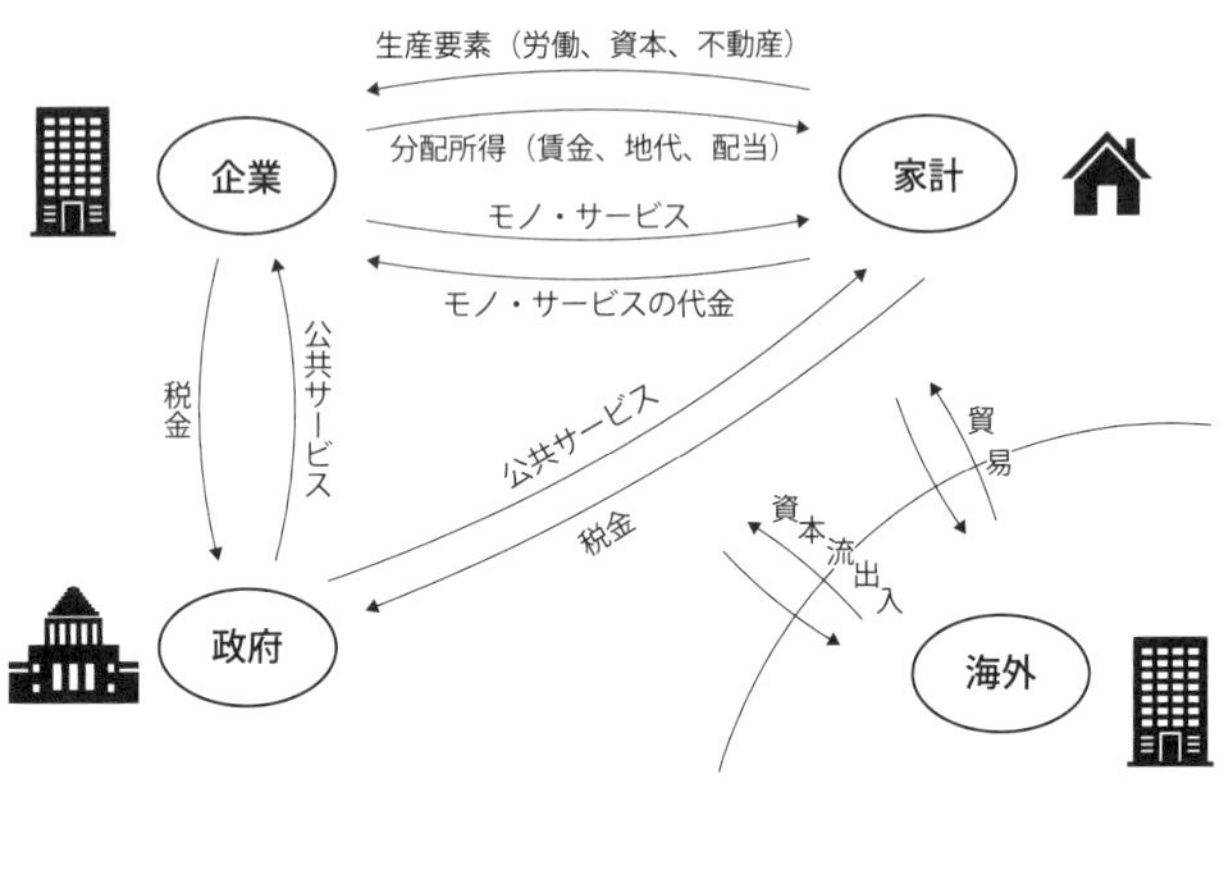

輸入の方が大きい時には赤字になる。たとえば黒字のケースで見るとその差額分だけ日本は海外に対する支払いよりも受け取りが大きくなっている。これは第８章で詳しく説明する貿易収支や経常収支の考え方につながる。

こうした部門間でのやりとりを整理するため、先に示した支出面から見たＧＤＰの式を少し展開すると以下のような式を求めることができる（この式の展開はそれほど難しいものではないが、ここでは省略する。興味のある読者は私の『マクロ経済学』（日本評論社）などを参照してほしい）。

家計部門の資金余剰＋企業部門の資金余剰＋政府部門の財政収支
＝日本の経常収支

すでに説明したように、資金余剰とは基本的にその部門の貯蓄投資差額のことである。政府の財政収支も政府部門の資金余剰つまり貯蓄投資バランスである。ここで新たに説明が必要なのは、右辺の経常収支である。詳しくは第８章の説明を待たなければいけないが、結論だけ述べると**日本の経常収支とは日本の海外に対する資金余剰を表している。**日本は近年、経常収支の黒字を続けているが、これは日本が海外から獲得する資金の方が日本が海外に支払う資金よりも多くなっていて、日本の海外に対する資金ポジションが資金余剰になっているのだ。

さて、ここで示した等式は、四つの部門全体で見ると資金の余剰と不足がバランスしているということを表している。表１－３は、コロナ危機の直前の２０１９年度における四つの部門の資金余剰や不足の状況を示したものだ。この表の数字は、それぞれの部門の資金余剰（マイナスなら資金不足）がGDP比で何％であるのかを示したものだ。この表では部門が四つよりも細かく分かれているが、家計・企業・政府・海外の四部門で見ると、**家計部門と企業部門が資金余剰、政府部門と海外部門が資金不足**の状態になっている。つまり政府では財政収支は赤字であるし、日本の経常収支は黒字になっている。そしてこの四つを合計すると全体がバランスしている。

　すでに述べたように、この中では**企業部門の貯蓄超過（資金余剰）が目立つが、それが政府の資金不足（財政赤字）と海外部門の資金不足（日本の経常**

表1–3　制度部門別の貯蓄投資差額

項目	名目GDPに対する比率（%）
（1）非金融法人企業	2.1
（2）金融機関	1.2
（3）一般政府	▲3.1
（4）家計（個人企業を含む）	2.6
（5）対家計民間非営利団体	0.3
（6）海外部門	▲3.5
（7）統計上の不突合	0.4

（注）1. 統合勘定（資本勘定・金融勘定）及び制度部門別資本勘定・金融勘定より作成した。
2. 海外部門の「純貸出（+）／純借入（−）」と「純貸出（+）／純借入（−）（資金過不足）」は、いずれも海外から日本を見た場合の収支尻である。したがって、日本から見た黒字はマイナス額として計上される。
3. 統計上の不突合は、支出面と生産面との間の不突合である。

（出所）内閣府「2019年度国民経済計算（2015年基準・2008SNA）18. 制度部門別の純貸出（+）／純借入（−）」より作成

収支黒字）に回っていることを表している。これらの点については、この後の章でも何度か触れる予定だ。

実質ＧＤＰ

これまでの説明は、その大半が名目ＧＤＰを基本としたものであった。その時々の価格を使って計算したものが名目ＧＤＰである。ただ、経済の動きをより正確に見るためには、物価を考慮に入れた実質ＧＤＰという概念が必要となる。

名目ＧＤＰと実質ＧＤＰの違いを理解してもらうため、たとえば図1－8に示した、２０１０～20年の名目と実質のＧＤＰの成長率の推移を見てほしい。この期間の最初の頃は、名目ＧＤＰの成長率は実質ＧＤＰの成長率よりも小さくなっている。この時期、日本は深刻なデフレ状況にあり、いろいろな商品やサービスの価格が低下していた。したがって、**生産量に大きな変化がなくても、生産額は減っていくことになる。それは名目ＧＤＰの減少として表れる。**デフレの現象が非常に顕著であった。

これに対して**物価の変化の影響を除いた実質の生産で測ったのが実質ＧＤＰ**であり、図では２０１０年代の初めには、実質ＧＤＰ成長率は名目ＧＤＰ成長率よりも高くなっている。

２０１３年以降はアベノミクスの効果が出て、名目ＧＤＰ成長率の方が実質ＧＤＰ成長率よりも高くなる年が増えている。これは実質ＧＤＰの成長に加えて物価の上昇の部分が、名目ＧＤＰの成長に加わっているからだ。

すでに説明したＱＥで示されている四半期ごとの成長率は、基本的に実質ＧＤＰの成長率を取っている。経済成長率を見る時には、物価によってＧＤＰが増える部分はカウントしない方が好ましいからだ。実質ＧＤＰの算出の方法にはここでは踏み込まないが、読者の皆さんには次のように理解してほしい。ＧＤＰの基本としてまず名目ＧＤＰがある。その上で物価の変化の影響を排除した実質的な生産や所得を示した実質ＧＤＰの概念を考えることができる。現実の経済を見る時には、目的に応じて二つを使い分ける必要がある。なお、これはインフレやデフレという現象とも深く関わってくるが、それについては第３章でまた取り上げる。

図1-8　名目と実質のGDP成長率の推移（2010〜20年）

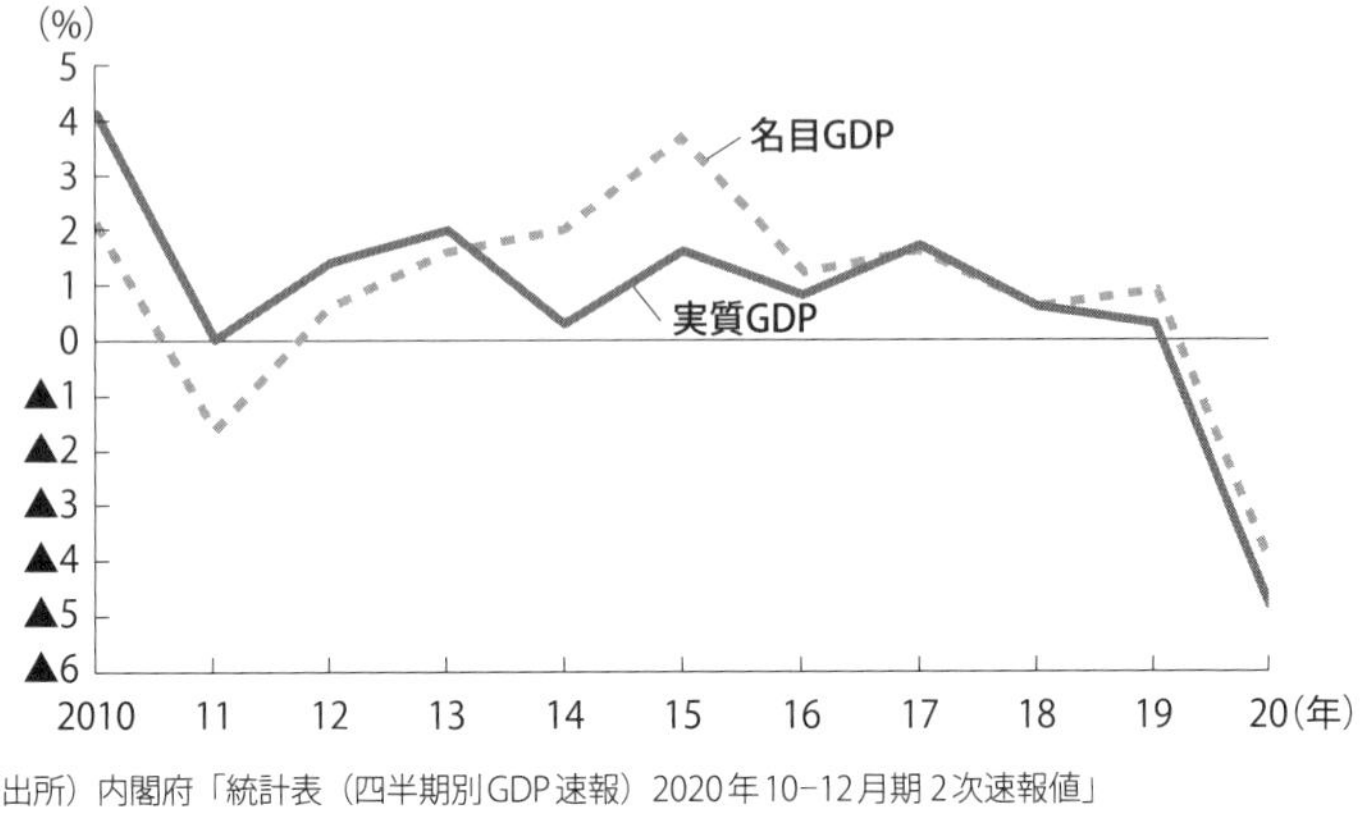

（出所）内閣府「統計表（四半期別GDP速報）2020年10–12月期2次速報値」

この章のポイント

☑ 日本の名目ＧＤＰは２０１７年に約20年ぶりに過去最高を更新したが、２０２０年にコロナ危機で落ち込み、そこからの回復には至っていない。

☑ ＧＤＰは経済全体の規模を表し、ＧＤＰ統計からは家計・企業・政府・海外の四部門がどのように動いているかがわかる。

☑ 今日、設備投資が低調な企業部門が資金余剰、社会保障支出が大きい政府部門と海外部門が資金不足の状態にある。

第2章

ネットニュースではわからない **総需要と総供給**

デジタルとグリーンがなぜ重要なのか

第1章では経済全体の動きを見るための指標であるＧＤＰについて説明した。ＧＤＰは生産・分配・支出の三つの面から、マクロ経済への様々な見方を提供してくれる。

第2章ではＧＤＰがどのように決まってくるのか、その背後にはどのようなメカニズムが働いているのかということに踏み込んでいく。たとえて言うなら、第1章ではＧＤＰという観察対象の表面だけを眺めていたが、第2章ではその中身を探ろうというのだ。

すべての経済現象は需要と供給によって動いている。ＧＤＰも例外ではない。経済学でいう、マクロ経済全体での需要と供給の概念を利用することで、経済全体の動きを掴んでみよう。

ここでの需要と供給とは何か。需要とは、第1章で述べた支出、つまり消費・投資・政府支出・純輸出などが、どのように動くのかを見たものだ。第1章で家計による支出を消費、企業による支出を投資、政府による支出を政府支出、そして海外部門による日本への支出を純輸出（輸出－輸入）と呼んだが、ここでの支出をそのまま需要に置き換えればよい。需要のないところには経済活動は生まれない。マクロ経済ではここがポイントとなる。

20世紀の最高の経済学者の一人、英国のジョン・メイナード・ケインズは、マクロ経済の需要のダイナミックな動きについて詳細な分析を行い、それを基礎にケインズ経済学を構築した。その基本にあるものが「乗数メカニズム」と呼ばれる考え方である。景気が悪くなると所得が落ち込み、それが需要の減少を通じて景気をさらに悪化させる。ケインズはこのような悪循環が起きやすいことを明快な形で示した。要するに、需要不足が問題なのだ。この章では需要における乗数メカニズムも解説している。

マクロ経済における供給とは何だろうか。消費や投資などで需要が生じたとしても、そのための財やサービスが実際に生産されなくてはいけない。生産活動は資本や労働などの生産要素を用いて行われる。そうした活動を通じて現実に供給が行われて初めてＧＤＰとしての総生産が実現する。ただ、現実にはこうした供給が十分に行われるとは限らない。少子高齢化が進む日本では労働力の不足が深刻である。労働力が足りなくては生産活動もできないだろう。また、そうした労働力不足を補うために生産性の上昇が期待されるが、今日、生産性の伸びが非常に鈍いことが日本経済の大きな課題であることは読者の皆さんもよくご存じだろう。

このようにマクロ経済は需要と供給の両方から影響を受けながら動いていく。この章ではいくつかの経済問題を事例に取り上げながら、マクロ経済の動きのメカニズムについて、考察を進めていくことにしたい。

低金利・低成長・低インフレ

失われた10年あるいは20年と言われるように、日本ではデフレ的な状況が長く続いた。**三低**と私は呼んでいるが、**低金利・低成長・低インフレ**の状況が続いている。そもそも成長率が低いこと自体が経済が停滞している結果でもある。低金利つまり債券や銀行融資の金利が非常に低いということは、資金需要が弱いということでもある。その結果、物価が下落するデフレあるいは低インフレの状況になっている。

日本のデフレは世紀の変わり目の２０００年頃から顕著になってきた。当時、世界の主要国でデフレになったのは、日本ぐらいであった。海外では日本のこうした三低の流れを**日本化現象**と呼んでいた。世界全体に深刻な不況を招いた２００８年のリーマンショックは、こうしたデフレ的な現象を海外に広める結果になった。当時、欧州での経済の会議に参加して、欧州のエコノミストから「欧州もついに日本になった」と言われたことがある。欧州でも低金利・低成長・低インフレという現象が広がってきたのだ。今のコロナ危機は、こうした三低の流れを米国など他の主要国にも広げている。

本格的な三低になる時期に少し違いはあるように思われるが、どうも主要国全体に共通したトレンドがある。それを如実に表しているのが、図2−1である。この図は過去30年ほどの、日本・米国・ドイツの長期金利の動きである。金利については第5章で詳しく述べるが、ここではごく簡単に説明しておこう。

この図に描かれているのは、それぞれの政府が発行している**10年物の国債の利回り**である。国債はリスクの少ない債券と考えられるため、**金利（利子）の標準指標**として使われている。現実の市場には社債利回り、銀行融資の金利、不動産利回り、預金金利など、様々な金利（利子）があるが、そうした各種の金利はすべて国債利回りと連動し

図2−1　長期金利の動き（1990〜2021年1月）

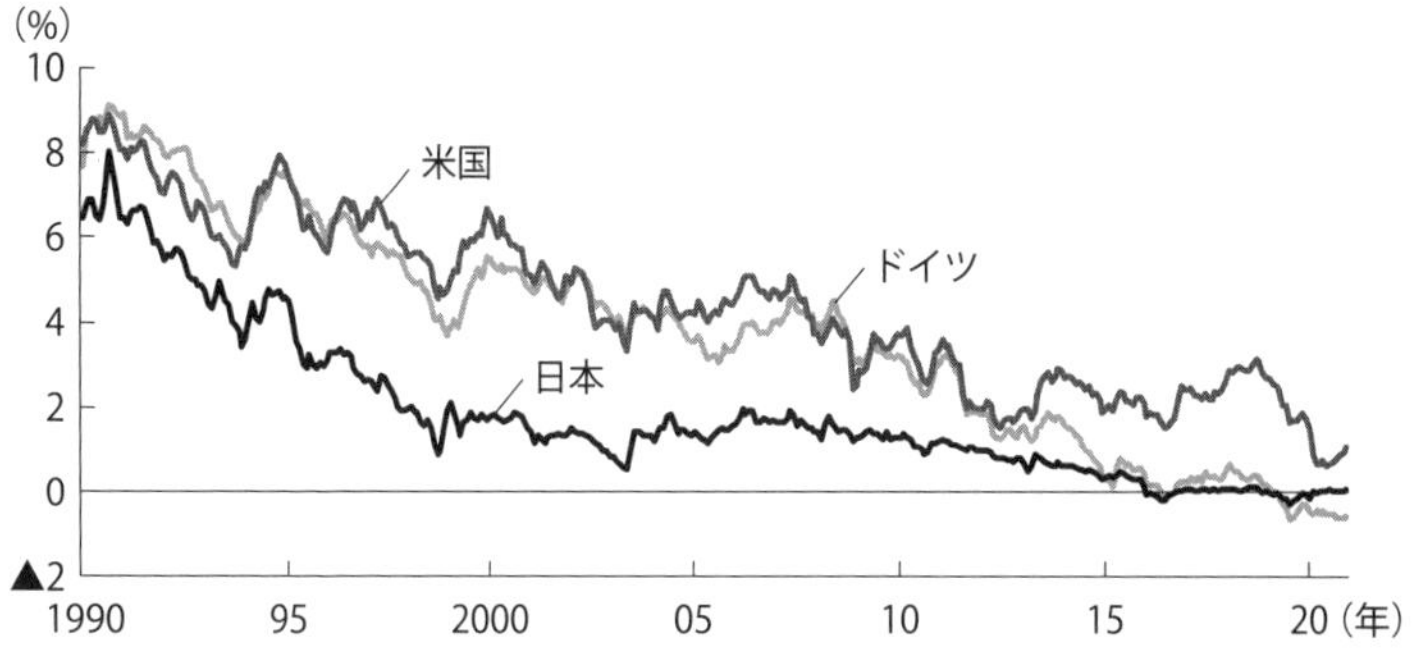

（出所）OECD（2021）Long-term interest rates (indicator). doi: 10.1787/662d712c-en（Accessed on 14 February 2021）

て動く。

テクニカルな説明はさておき、この図には明快なメッセージが二つある。一つは**この30年間、長期金利は一貫して低下傾向**を示しているということだ。１９９０年頃には６〜８％程度もあった利回りが、今やゼロ近辺にまで下がっている。もう一つの重要な点は、こうした傾向が日本だけでなくドイツや米国でも共通して見られることである。

少し乱暴な言い方だが、金利はその経済の活力を反映したものである。経済に活力があれば、投資なども旺盛で、資金需要が強くなるので金利も高くなる傾向がある。また、経済成長率が高い経済では、それに応じて金利も高くなるはずだ。

それと反対に、**長期金利がひたすら下がり続けていることは、先進国の経済がこの30年、明らかにその活力を失っていることを示す。**大変なことが起きているのだ。

こうした現象をセキュラー・スタグネーション（secular stagnation）と呼ぶことがある。**長期停滞**あるいは長期不況と訳す。この用語はもともと１９３０年代の大恐慌の後期に、停滞する経済の厳しい状況を指して、当時の米国の経済学者アルビン・ハンセンが使った表現だ。その表現を近年の主要国の経済停滞に対して使ったのが、ハーバード大学教授で米国の元財務長官のローレンス・サマーズである。

「なぜこれだけ金利が下がり続けていると思うか」と教室で学生に聞いてみると、よく返ってくる答えは「日銀のような中央銀行が政策金利を下げ続け、今やゼロ金利やマイナス金利にまで金利を下げているからだ」というものだ。これは間違った答えだ。中央銀行が政策的にコントロールするのは超短期の金利である。ここで図に描いているのは**10年物という長期金利であり、それは基本的に市場で決まるのである。**

経済に構造的に停滞する要因があるので、長期金利が下がり続けている。その状態を放置しているとデフレのようなさらに深刻な事態になってしまうので、そうならないように中央銀行が必死になって、短期金利である政策金利を下げている。これが実態である。その効果が長期金利に波及するかどうかには、中央銀行は直接的には関与できないのだ。

なぜ長期停滞が起きているのか

長期停滞が起きる背景には様々な要因がある。主要国の人口が少子化、高齢化しているので、それが経済の活力を弱めているという見方がある。技術革新が経済成長に及ぼす影響が弱くなって、成長率が下がっているという説明もある。

ほかにもいろいろな指摘があるが、重要なことはそうした多くの要因の結果として、需要と供給の両面からマクロ経済の停滞が起きているということだ。**長期停滞への対応は、需要・供給両面で必要**になる。この点については、後にアベノミクスとスガノミクスという切り口でもう少し詳しく論ずる。

需要面から見た長期停滞とは、ひとことで言えばマクロ経済を構成する需要が弱くなっているということだ。具体的には**消費や投資の需要が弱い**。デフレ的な状況が続くことで人々の将来への不安感が大きくなり、消費を控える傾向が出ている。企業も将来への見通しが悲観的で投資を抑える傾向がある。こうした状態が続けば、マクロ経済全体の需要が低迷する。その結果でもあるが、企業の資金需要も弱く、これが金利低下につながっている。第1章で日本企業の投資意欲が弱く巨額の資金余剰が生じていると述べたことを思い出してほしい。他の先進国でも、程度の違いこそあれ、同じようなことが起きている。

もちろん、需要は消費と投資だけではない。政府が公共事業などで積極的に支出を増やせば、経済全体の需要を刺激することになる。ただ、多くの国の財政状況は厳しい。インフラ整備などに積極的に投資をして需要を牽引する力はない。少なくともコロナ危機以前はそういった考え方をする国が多かった。道路や新幹線へ膨大な公共投資を行って経済成長を牽引した高度経済成長期とは時代が違う。

外需（輸出）も重要な景気の原動力である。しかし、リーマンショックやコロナ危機で輸出が大きく縮小すれば、景気に深刻な影響が及ぶ。

長期停滞には供給側の要因も大きな影響を及ぼしている。この章の後半で説明するように、供給側からいうと、経済成長は三つの要因から決まる。第一に**労働力**がどれだけ増加するのか、第二に**資本ストック**がどれだけ増えるのか、第三に**生産性**がどの程度伸びるのか。この三つがいずれも伸びていかなければ成長率も低くなる。

資本ストックという経済学用語について補足しておく。「ストック」とはある時点において存在する量をいう（反対語は「フロー」で、一定期間に生じる量）。ここでいう資本とは工場設備、倉庫、道路、物流システムのコンピュータ・ネットワークなど、生産活動に役立つ資本設備を指し、資本ストックとはある時点で経済に存在するそれらの量のことだ。

日本の現状を見ると、労働力が増えていくことは期待できない。少子高齢化で生産労働人口が減少を続けているからだ。資本ストックの増加の余地はあるが、すでに述べたようにこの20年ほどは企業の投資は低調であった。その結果、資本ストックも増えていない。そして最も問題なのは、生産性の伸びが非常に鈍いということだ。この点については後でもう少し詳しく論じるが、この問題を解決できるかどうかが日本経済に活力を取り戻せるかどうかの大きな鍵となる。

アベノミクスの成果と限界

デフレとは需要不足が悪循環を起こし、物価や賃金が減少していく現象である。ケインズの代表的著作である『雇用、利子および貨幣の一般理論』では、そうした悪循環のメカニズムが詳細に分析されている。この章の後の方で説明する乗数理論がその根幹にある。

ＧＤＰの三つの側面である生産・所得・支出は相互に関連している。生産活動が行われることで所得が生み出され、その所得によって支出が行われる。この支出は生産者にとってみれば需要であり、需要の多寡によって生産の規模が決まってくるのだ。

日本が経験した２０００年以降のデフレでは、この循環が悪い方向に回ってしまった。不良債権問題やそれに続く金融危機が１９９０年代に続いたことで、企業の生産活動は停滞していった。投資が落ち込み、雇用が悪化する中で、企業の生産活動も停滞していった。こうした中でマクロ経済の悪循環が続く。すなわち、「生産の減少→雇用減などを通じた所得の減少→支出（需要）のさらなる減少→生産のさらなる減少」というような悪循環である。こうした中で物価や賃金も低下を続けた。

物価や賃金が低下するデフレについては第3章で、デフレからの脱却を果たすために安倍政権の下で行われた金融政策については第5章で取り上げる。いずれにしても、日本が直面してきた厳しいデフレに対応するため、２０１２年末に発足した安倍政権はアベノミクスという名称の下で大胆な財政金融政策を断行した。

デフレの悪循環を断ち切るために、財政政策や金融政策で需要を喚起することは有効であった。こうした政府や日本銀行によるテコ入れで需要が拡大すれば、需要増大→生産拡大→所得増大→需要増大という拡大のサイクルが期待できる。第1章で述べたように、ＧＤＰ、雇用、企業収益、株価、政府財政収支など、様々な面でアベノミクスは成果をあげることができた。

問題は、それにもかかわらず国民の多くが、経済が本格的に回復したという実感を持てなかったことである。なぜそうなのか、この点をきちっと考えることが日本経済の現状を理解する上でも鍵となる。国民の多くが回復の実感を持てなかったのは、**日本経済の成長率が非常に低かったから**だ。経済成長率が低いままであれば、将来の見通しは暗くならざるをえない。企業も積極的に投資をしようとは考えない。

日本経済は二つの問題を抱えている。一つは需要サイドの問題で、もう一つは供給サイドの問題だ。需要サイドの問題はすでに述べたように需要不足であり、デフレのリスクにも直面していた。これに対しては、アベノミクスの下での大胆な金融政策はそれなりに機能した。一方、供給サイドの問題は、生産性の伸びが鈍化していて、成長率が低いままであるということだが、それについての対応は十分ではなかった。

財政政策や金融政策で経済を刺激することは、比喩的に言えばカンフル剤を打つようなものだ。デフレのリスクがある中ではこうしたカンフル剤は必要であった。ただ、いくらカンフル剤で需要を刺激しても、生産性が低いという供給サイドの制約がある中では、経済成長率は上がらない。

安倍内閣も、この点は認識していた。実際、当初打ち出したアベノミクスの三つの柱は①大胆な金融政策、②機動的な財政政策、そして③民間投資を喚起する成長戦略、であった。金融政策と財政政策は基本的には需要喚起策であるが、成長戦略は供給サイドを刺激する政策である。安倍内閣は成長戦略の中で各種の政策を実行していった。法人税を大幅に引き下げる、ＴＰＰ（環太平洋パートナーシップ）協定などの経済連携を進めてグローバル化の活力を日本に取り込む、特区制度を活用して構造変化を加速化するなど、様々な供給サイドからの改革がそれに当たる。

ただ、こうした政策が実際に成果をあげるとは限らない。ガバメントリーチという言い方がある。政府の影響の及ぶ範囲といった意味だ。財政や金融などの需要刺激策によって民間の需要はすぐに影響を受ける。実行さえすれば影響が出るという意味で、そうした政策はガバメントリーチの範囲にある。これに対して**供給サイドでは主役は民間企業である。企業が自らの行動を変えない限り生産性が上がることもないし、投資も増えない。**つまり政府の成長戦略は供給サイド政策としては、企業という主体を通じた間接的な影響しか持たないのだ。

政府は企業という名の馬を水場に連れて行くことはできるが、馬が水を飲む気がなければどうにもならない。残念ながら、**生産性が伸びず、資本ストックが増えていかない責任の多くは政府というよりも企業の側にあった**のだ。この点をどう変えていくのかということが日本経済を活性化する上で大きなポイントとなる。

コロナ危機が転機に

企業が動かない限り、供給サイドは動かない。日本経済が直面しているこうした閉塞感を打ち破るものがあるとしたら、皮肉なことにその最有力候補がコロナ危機である。現在の内外の経済状況を見た時、日本の**潜在成長率を引き上げる要因として最も期待できるのは、間違いなくデジタル技術の進展である。**

こうしたことは、以前から多くの人が認識を共有しており、**ＤＸ（デジタルトランスフォーメーション）**という言葉が広まった。デジタル技術をテコに、社会や経済の姿を変革するということだ。実際、米国や中国の産業はその流れを加速化していた。２０２１年初頭の時点で、ＧＡＦＡＭと呼ばれる米国のＩＴ大手５社の株価総額は、日本の東証一部上場の２１８６社の株価総額を大きく上回っている。ＤＸが米国経済を変えるインパクトがいかに大きいかがわかる。

残念ながら、日本ではＤＸの動きは非常に鈍かった。既存のビジネスモデルが壊れるのを覚悟でＤＸを進めようという企業が少なかった。日本のＤＸは米国や中国に比べて周回遅れとなってしまった。しかし、コロナ危機が到来し、そうした鈍い対応では生き残れないと考える企業が増えてきたのではないだろうか。労働・教育・医療など多くの面でオンライン対応の強化が求められ、旧来のやり方だけに固執している企業は振り落とされようとしている。

政府はデジタル庁を創設してデジタル化を推進しようとしている。政府の行動だけで社会のデジタル化が進むわけではないが、これまでのように政府がデジタル化の足を引っ張っているような事態は避けなくてはいけない。何よりもＤＸが最も遅れているのが政府であるとも言えるので、政府の姿勢が変わることの意義は大きい。

本書ではデジタル技術が社会に及ぼす影響について詳しく議論することはしない。ただ、デジテル技術が引き起こす変化の大きさについてはひとことだけコメントしておきたい。代表的な事例としてアップルカーを挙げよう。米国のアップルが自動車に参入するという観測報道が流れて、世界的に大きな注目を浴びている。

これは単にアップルという会社が新たに自動車を生産するというような話ではない。携帯電話がスマートフォンになったように、自動車が別のものに進化するということである。また、旧来の自動車産業のように垂直的な生産体系であったものが、バッテリーなどのキーデバイスを通じて、国際的な生産分業にシフトしていくということである。自動車市場の開発・生産から流通までを押さえるチャネルリーダーが、生産の中核にあるトヨタ自動車やＧＭのようなメーカーから、アップルのようなソフトウェアの企業にシフトするかもしれないということだ。スマートフォンの世界でリーダーであるアップルは、自ら生産しているわけではない。世界の多くの企業を動員してｉＰｈｏｎｅが生産されている。

自動車が単体としての製品から、インターネットに常時接続したコネクテッドカーとなったり、ＭａａＳ（モビリティー・アズ・ア・サービス）と呼ばれる新たな移動手段へと進化していったりする動きも広がりそうだ。地球温暖化対策としてガソリン車が消滅する流れにも乗っている。

自動車業界を見ても、**ＤＸを通じて産業全体をひっくり返すような変化が起きている。**車だけではない。金融・医療・エンターテイメントなどでも、同様だ。渦中にある企業自身は大変だが、社会全体としては経済活力を回復する大きなチャンスでもある。

「デジタルとグリーン」がキーワード

安倍内閣から菅内閣に代わる中で、どこを変えなくてはいけないのか。つまり、スガノミクスのポイントは何だろうか。日本は需要と供給の両面で課題に直面していると述べた。デフレに陥りやすい慢性的な需要不足、これが需要面での問題である。資本や労働が増えない中で生産性の伸びも鈍いので潜在成長率が非常に低い。これが供給面での問題である。スガノミクスは需要サイドだけでなく、供給サイドの課題に対応しなくてはならない。

アベノミクスが進めてきたのと同様に、需要不足に対応するために財政や金融で刺激を継続していく必要はある。特に現状、コロナ危機によって需要がさらに落ち込んでいる。ただ、需要刺激だけでは十分ではない、というのがアベノミクスへの反省点である。

そこで注目されるのが、供給サイドでどのようなテコ入れができるのかという点だ。コロナ危機を転機にＤＸが加速化するような流れを作ることが供給サイドの政策の大きな柱になるが、前述したようにこれで生産性が上昇し、潜在成長率が高くなっていくことが期待される。

菅内閣になってから、**デジタルとグリーンという二つのキーワード**が頻繁に出てくるようになった。デジタルに続いてグリーンについて検討しよう。グリーンとはいうまでもなく、**地球温暖化対策として温暖化ガスの排出を減らしていく対応を加速化すること**を意味している。これがマクロ経済のサプライサイドと深い関わりがある。

温暖化ガス排出抑制は世界的な動きとなっている。ＥＵは排出抑制のための自動車の電気化や再生可能エネルギーへの投資拡大を、「グリーンディール」と名づけ、コロナ危機後の経済回復へ向けた取り組みの目玉として打ち出している。こうした投資を環境を守るための費用としてではなく、経済に新たな活力を吹き込む原動力として捉えているのだ。米国でも環境問題に消極的なトランプ政権からバイデン政権に代わったことで、グリーン政策を加速化させようとしている。中国も自動車の電気化や再生可能エネルギーへの投資に積極的である。

こうした中で日本がグリーン政策を加速化しようとするのは自然な流れである。温暖化ガス排出抑制のために膨大な投資が必要となるが、それを前倒しで実行しようというのだ。第１章で見たように、この20年ほど、企業部門は膨大な余剰資金を蓄積してきた。その資金は政府が出す膨大な財政赤字に回るという結果になっている。政府の赤字も、公共投資というよりは医療や介護などの社会保障の補塡の部分が多い。要するに、企業部門も政府部門も投資を怠ってきたのだ。その結果として、日本全体の投資が低調で資本ストックも伸び悩んでいる。成長率が低い水準で停滞していても当然である。

企業が余剰資金をもっと投資に回していくことが、経済の活力を取り戻すために必要だ。その投資先としてグリーン分野が注目される。そもそも企業がなぜもっと投資をしてこなかったのかと言えば、有望な投資先がなかったからだ。有望な投資先へ誘導していくのも政府の重要な役割だが、グリーン分野への投資がまさにそれである。また、温暖化ガス排出抑制への投資をしなければ、気候変動問題が深刻な状況になっていく。それを避けるためには早急に投資を行っていく必要がある。

民間部門がグリーン投資を加速化するためには、様々な政策的な対応や制度のテコ入れが必要となる。温暖化ガス排出に関わる様々な規制の導入、グリーン化を進めるために必要なインフラの整備、カーボンタックス（炭素税）やその税収の利用を通じた価格メカニズムの強化など、様々な政策的対応が必要となるだろう。個々の政策の検討にまでは踏み込まないが、**グリーン政策がマクロ経済的な視点からも重要な意味を持っている**ことを指摘しておきたい。

供給サイドからGDPを見る

ＧＤＰの成長は、労働の増加、資本の増加、そして生産性の上昇の三つからなると説明してきた。これは成長方程式と呼ばれるもので、経済成長論の重要な柱である。ただ、この章では経済成長という中長期の問題というよりは、足下のマクロ経済の動きを理解するためにこの考え方を利用することにしたい。

これまでの説明で潜在成長率という用語を何度か使ってきたが、ここで少し詳しく述べよう。**潜在成長率とは、その経済がどの程度の成長率を実現する実力があるかを示すもの**である。現実の成長率は景気やその他の変動要因でこの潜在成長率よりも若干高くなったり低くなったりすることがあるが、そうした変動をならした成長率が潜在成長率と考えればよい。

成長方程式によれば

潜在成長率＝労働分配率×労働量の増加率＋資本分配率×資本量の増加率＋全要素生産性

となる。この式はおおむね次のように理解できる。労働分配率とはＧＤＰの中に占める労働所得（賃金）のシェアのことである。これは第１章で説明した。実は、労働量が１％増加した時に、潜在成長率が何％上昇するかという感度（経済学ではこれを弾力性と呼ぶ）は、この労働分配率に等しくなることが知られている。たとえば労働所得の分配率が60％（0・6）であり、労働量が2％増えた時には、潜在成長率は0・6×2＝1・2で1・2％高くなるのだ。

同じように資本量の増加による成長率の感度（弾力性）は資本所得のシェアによる。基本は労働と同じように考えればよいが、先の式の第2項がこれを表している。

最後の項の**全要素生産性**（**ＴＦＰ**、Total Factor Productivity）は、説明がなかなか難しい概念だ。ただ、マクロ経済のサプライサイドを議論する上ではきわめて重要となる。おおよそ次のようなものである。実際の経済成長は資本や労働の量の増加だけでは説明できない。経済成長のある部分は、ブラックボックスともいうべきよくわからない要因で決定されている。想定される最も重要な要因は技術革新だ。技術革新以外でも、社会のシステムや産業構造が変われば、生産量は拡大するかもしれない。要するに効率化が進んだ結果である。こうしたものをすべて合算したのが、**資本や労働の増加では説明できないＧＤＰの増加部分**である。それを便宜上、全要素生産性（ＴＦＰ）と呼ぶ。

現実の分析でＴＦＰはどのように推計するのだろうか。非常に単純化して言ってしまえば、現実に観察される経済成長から労働や資本の増加で説明できる部分を除いた残余の部分として求めることができる。労働や資本の増加で説明できる部分とは、右辺の最初の2項である。

数式の展開はさておき、潜在成長率に関する最近のデータを図にとったものが図2−2である。ここで折れ線で表したものが近年の日本の潜在成長率の動きだ。ひどい状況だ。潜在成長率が

１％を切るような状況が続き、近年は低下傾向さえ見られる。

棒グラフで描かれているのは、潜在成長率を労働と資本と生産性に分解したものだ。労働（労働量）については就業者数と労働時間に分解されている。人口減少で労働力が縮小すれば労働量は減少するが、景気改善で雇用が増えたり、１人当たりの労働時間が増えればそれは増大するだろう。いずれにしても少子高齢化の中では労働量が大きく増えていくことは期待できない。

資本については、投資が行われていれば、資本ストックは増えるはずだ。すでに述べたように日本の企業や政府による投資は非常に低調であった。それを確認するかのように、この図でも資本ストッ

図2-2　潜在成長率の推移（2008～20年）

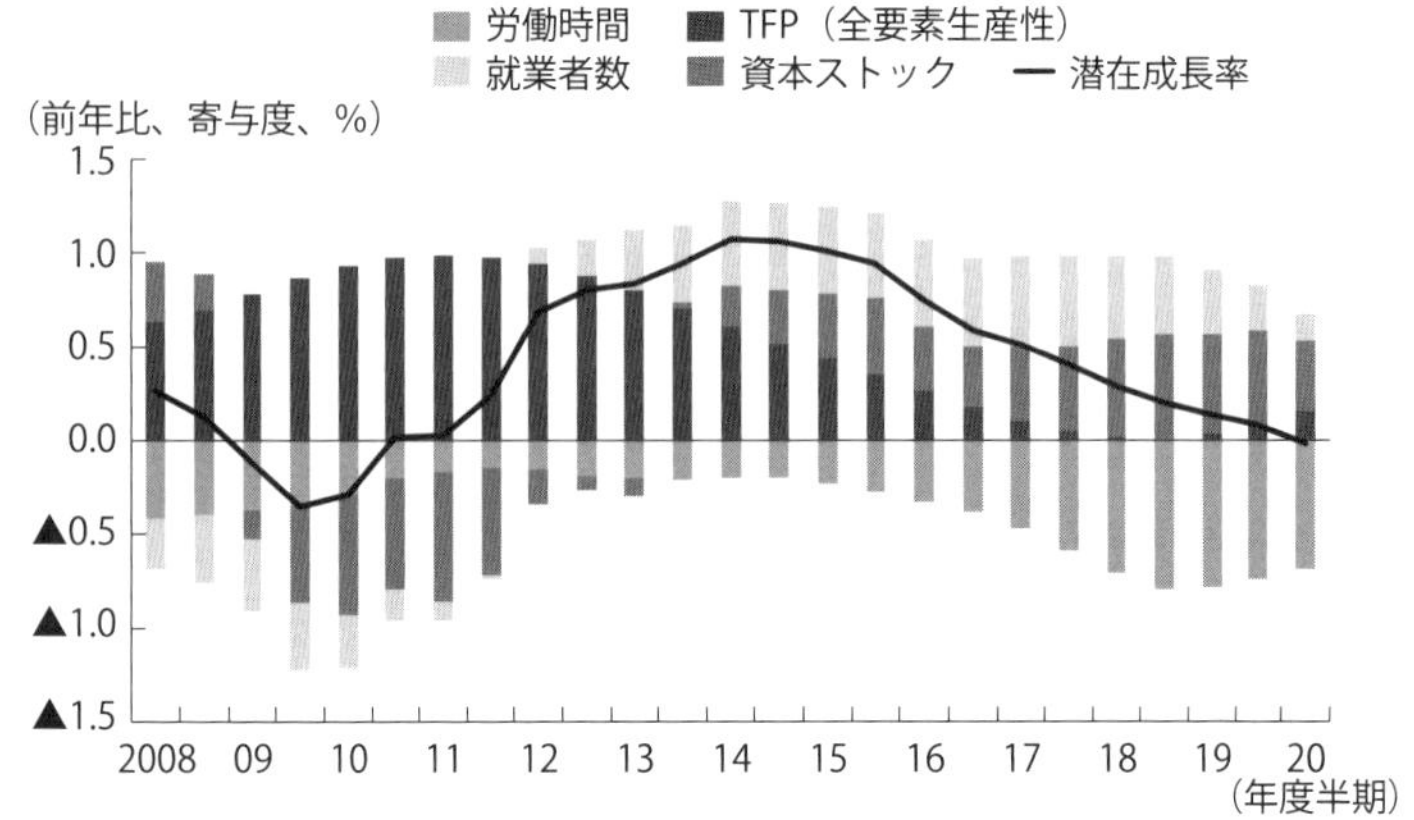

（注）潜在成長率は日本銀行調査統計局の試算値。
（出所）日本銀行「需給ギャップと潜在成長率」

クの増加のペースは非常に遅い。アベノミクスが始まった後の２０１５年ごろから資本ストックは少し増えているようだが、それでもその増加のペースは非常に小さい。

さて、この図で最も注目すべきものが、ＴＦＰの動きである。その伸び率はもともと低かったが、近年はほとんど消滅している。生産性が伸びていないのであるから、潜在成長率が高くならないのは当然である。

この章の前半で述べたように、供給サイドで非常に低い潜在成長率しか実現できなければ、需要サイドでいくらカンフル剤を打ち続けても効果は期待できない。**ＴＦＰの伸びを上昇させるようなデジタル技術の利用が急務であるし、資本ストックを拡大させるためにグリーンのような新たな壮大な社会改革が必要**となる。

ＴＦＰを伸ばすためには

ＴＦＰがどのような要因によって伸びていくのか、もう少し考えてみたい。すでに強調したように、その主役は企業である。企業が積極的に技術革新に取り組んだり、あるいは生産性を引き上げたりするようなビジネスの転換を進めることが必要となる。政府は規制緩和や補助金などでそうした動きを促すことはできるだろうが、最終的に企業が動かないことには生産性は上昇しない。

企業がビジネスモデルを変えていく上で、デジタル技術の革新は重要な意味を持つ。小売業であればネット小売で急速に拡大するアマゾンとどう競争していくのか、日々考えているだろう。金融業であればデジタル技術を使ったフィンテックにどのように取り組んでいくのか、真剣に考えなくてはいけない。人手不足に悩む作業現場や事務部門では、ロボットやデジタル技術をどのように業務に生かしていくのかが重要になる。

このようにあらゆる産業でデジタル技術の導入に正面から取り組むことが問われている。コロナ危機によって社会が大きく変わろうとしていることが、こうした変化を加速している。このような動きによって企業の生産性が高まっていくことが期待される。

ＴＦＰを引き上げる上でもう一つの重要なポイントが**構造調整**である。経済全体を見渡すと生産性の非常に低い企業と生産性が高くイノベーティブな企業がある。こうした違いは異なった産業の間だけでなく、同じ産業の中でも顕著に見られるケースも多い。たとえば小売業を例に取れば、すべての小売業の生産性が低いわけではない。ユニクロやセブン‐イレブンの生産性は世界の有力企業と比べても劣るものではないが、企業の規模の大小に関係なく時代遅れで低い価値しか提供できない小売業も少なくない。

皮肉なことに、**長引くデフレの中で生産性の低い企業の多くが存続することができた**。デフレで金利が非常に低かったことは、債務の負担を下げ、企業の存続を助けた。海外では「ゾンビ企業」と呼ばれているが、**競争があれば生き残れないような企業が多く存続し、それが産業**

全体あるいは経済全体の生産性を下げているのだ。

コロナ危機は経済の変化のスピードを速くしている。今後景気が回復していけば、デジタル化などのスピードも速くなり、金利も上昇していくだろう。こうした動きは対応の遅れた企業にとっては厳しいものであるが、それによって生まれる新陳代謝が日本経済全体の生産性を高めることになる。

需要不足の経済学

これまで供給サイドの話をしてきたので、次に需要サイドの話をしたい。その前に需要と供給の全体的なイメージを図2-3に示してみた。ここに示したのは読者の皆さんも見たことがあると思われる需要曲線と供給曲線である。需要曲線はここに描かれているように、通常は右下がりになっている。物価が安くなるほど需要が増えるという性質を示している。他方、供給曲線は通常右上がりになっている。物価が高くなるほど供給が増えるという性質を示している。

ただ、ここに描かれた需要曲線と供給曲線は、ある商品を想定した通常の意味での需要と供給ではなく、マクロ経済を見るための総需要と総供給と呼ばれるものである。そこで縦軸に取られている物価は、特定の商品やサービスの価格ではなく、物価水準を表していると考えてほしい。物価については第3章で詳しく説明する。横軸は経済全体の需要と供給であり、通常は実質GDPで表されることが多い。経済全体の生産（供給）や支出（需要）はGDPで捉えることができる。ここでは額ではなく量であることを強調するため、実質GDPをとってある。

この図に描かれていることは、一般的に物価水準が高いほど、実質GDPの需要が下がり、供給が増えるということだ。この需要曲線と供給曲線を利用して、読者の皆さんにケインズの議論をわかりやすい形でお示ししたい。

ケインズの一般理論は世界大恐慌の経験の中で書かれた。大恐慌の時代、需要は大きく落ち込んでいた。この状況は図2－3の需要曲線を大きく左にシフトさせたグラフ（曲線D´D´）で表現することができる。株の大暴落や金融危機などによって需要が大きく落ち込むと、元の物価では需要の方が供給よりもはるかに少ない需要不足の状況に陥る。需要が少なければモノも売れないので、企業

図2–3　総需要と総供給

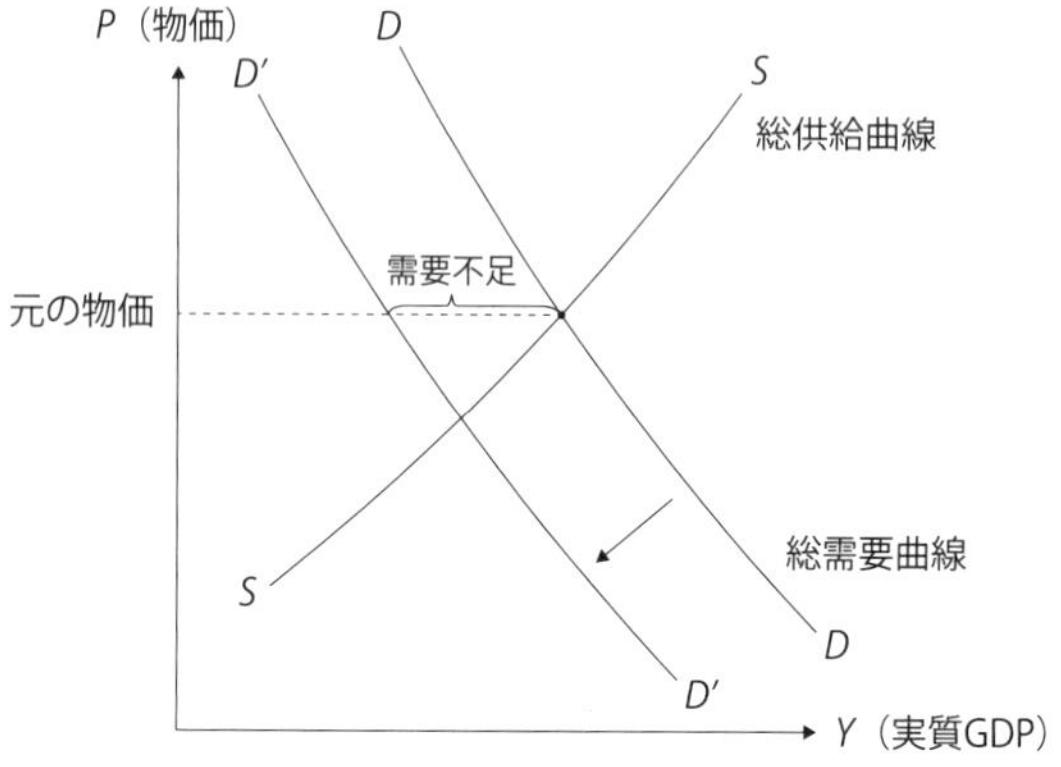

は生産を減らし、失業者も多く出ることになる。

もし物価が素早く調整されれば、需要と供給が一致するところまで価格が下がるだろう。しかし、**現実には物価も賃金もその調整には時間がかかる、という考え方がケインズの議論の根底にある。物価が調整されずにいれば、需要が供給よりも大幅に少ない需要不足の状況が続く。**

ケインズはこの状況について詳細な分析を行った。物価による需要や供給の調整が起こらないので、需要不足の状況では需要が経済全体の動きを決めることになる。消費や投資が低調で需要が少なければ、結果的に生産や雇用も落ち込む。世界大恐慌の時代には日本や米国では失業率が25%前後の高い水準まで上がったことがあるが、これは労働力の25%を活用していないということを意味する。**ケインズはこうした分析から、需要を拡大する方策として財政政策を重視したのである。**

コラム

真水の経済学と塩水の経済学

「経済学者が１００人いれば１００種類の理論がある」と冗談が出るほど、経済学者は人によって見方が違うことが多い。マクロ経済政策の理論においてはケインズ派と新古典派の考え方は大きく異なっている。米国では新古典派の経済学を「真水の経済学」、ケインズ派の経済学を「塩水の経済学」と呼ぶことがある。

新古典派の考え方の研究者はシカゴ大学を中心に、ロチェスター大学、カーネギーメロン大学、ミネソタ大学など、内陸部の大学に多く所属している。内陸部なので真水というわけだ。一方でケインズ派の研究者は東部のハーバード大学やイェール大学、あるいは西海岸のスタンフォード大学などに多く、海岸沿いなので塩水の経済学というわけだ。学生にとっては、どの大学に入るかによって、全く違った学問を学ぶことになる。

私の個人的な経験でいえば、東大の大学院にいた頃は新古典派の考え方に触れる機会は全くなかった。当時の東大の経済学部のマクロ経済学では宇沢弘文教授が強い影響力を持っており、「新古典派のマクロ経済学は米国発の害虫のアメリカシロヒトリのようなものなので、日本に入らないように水際で阻止すべき」だと公言していた。私たち学生はケインズ派のマクロ経済学を中心に学ぶことになった。ちょうどその頃、米国では新古典派経済学が興隆しており、ミルトン・フリードマンやロバート・ルーカスなどの理論が学界で旋風を起こしていたが、そうしたことが東大の大学院で話題になることはなかった。

私は1975年に米国に留学することになるが、その留学先は真水の経済学の本拠地の一つであったロチェスター大学だった。マクロ経済学の講義はその分野でのライジングスターの一人だったロバート・バロー教授だった（なぜかその後ハーバード大学に移る）。正直、しばらくはバロー教授が教室で話す内容を理解するのに非常に苦労した。宇沢先生がアメリカシロヒトリとして私たちから隔離しようとした成果が出ていたのだろう。ただ、そのアメリカシロヒトリの経済学を理解しない限り進級できないという、厳しい立場に立たされてしまった。

結果的には両方の経済学に触れることができたことはよかったのだろう。ただ、難しい学説を必死になって修得しようという大学院生にとって、何を学ぶのか、そしてその大学で何が学べるのかということは、その後の研究者人生に大きな影響が及ぶものだ。この章と第3章で説明するように、新古典派の経済学とケインズ派の経済学の影響力は、時代によって大きく変わって来ている。不況とデフレが続く現在はケインズ理論への関心がまた高まっており、ケインズ派の考え方の影響力が目立っている。ただ、現在でも真水の経済学の拠点では全く違った学問が教えられている。

ケインズが重視した乗数メカニズム

需要不足の経済を理解する上で重要な点は、需要不足の悪循環によって景気がさらに悪化するということだ。この悪循環のメカニズムは、ケインズやその高弟のリチャード・カーンによって明らかにされた乗数理論と深い関係がある。

すでに説明したように、生産・所得・支出というマクロ経済の動きは循環する。消費や投資といった支出が落ち込めば、それは需要の減少を通じて生産を縮小させ、その過程で雇用減などを通じて国民の所得も減少する。この所得の減少が支出をさらに減少させ、生産にも影響が出る。このような循環が経済には起きている。

乗数理論とは消費や投資などの支出が何らかの要因で減少した時、それが二次的・三次的な影響を通じて全体の支出や生産や所得にどの程度の減少をもたらすのかを分析したものだ。逆に、何らかの理由で支出が増えた時には、拡大の乗数メカニズムが働く。

図２−４を使いながら、このメカニズムを説明しよう。ここでは景気刺激策として、１兆円規模の公共投資が行われた事例を考えている。１兆円の公共投資の増加は生産の増加を伴い、その分のＧＤＰの増加となる。ただ、これは一次効果にすぎない。公共事業によって働いている人の給与が増えれば、その人たちの消費支出が増えるだろう。これが二次的効果である。たとえばその近隣での外食の売り上げが伸びるかもしれない。これもＧＤＰの伸びとなる。それだけでなく、外食産業で働いている人の労働時間が増えて給与が増えれば、これは三次的効果として新たな需要を生み出す。

乗数効果とは、図２−４に示したように、こうした**二次・三次……の影響をすべて足し合わせた結果**である。図の例では当初の公共投資額１兆円を超える約３兆円の生産拡大、つまりＧＤＰの増加効果が乗数効果として出ている。その場合、当初の１兆円の政策の３倍の効果が出るので、乗数は３（倍）であるということになる。

　このように、需要は所得の増減を通じて波及する効果を持っている。１９３０年代の世界大恐慌の時や、近年のデフレ下での日本経済のように、需要と生産の減少という悪循環の背後にはマイナスの乗数効果が働いている。乗数効果は縮小、拡大どちらの循環にも働くが、いずれにしても乗数効果の存在もあって、ＧＤＰのような経済全体の生産や需要は振れが大きくなりやすい。需要や生産の過剰な減少が問題であることは言うまでもないが、逆に生産や需要が過剰に増大する状況でも、経済が過熱して好ましくない影響が出てくる。第３章ではインフレに関連して、この問題を議論する。

図2-4　乗数メカニズム

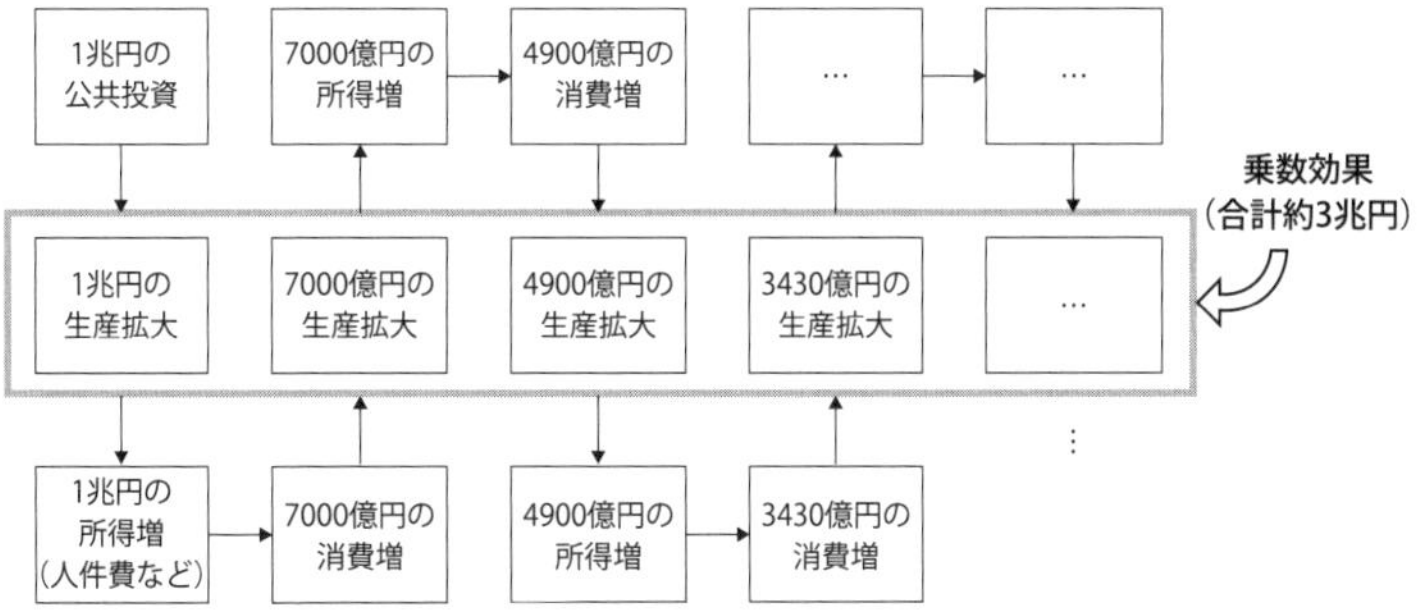

最初に景気刺激策として1兆円の公共投資が行われる。それにより1兆円分、生産が拡大する。生産拡大により、1兆円分、所得が増える。増えた所得のうち、仮に7割が消費に回るとすると、それが7000億円分の生産拡大を誘発し、それがまた7000億円の所得を生む……。こうして最初の公共投資が次々と派生的な需要を生み出す。

乗数効果（派生需要の総和）は、所得の増加のうち消費される割合（ここでは0.7）と、無限等比級数の和の公式を使って、次のように計算できる。

派生需要の総和＝最初の投資額1兆円÷（1−0.7）

この章のポイント

- 長期停滞の要因は家計の消費や企業の投資が伸びず、需要不足に陥っていること、供給面では生産性が伸びていないことだ。

- 停滞を打開する鍵としてグリーン（環境投資）とデジタル（ＤＸなどによる生産性向上）に期待が集まっている。

- ケインズは、物価や賃金などが需要と供給に合わせて調整されるまでに時間がかかると考えた。そのため需要不足の下では、公共投資などで需要を刺激する政策が必要だと論じた。

- ケインズは消費や投資などの支出の増減が、二次的・三次的な影響を通じて経済全体の生産や所得に波及する乗数メカニズムを重視した。

第3章

ネットニュースではわからない**インフレとデフレ**

見直されるケインズ経済学

マクロ経済の議論では、物価の動きが注目されることが多い。

たとえば、この20年の日本経済の状態について、デフレ経済という表現が使われる。デフレとは物価や賃金が下がり続ける状態を指す。なぜ物価や賃金が下がり続けるのか、それは経済にどのような影響を及ぼすのか、また物価や賃金の下落を止めるためには何が必要なのか。こうした問題はマクロ経済政策を考える時に重要なテーマとなる。

一方で、物価や賃金が上昇していく状況をインフレと呼ぶ。現在の日本の状況ではすぐにインフレになる気配はないが、過去に日本は何度も深刻なインフレを経験した。それは国民生活に様々な傷痕を残している。また、新型コロナウイルス対応でこれだけの財政支出をし続け、金融についてもジャブジャブに資金を注ぎ込んで、将来的にインフレは来ないのかという懸念を持っている人も多いようだ。

新型コロナウイルスとの戦いはしばしば戦争にたとえられる。人類はウイルスとの戦争をしているわけだが、そのために財政政策、金融政策のどちらにおいても平時には考えられないような規模での対応が続いている。過去の大きな戦争の後、戦後処理で多くの国は深刻なインフレを経験した。ウイルスとの戦争の後で、そうしたことが起こらないという保証もない。そうした議論をするためにも、インフレという状況について考察を進めておく必要がある。

前章まではＧＤＰの動きを中心に述べてきたが、この章では、デフレやインフレといった現象に光を当て、物価の動きについて考える。

そもそも、物価とは何か。経済指標という意味では消費者物価指数やＧＤＰデフレーターと呼ばれる物価指数が計測されている。それらの指標を利用して物価の動きが観察される。こうした指標の動きは、雇用現場での賃金交渉、公共料金の引き上げ、日銀の金融政策など、様々な局面で利用される。物価指数とはどのような性質の経済指標で、どのような特徴を持っているのか知っておく必要がある。

また、インフレやデフレという形で表れてくる物価の動きは、それ自体に独特のメカニズムが内在している。インフレやデフレに関わる経済政策の議論では、インフレ予想（期待）あるいはデフレ予想（期待）という表現がしばしば登場する。ひとことで言えば、人々や企業が物価の動きについてどのような予想を持っているのかということが現実の物価の動きに影響する、というわけだ。その予想に対して影響を与えるため、たとえば日本銀行などはインフレーション・ターゲッティングという政策手法を取ることもある。金融政策は第5章で詳しく取り上げるが、なぜ人々の物価予想が重要なのかという点については、この章で考察することにしたい。

デフレをグラフで「見える化」すると……

この20年近く、日本経済はデフレーション（デフレ）にどっぷりと浸かってきた。要するにこの期間、物価や賃金が下がり続けてきたのだ。

図3－1は、２０００年以降の日本と米国の消費者物価指数の推移である。日本のグラフは変化がわかりにくいが、おおまかにいうとこの時期の前半は低下傾向が続き、２０１３年以降はアベノミクスの影響で上昇傾向が続いた。コロナ危機の直前である２０１９年の時点までのこの20年間を通してみると、**日本の物価はおおむね20年前と同じような水準にある**ことがわかる。

これだけ見ると「日本の物価は安定していてよい」と見えるかもしれない。ただ、後で述べるように物価が下落するということは、たとえその下落率がわずかでも、経済に及ぼす影響は深刻である。その議論をする前に、この間の日本の状況を他の国と比較してみようというのが、この図を出した意図だ。ここには米国の物価指数の推移も取ってある。

毎年の物価上昇率で見ると、日米の違いは2％から3％程度であるが、それが20年間続くと、日米の物価は50％も乖離してしまう。図はこの状態を表している。ここでは消費者物価の動きを描いているが、賃金についてもほぼ同じような動きになっていると考えてよい。この20年間で見ると、日本の労働者の賃金はほとんど変わらないが、米国では50％も上昇したことになる。もちろん、日本では消費者物価が上昇せず、米国では賃金と同様に物価が上昇しているので、日本の労働者の実質賃金が大幅に下がっているわけでも、米国の労働者の実質賃金が大幅に上がっているわけでもない。ただ、人々は名目で賃金などを認知するので、賃金が全く上昇していない日本では閉塞感が強くなっている。

図3-1　日本と米国の消費者物価指数の推移（2000～20年）

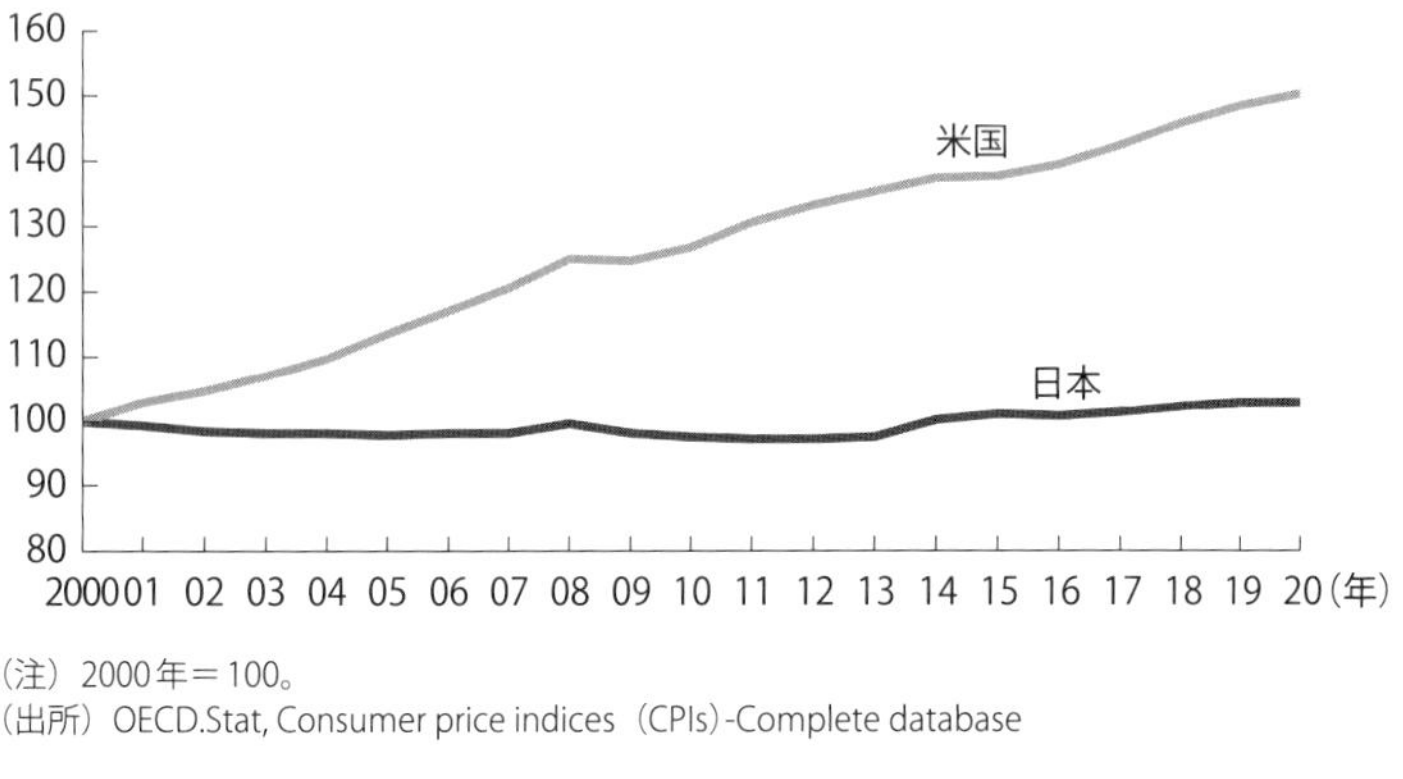

（注）2000年＝100。
（出所）OECD.Stat, Consumer price indices（CPIs）-Complete database

物価が下がると何が起こるか

日本が経験したデフレの状況を第2章で使った総需要曲線と総供給曲線を使って描写すると、かなり単純化した議論ではあるが、図3‐2で示したようになるだろう。この図では、現状の物価水準では需要が供給に比べて大幅に不足している。これは需要不足の状況である。

それなら物価が下がり、需要と供給が一致するところ（図の点E）に対応する物価（P_1）までいくだろう、と考える人も多いだろう。しかし、**ケインズの議論の重要な柱は、物価や賃金には硬直性や粘着性があり、そう簡単には下がっていかないということ**だ。図に示したような需要不足の状況では、物価が下方に動くような圧力は働くだろう。だから、物価は少しずつ下落していくかもしれない。しかし、**そのスピードは非常に遅く、その間にも需要不足の状況が続く。需要不足の中で第2章で乗数効果として説明したような相乗効果がマイナス方向に働く**ことになる。

２０００年以降の日本のデフレは年率マイナス０・３％程度の物価の下落率（２０００～12年）であった。この数字を見ると大したデフレではないと誤解する人もいるかもしれない。しかし、その背後では雇用や企業業績への厳しい影響が続いていたのだ。

「デフレとはいっても物価が下がるわけだから悪いことではないのではないか」と言う人もい

る。たしかに物価が下がることは、たとえば年金生活をしている高齢者にとっては悪いことではない。しかし、下がるのは物価だけではない。物価とともに賃金も下がる。賃金が下がるだけでなく、雇用も悪化し、失業率も上昇する。正規の雇用の機会が減って、非正規労働の機会しか提供されないケースも増える。企業の業績も悪化し、倒産件数なども増える。

デフレはたしかに物価や賃金が継続的に下がり続ける現象ではあるが、物価が下がることによってどのような影響が出てくるのかという以上に、**物価が下がり続けるという異常事態が起きている背景で、経済にどのような問題が生じているのか**に注目しなくてはいけない。

先ほど需要供給曲線の説明で述べたように、物価や賃金は特に、下がる方向にはそれほど大きく動かないものである。本来ならそれほど動かない

図3-2　デフレの状況

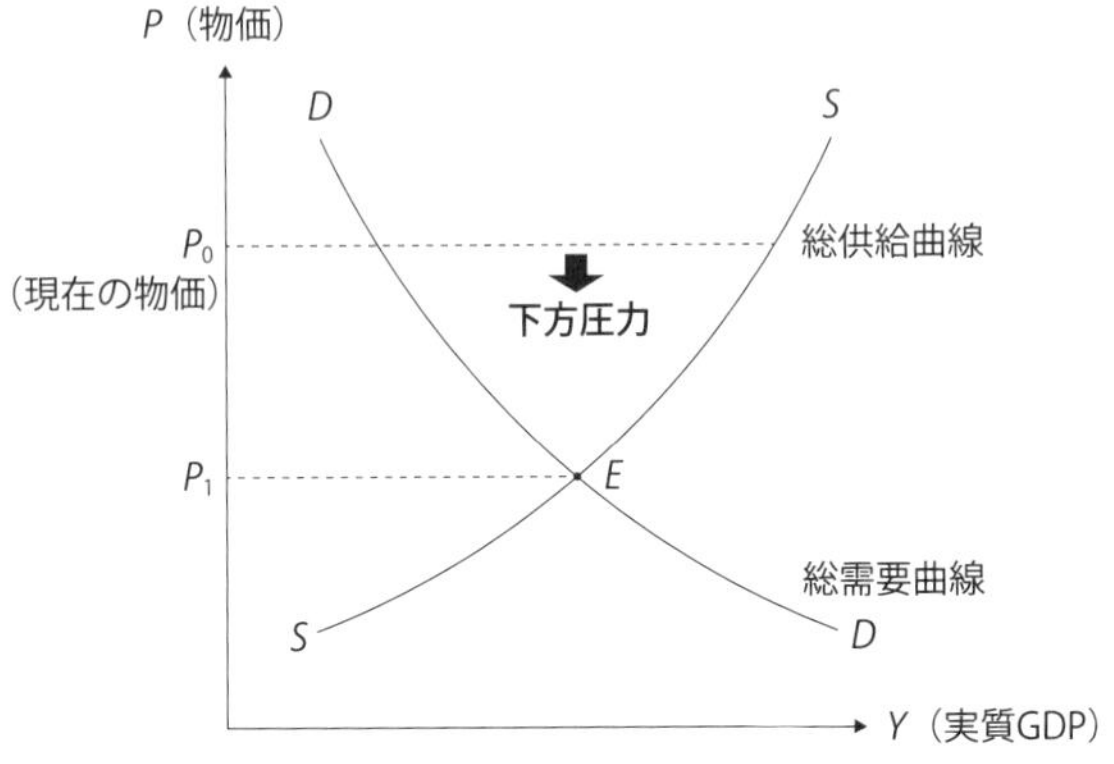

物価が若干なりとも下がり続けるということは、それだけ大きなデフレ圧力がかかっていると考えるべきだろう。

デフレ予想の定着

デフレやインフレなど物価の問題を議論する際、どうしても外すことができない論点がある。それは経済学者が「**予想**」と呼ぶ問題だ。デフレ予想やインフレ予想、より一般的な言い方をすれば物価上昇率予想ということになる。

なぜ予想が重要なのか。それは人々や企業の行動がこの予想に大きな影響を受けるからだ。仮に経済にデフレ予想が定着していれば、このデフレ予想を払拭しない限り、デフレからの脱却を果たすことは難しい。**人々がこの先もデフレが続き、物価や賃金が上がらないと考える傾向が強ければ、それがデフレ圧力をさらに強めることになる。**

ここで重要なことは物価や賃金は政府が決めるのではなく、企業が決めるということだ。個々の企業は自分の生産する商品やサービスの価格を決定するが、その価格の全体の動きが物価となる。賃金についても、企業と労働組合との交渉の中で決まるものであり、政府が管理しているわけではない。

もし企業が物価上昇率は上がらないだろうというデフレ期待を強く持っていたとしたら、積極的に価格を引き上げるだろうか。そうはならないだろう。世の中全体の物価が上がらないと予想される時、あるいは自分と競合している企業の商品やサービスの価格が上がらないと予想される時、自分だけ価格を上げれば顧客を失うことになりかねない。

賃金も同じだ。世の中全体の賃金が低下傾向にある時、自分だけ積極的に賃金を引き上げようという企業は少ないはずだ。デフレ傾向で先行きの景気の見通しが暗ければ、賃金を上げることに消極的にならざるをえない。

このように**デフレが継続するのかどうかは、人々が物価や賃金の変化の方向にどのような予想を持っているのかということに大きな影響を受ける。**経済学者はこの予想の形成のメカニズムに深い関心を払ってきた。そもそもデフレ予想あるいはインフレ予想と呼ばれる予想はどのような形で数値で捉えることができるのか、それはどのようなメカニズムで形成されるのか。研究者たちによって様々なモデルや計算結果が示されている。それらの研究結果には立ち入らないが、読者の皆さんにはデフレ、インフレの問題を考える時に、人々の「予想」（デフレ期待、インフレ期待と表現されることもある）も重要な要素になることに留意していただきたい。

インフレーション・ターゲッティング

デフレの問題を考える上で、予想（期待）の問題が重要であるということは、たとえば日銀がインフレーション・ターゲッティングという考え方を政策に導入したことからもうかがい知ることができる。日銀は２０１３年、**消費者物価上昇率を２％にすることを目標としたインフレーション・ターゲッティングを導入**した。日銀が持っているあらゆる手段を動員して、物価上昇率を２％にまで持っていくことにコミットすると表明したのだ。

日銀の表明は、人々の期待形成に大きな影響を及ぼすはずだ。企業でも個人でも、経済の中で活動している人々は、今後の物価や賃金の動きについて漠然とした予想を持っている。物価や賃金が穏やかに上がっていくという予想を持っている人もいるだろうし、今後も物価や賃金は下がり続けると考えている人もいる。経済全体でデフレ予想が強いということは、物価や賃金が下がり続けると考えている人の方が多いということだ。

経済全体でデフレ予想が強ければ、結果的にデフレ圧力も強くなる。**予想が現実を動かすような面があり、デフレ予想を壊していかない限り、物価や賃金を上昇軌道に乗せることは難しい。**デフレ予想が壊れる何らかのきっかけが必要だ。突然景気がよくなり始めるとか、石油の価格が上昇を始めるといったような外生的な要因が働けばデフレ予想は壊れるかもしれないが、そうしたことはなかなか起こらない。政府が大胆な景気刺激策を打ち出すことも、人々の予想を変えるかもしれない。

そうした意味では、日銀によるインフレーション・ターゲッティングは、直接予想に働きかける政策として興味深い。２％インフレにまで持っていくためにできることをすべて動員すると言っているのだから、物価は上がるだろう。人々がそう信じるようになれば、インフレーション・ターゲッティング政策は成功である。もちろん、日銀のそうした宣言を人々がそのまま信じるのか、そして実際の物価に影響を及ぼしうるのかということになると、いろいろな難しい問題も多い。

インフレの経験

次にインフレに話を移そう。**インフレーション（インフレ）とは、物価や賃金が持続的に上昇していく現象だ。**デフレと逆である。また、デフレと違ってインフレの場合には、「ハイパーインフレ」と言って何十％、何百％、あるいはそれ以上の高い率で物価が上昇することもある。

私の家の机の引き出しには、10兆ドルの紙幣がある。本物ではあるが、もちろん米国の紙幣ではない。アフリカのジンバブエの紙幣である。ジンバブエでは悪政の結果もあり、驚異的なインフレが起こってしまった。政府が大規模な支出をしたが、その財源の手当がないので、紙幣を大量に発行したのだ。それが激しいインフレを引き起こした。10兆ジンバブエドルの紙幣はその結果だ。

この紙幣をお土産に持ってきてくれたのは、私の元ゼミ生の商社マンだ。彼が言っていた。

「ジンバブエのレストランでビールを頼む時には最初から2杯目も頼むことにしている。途中で

2杯目を頼むと、値段が上がっているからだ」。冗談なのか本当なのかわからない話だが、インフレが激しい社会ではそうしたこともあるのだろう。

私も似たような経験をしたことがある。20年以上前の話だが、ブラジルを訪問した時、地元の人の家に招待された。家の中に冷凍庫がいくつもあるので不思議に思っていると、これもインフレの影響だそうだ。ブラジルは１９９０年、年率で約３０００％のインフレを経験した。スーパーの食品の値段が毎日のように上昇していく事態となった。そこで生活の防御として、給料が出たら大量に肉を購入して冷凍庫に保管しておくのだという。

長いことインフレを経験してこなかった日本人にとっては、こうした話は別世界のように聞こえるかもしれない。しかし、日本で将来、インフレが起きないという保証はないのだ。そこで個人的な話になるが、私が同窓会でしたスピーチを紹介しよう。

20年近く前のことだが、高校の同窓会で同級生から「老後の安心」について話をしてほしいと頼まれた。まだ50歳少し前で早すぎるとも思ったが、せっかくの依頼なので次のようなことを述べた。

「これからお話しすることをきちっと聞いてくだされば、皆さん、将来私に感謝するかもしれない」と切り出し、こう続けた。「インフレには気をつけよう」。

当時もインフレなどその気配もなかったので、同級生たちにはピンと来なかったようだ。そこで私たちが大学生だった１９７３年から74年のことを思い出してもらった。１９７３年、石油ショックが起きた。**1974年の日本の物価は前年比で24・5%も上昇**したのだ。貨幣の購買力が24・5%下がるということになる。同じ1万円でも、購入できるものは25%近く少なくなってしまう。これは庶民にとっては大きな損失である。

同級生たちに言ったのは、「我々はその時20歳代だったので大きな影響を感じたわけではない。仮にあの時、60歳代あるいはそれ以上だったと考えてみてほしい。それまで何十年も一生懸命に働いて老後のために蓄えてきた。当時であればその大半は預貯金だっただろう。40年間働いて貯めたお金であれば、その25%というのは10年分の蓄えを失うことになるのだ」。

特殊詐欺などで老人のお金を奪うのは本当に卑劣な行為だと思うが、日本中の老人（老人とは限らないが）の家に正面から堂々と乗り込んでいって、蓄えの25%を奪っていくのがインフレなのだ。こうした話をしていくと、同級生たちも少し不安にはなったようだ。どうしたらインフレを避ける資産運用が可能か、という話になる。

インフレへの備え

そうは言っても、明日やあさってに突然激しいインフレが来るわけではない。しかし、これから20年、あるいは10年の間に、穏やかなものであっても、インフレが来ないと言い切ることはできない。心の準備は必要であろう。

もっとも、インフレはすべての人にとって悪いものではない。１９７０年代のインフレの時に引退を迎えたあるサラリーマンが嘆いていた。「自分は一生働いてそれなりの給料をもらっていたと思っていた。ところが、狂乱物価で貨幣価値がどんどん下がっていく中で、少し経ってから娘の給料を聞いたら、自分の引退前の給料よりも高くなっていて、ショックを受けた」と。

若い世代にとっては、インフレの被害は少ないかもしれない。まだ預貯金もそれほどないだろうから、貨幣価値が下がっても影響は少ない。それどころか、もし住宅ローンを借りていれば、インフレによってローンの実質負担は下がっていく。インフレで給料や物価は上がっていくが、過去に借りたローンの金額は変わらないからだ。少し理屈っぽい言い方をすれば、インフレになれば借金の実質価値は減少する。

いずれにしても、私が同級生たちに言いたかったことは、私たちもいずれは歳を取る（もう取ってしまったが）。その時にインフレが起きたら困るので、今から心の準備が必要だ、ということだ。「ではどのような資産運用をしたらよいか」という質問に対しては、次のように答えた。「大切な資産運用について人から聞いたことを鵜呑みにしてはいけない。まずは経済の本をしっかり読んで、自分で考える習慣をつけてほしい」と。

ところで、**本当に日本には将来インフレが来るのだろうか。そこで気になるのが、巨額の公的債務（政府の借金）の存在**である。第６章で詳しく述べるが、デフレ経済で金利が非常に低い状態にあることで今、結果的に債務問題が表面化しなくて済んでいる。景気低迷が財政を助けているというのも皮肉なものだが、事実だ。コロナ危機による景気の落ち込みを防ぐため、政府はなりふり構わぬ姿勢で財政支出による景気の刺激策を続けている。その結果、政府の財政赤字は大きく膨れ上がり、公的債務も拡大している。

戦争の後には必ず戦後が来る。そう信じたい。ただ、**過去、大きな戦争の後の戦後経済において激しいインフレを経験した国は多い。**第二次世界大戦が終わった翌１９４６年の日本のインフレ率は３５０％を超えるものであった（日本銀行「企業物価指数、戦前基準指数」による）。戦勝国であった米国や英国でも10％を超えるインフレとなった。

コロナとの戦いで、平時では考えられないような財政支出と金融緩和が続いている。その〝戦後〟、インフレとなる可能性はないのだろうか。誰もが考えることだろうし、誰もその可能性は否定できない。

コラム

私たちの資産は大丈夫なのか

平均的な日本人の資産状況を見ると、預貯金の割合が非常に高くなっている。米国などでは株式などを組み込んだ投資信託の割合がもっと高いようだ。なぜ日本人は預貯金を好むのだろうか。それで問題はないのだろうか。

多くの日本人が預貯金を好むのは、デフレという近年の経済環境に適応しているという面がある。この20年ほど物価はほとんど上がっていないか、時期によっては下がることもあった。この時期には株価も上昇していないし、債券などの金利も非常に低い。結果的に預貯金で資産を持っているのが一番安全であった。結果オーライだったのだ。ただ、こうした資産構成が今後とも問題ないのかといえば、そうではない。預貯金という資産は株や不動産のように資産価格の暴落というリスクはないし、外貨建て資産のような為替リスクはないが、インフレが進行すれば資産価値が大きく減ってしまう。本文中で述べたことだ。

あまりにも長く物価が上昇しない環境に慣れ切ってしまったために、多くの日本人は物価上昇リスクに鈍感になってしまったのかもしれない。本文中でインフレリスクについて触れたのは、デフレに慣れきってしまった人に注意喚起する意味もあった。

では日本人は資産運用のあり方をどう見直すべきなのだろうか。まず知っておくべきは、すべての資産形態はリスクを伴い、そのリスクから逃れることは難しいということだ。株で資産を持てば株価の動きに翻弄されるし、不動産価格だって大規模な暴落が起きることもある。外貨資産は日々為替リスクに晒されている。現金や預金だって、大きなインフレが起きれば価値が大幅に減少してしまう。

どんな資産であってもリスクから逃げられないとすれば、私たちにできることはできるだけリスク分散をするということだ。すべての資産を特定の形態に集中させるのではなく、できるだけ多様な資産に分散投資すればよいのだ。そうすることで全体としてのリスクを最小化できる。分散投資こそが資産運用の基本である。

幸いなことに技術革新や規制緩和によって、様々な資産に少額から投資できるようになっている。一昔前であれば、不動産に投資しようとすると必要資金は何千万円という規模になったが、今では不動産投資信託（ＲＥＩＴ）で少額から投資できる。株式や外貨資産でも同様である。投資信託を利用することで少額での分散投資をすることも資産運用の鍵となる。

物価指数の計算の仕組み

これまでの議論では、正確な定義をすることなく、物価について語ってきた。物価が上昇していくことをインフレと呼び、物価が下がっていくことをデフレと呼ぶ。では、物価とはどういうものなのだろうか。

政府は消費者物価指数（Consumer Price Index、ＣＰＩとも呼ばれる）を毎月発表する。消費者物価指数はいくつかある物価指数のうち、最もよく利用されるものだ。いろいろな商品やサービスの価格の動きを平均化して指数として算出する。

指数は基準年と比較年を取って、その間の物価の変化を見るものだ。たとえば、２０２０年の物価を見る場合、２０１０年を基準とすれば、２０１０年（基準年）に比べて２０２０年（比較年）の物価がどれだけ高くなったか、あるいは低くなったのかを計測する。

そのため、次のような計算式を用いる。

｛（比較年の価格×基準年の消費量）をすべての財やサービスで足し合わせたもの｝

÷｛（基準年の価格×基準年の消費量）をすべての財やサービスで足し合わせたもの｝

要するに、**基準年の数量（消費量）を固定しておき、それを使って比較年と基準年の価格を比べよう**というのだ。こうしたタイプの指標のことをラスパイレス指標という。この指標は、この期間内の各財やサービスの価格上昇率を、基準年のそれぞれの支出シェアをウエイトとして平均したものになる。

たとえば、衣料と食料と公共サービスの三つしかない単純な世界で考えてみよう。基準年が２０１０年で、その年の消費割合は衣料が30％、食料が50％、公共サービスが20％としてみよう。そして２０１０年から２０２０年の間に衣料の価格が０・８倍に（つまり価格が下がったということ）、食料の価格が１・４倍に、そして公共サービスの価格が１・２倍になったとしよう。

この数字から消費者物価指数を計算すると、

０・３×０・８＋０・５×１・４＋０・２×１・２＝１・18

となる。つまり、２０１０年の物価が１・00であるとすれば、２０２０年の物価は１・18ということになる。言い換えれば、この間に物価は18％上昇したということだ。

　この章の冒頭の図3-1に日本と米国の消費者物価指数の動きを示した。この消費者物価指数は2000年を基準とし、その年の物価を1・00として計算したものだ。

消費者物価指数の利用

　消費者物価指数は、毎月、総務省統計局から発表される。様々な財やサービスの価格の動きを指数としたものなので、その数値はあくまでも大きな流れを表すにすぎない。しかし、現実の経済政策の運営では重要な役割を果たしている。

　第5章で詳しく述べるが、日銀はその政策運営において物価の安定を重要視している。過度に物価が上昇するインフレや物価が下がるデフレに経済が陥らないような政策運営をしている。すでに述べたように、消費者物価指数で物価上昇率を2％にしようというインフレーション・ターゲッティングも採用している。こうなると、**日銀の政策運営にとって毎月発表される消費者物価指数は重要な判断指標**になる。日銀だけでなく、政府もデフレからの脱却を重要な政策目標としてきたので、消費者物価指数の動向を注視している。

　マクロ政策以外でも、消費者物価指数は政策運営で重要な役割を演じる。たとえば、年金の支給にも消費者物価指数が関わってくる。高齢者に支払われる年金の実質的な価値は、物価に大きく左右される。インフレで物価が上昇していけば、もらった年金だけではモノを買うお金が足りなくなり、年金支給額を増やしてもらわなければ生活が成り立たなくなる。そこで**消費者物価のデータを使い、物価上昇のペースに合わせて年金の支給額を調整**するという方法が取られる。これを物価スライドと呼ぶ。

　物価の動きに合わせて調整される必要があるのは年金だけではない。たとえば鉄道運賃など、価格が公的に規制されている商品・サービスがある。物価が上昇すれば鉄道会社などの経営が成り立たなくなるため、こうした場合も物価上昇に応じて運賃などの価格を変更することが必要となる。価格改定の判断においても、消費者物価指数が使われるだろう。

　消費者物価指数は、政府以外のところでも注目される。労働者の賃金をめぐって企業と労働組合は毎年交渉を行うが、賃金をどれだけ引き上げるかという判断に際しては、客観的な数値として消費者物価指数の動きが参考にされることが多い。

　消費者物価指数は国際的な比較も可能である。日本の物価上昇率はゼロ％だが、米国は２％であるとしたら、両国における物価の動きの違いがわかる。図３－１は過去20年にわたる、物価の日米比較である。

　グローバルな視野で金融ビジネスを展開している銀行などの金融機関は、途上国などの経済運営がどのような状況にあるのかを判断する指標の一つとして、インフレ率を注視している。インフレ率があまりに高い国は、経済政策運営に問題があり、市場のリスクも大きいと判断される。

フィリップス曲線に基づくケインジアンの議論

第2章で、ケインジアンの議論を紹介した。ケインズは価格や賃金が硬直的な世界の中で、雇用やGDPなどの数量がどのように変化するか、またその中での政策のあり方について論じた。戦後、主要国のマクロ経済政策運営では、ケインズの考え方を踏襲したケインジアンが大きな影響力を持った。その考え方の中心にあったのが、フィリップス曲線である。

図3−3は典型的な**フィリップス曲線**を描いたものだ。**縦軸に物価上昇率、横軸に失業率を取った時、右下がりの曲線が描ける。**英国の経済学者アルバン・ウィリアム・フィリップスが賃金率と失業率の関係を指摘したことにちなんでフィリップス曲線と呼ばれている。ここでは縦軸に物価上昇率が取られているが、これを賃金上昇率に置き換えても似たようなグラフが描ける。

この曲線上では、**失業率が低くなるほど、物価上昇率が高くなる。**逆に、**失業率が高くなれば物価が下落する、つまりデフレになるように曲線が描かれている。**物価上昇率がゼロになるところの失業率を**自然失業率**と呼ぶことにする。現実には物価が若干上昇しているところでの失業率を自然失業率と呼んだ方がよいかもしれないが、ここではそうした専門的な議論には踏み込まない。

自然失業率の点は、総需要と総供給のグラフでは、両者が交わるところに対応すると考えればよい。そこでは需要と供給がバランスしていて、物価上昇や物価下落の圧力は存在しない。需給がバランスしていても失業率がゼロになっていないのは、たとえバランスした点にあっても、雇用のミスマッチや労働者が移動する時の調整のために失業率が完全にゼロになることはないからだ。

現実の失業率が自然失業率よりも低くなっている状況では、過剰雇用（つまり労働者不足）の状況になっており、物価や賃金への上昇圧力がかかる。失業率が低いほど、物価の上昇率も高くなる。逆に失業率が自然失業率よりも高い状況では失業過剰（労働者過剰）が生じていることになり、物価は下落していく。以上がフィリッ

図3–3　フィリップス曲線

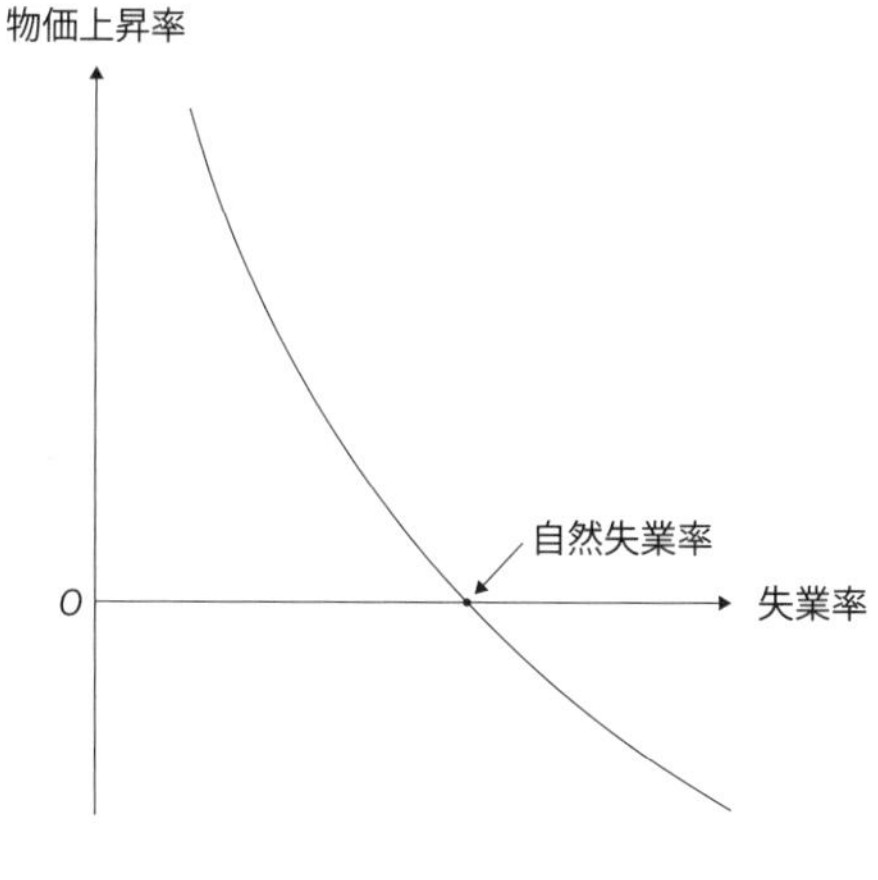

プス曲線の背後にあるメカニズムだ。**ケインジアンのマクロ経済政策運営の基本は、このフィリップス曲線の上で示すことができる。**自然失業率よりも失業率が低い状況は、経済が過熱の状況だ。物価は上昇している。そこで求められる政策は金融政策や財政政策を引き締め気味にすることだ。逆に失業率が自然失業率よりも高ければ、経済は低調である。そこでは財政政策や金融政策によって経済を刺激することが求められ、それによって失業率を下げることが期待される。

戦後の20年ほどは、こうしたケインジアン的な政策運営が有効であった。多くの国で景気の過熱や減退に応じて、財政政策や金融政策の調整が行われた。景気が過熱していれば引き締め、景気が停滞していれば刺激を行う。こうした政策を**裁量的マクロ経済政策**と呼ぶ。

しかし、残念ながら１９７０年代に入ると、こうした政策手法は機能しなくなっていく。景気が悪いのに物価が上昇するというスタグフレーションという現象が顕著になってくるからだ。

フリードマンの議論――インフレ予想への対処

フィリップス曲線の議論が正しければ、失業率が高くなれば物価上昇は止まるか、あるいは物価の下落が始まることになる。１９５０年代から60年代にかけては、基本的にこうした状況が続いた。フィリップス曲線に基づいたケインジアン的な政策運営手法が大きな影響力を持っていた時代だ。ところが、**１９７０年代以降になると、インフレ率が傾向的に上昇を始めて、失業率が高いのに物価は上がるというスタグフレーションの現象が顕著**になってきた。不況のことをスタグネーションというが、これとインフレーションをかけて、景気が悪いのに物価が上がっていくことをスタグフレーションと呼んだ。

こうした背景には１９７０年代以降、図３‐４に描いたようにフィリップス曲線がシフトしているように見える現象があった（図では予想物価上昇率２％のフィリップス曲線が４％の曲線、６％の曲線へと上方シフトしている）。物価と失業率の間に単一のフィリップス曲線が描けるのではなく、時代によってフィリップス曲線が上方にシフトしているように見えるのだ。失業率が高いにもかかわらず物価が上昇していくスタグフレーションという現象は、フィリップス曲線が右上にシフトしたことによって説明できる。

こうした論点を明確に示したのが、シカゴ大学のミルトン・フリードマンであった。フリードマンはケインジアン的政策運営に強い批判を続けていた。**フリードマンの議論の中核にあるのは、これまでも何度か触れたインフレ予想という考え方である。**フィリップス曲線が右上にシフトしていくのは人々のインフレ予想が高くなっているからである。この**インフレ予想を下げることが重要で、財政・金融政策で物価上昇を止めることは難しい。**これがフリードマンの主張である。

ケインジアンの考え方は、景気の状況に応じて財政・金融政策を緩めたり引き締めたりすることであった。微調整あるいはファインチューニングと呼ばれていた。あるいは状況に応じて対応を決める裁量的政策とも呼ばれる。フリードマンは、ケインジアン的な裁量的政策が経済にかえって混乱を起こすことになると主張する。政策の結果、人々のインフレ予想が高くなりスタグフレーションになるのは、その典型的な事例であるとも言える。

フリードマンが主張する政策運営の姿勢は、状況に応じて臨機応変に財政政策や金融政策を微調整するのではなく、物価が安定するように貨幣量を安定化させ、財政の健全化を維持することだ。これをケインジアンの裁量的政策と対比して、ルールを重視した政策と呼ぶ。**金融政策や財政政策のルールが明快で安定的な経済が保証されていれば、人々のインフレ予想が振れることもなく、フィリップス曲線も安定するはずだ**と考えたのである。

図3−4には、こうした議論の基になった、フリードマンの**長期フィリップス曲線**の概念も示した。フリードマンは、人々の予想が動くことを前提にすれば、長期的には失業率が自然失業率から大きく乖離することはありえない、という。

仮に図3−4の*A*点を一時的な景気刺激で失業率が低くなった状態としよう。景気刺激により物価は上昇を始め、失業率はさらに低下する（*B*点）。しかし、フリードマンはそれも一時のことで、時間が経って景気刺激の効果が薄れてくれば失業率はもとの水準に戻ってしまうと考えた。そうであればフィリップス曲線はより高いインフレ予想を織り込んだ、予想物価上昇率4％の曲線へとシフトする。経済は*B*点から*A*点に戻るのではなく、やがて*C*点（物価上昇率

4％で失業率は*A*点と同じ）に落ち着く。人々のインフレ予想が高くなれば、行き着く先は同じ失業率でインフレ率は高い状態というわけだ。

1970年代にインフレ率が上昇を続けた背景には、景気刺激策が続く中で人々のインフレ予想が引き上げられ、その結果、フィリップス曲線が右上にシフトしていったことがある、という見方である。

フリードマンはそうした考え方から、長期的には図3-4に描かれたような垂直線が描ける、つまりいかなる物価上昇率であっても失業率はある一定の値（自然失業率）を取る長期フィリップス曲線が描けると主張したのだ。

もしこのように長期的には失業率が自然失業率の水準に安定しているのであれば、失業率を下げるための景気刺激策をとるのは好ましくないことになる。失業率は一時的には下がっても、

図3-4　短期と長期のフィリップス曲線

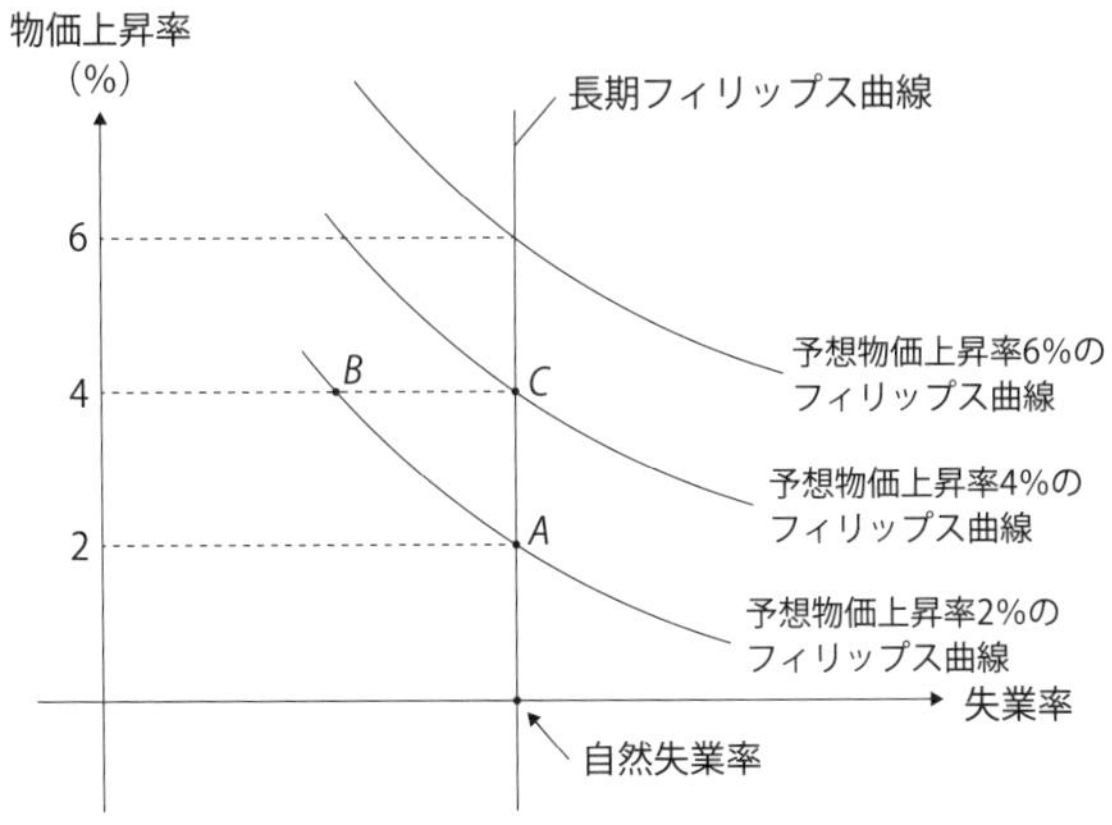

結局、もとに戻り、その半面でインフレ率は高くなってしまうからだ。

現実の経済政策において、フリードマンの主張はその後どのように受け入れられたか。当時はスタグフレーションの時代だったことに留意しながら、見ていこう。

ボルカーによるインフレ叩き

金融政策は裁量的に行うのではなく、ルールを維持するように運営すべきである、というフリードマンのメッセージは、その後の金融政策の運営にも大きな影響を及ぼした。すでに触れたインフレーション・ターゲッティングも、金融政策に対するルールの導入という面がある。

フリードマンのフィリップス曲線についての有名な論文は、１９６７年のアメリカ経済学会の会長講演で発表された。その後のスタグフレーションの影響を受け、１９７９年に米国の中央銀行制度である連邦準備制度理事会の議長に就任した**ポール・ボルカーの政策は、フリードマンの議論を実践に移すような形で、政策金利の大幅引き上げなどを通じて市場に蔓延していたインフレ予想を叩き潰すという、強力なものであった。**

ボルカーは市場の金利が急上昇するにもかかわらず、大胆なインフレ撲滅の政策を断行した。当時、私は米国の大学で博士論文を書き終え、助教授として教鞭を執り始めていた。学生時代よりは収入が増えたのでそれを銀行に預金したのだが、その金利が十数%という驚異的に高いものであったことが記憶に残っている。この米国の金利高騰によって米国のドルレートは急上昇し、ドルで大量の資金を借りていたメキシコやブラジルはその後債務破綻した。非常に激しいインフレ潰しであるが、フィリップス曲線の議論を使えば、インフレ予想が定着して一度上方にシフトしたフィリップス曲線を下げていくためには、それだけのストレスをかけなければいけないということであろう。

結果的にボルカー議長によるインフレ抑制政策は有効であった。１９８０年代以降、米国をはじめとする主要国のインフレは次第に鎮静化し、現在に至るまで先進国で深刻なインフレにはなっていない。それどころか、この章の冒頭で述べたように、現在では多くの国でデフレ的な状況になっている。１９７０年代に経験したスタグフレーションの中で、ケインジアンの議論は支持を失いつつあった。インフレ的な世界では、需要不足を想定したケインズ的な議論の説得性は弱いのかもしれない。

皮肉なことに、物価が安定していく中で、日本では１９９８年に、世界でも米国起点で２００８年に、深刻な金融危機が起きた。その結果もあって深刻な景気後退が起きてしまった。コロナ危機も需要不足に拍車をかけている。**需要不足の経済はケインズ的な世界であり、各国の経済政策でも景気低迷を是正するために裁量的な財政刺激策をとるという流れが強くなっている。**

この章のポイント

- デフレは物価下落だけでなく賃金の下落、企業業績の悪化、倒産の増加、失業率の上昇なども引き起こす。

- デフレやインフレは、人々が先々の物価や賃金をどう見ているかという「予想」に大きな影響を受ける。

- フリードマンはインフレが進んだ20世紀後半、ルールに基づく貨幣の供給を通じてインフレ予想を安定化させるという金融政策を唱え、ケインズの財政政策を批判した。だがデフレが続く今、各国の政策はケインズの考え方に近づいている。

第4章

コロナ危機が働き方改革を加速

ネットニュースではわからない 労働市場

経済学という表現は、中国の古典に出てくる「世を経《おさ》め、民を済《すく》う」に由来するといわれている。マクロ経済学が目指すところも同じだ。経済学の用語でいうと、最終的には「経済厚生」が重要であるのだ。そのために過度な景気の振れを抑え、インフレやデフレに陥らないように様々な政策手段が導入される。

これまで見てきたように、ＧＤＰや物価などのマクロ経済指標は、経済状況を判断する上で重要だし、それを管理することでマクロ経済の安定性を確保しようとしている。ただ、これらはあくまでも中間指標にすぎない。マクロ経済において最終的に国民の経済厚生に大きな意味を持つのは雇用である。

景気が悪化すれば、ＧＤＰは減少するかもしれない。株価も下がるだろう。物価も下落する。企業の収益も縮小する。倒産件数も増えるかもしれない。こうした動きは直接的に国民の生活に影響を及ぼすわけではない。ただ、景気悪化によるこうした指標の変化を通じて、人々が失業したり収入の大幅減少を余儀なくされたりすると、これは経済厚生に直接関わってくる。だからこそ、雇用や賃金の動きが、マクロ経済を議論する際に重要なテーマとなる。

　マクロ経済における雇用指標としてよく使われるのは、失業率と有効求人倍率である。失業率とは、働く意思のある人の中で仕事に就くことができないで失業している人の割合のことである。景気が悪化すると失業率が上昇する。それだけ仕事に就けない人が増えるわけだから、経済厚生の観点から問題であるのは明らかだ。だからこそ、雇用が拡大するように景気刺激策を導入する。雇用対策はマクロ経済政策の中で重要な位置を占めている。

　ただし、雇用や賃金は複雑な現象である。失業率や賃金の動向だけを見て経済政策を行えばよいというわけではない。たとえばコロナ危機の中ですべての労働者の雇用や賃金が悪化しているわけではない。ＩＴ関連の専門家の雇用や賃金はますますよくなるのに対して、外食産業などで働くパートやアルバイトの労働者の条件はどんどん悪くなっている。雇用全般だけでなく、労働市場の構造変化やそこでの働き方にも分析のメスを入れる必要がある。

　日本はこの10年ほど、働き方改革を大きな政策目標として掲げてきた。政府だけでなく、企業レベルでも働き方改革で様々な取り組みが行われてきた。そうしたことを通じて、女性の活躍を推進し、柔軟な働き方を支援し、多様な形の労働参加が可能になるような模索が続けられてきた。ただ、経済に長いこと定着した労働慣行や企業行動を変えることは容易ではない。また、どんな改革にもそれに反対する勢力がある。雇用や労働のような私たちの生活に直結する問題で、賛成と反対の両方がある中で改革を進めることは容易ではない。

たとえば、金銭条件などを提示することで企業による解雇の自由度を少し高めることは、全体としては雇用調整の活性化を進める上で意味のある改革だと思う。しかし、何が何でもそうした改革に反対の人々は、金銭解雇を認める法案を「首切り法案」と名づけて批判する。首切りという強い表現を利用して、反対の議論を煽ろうというのだ。結果的に金銭解雇を認めるような改革は実行するのが難しくなる。

そうした中でコロナ危機が起きた。多くの企業や労働者は突然、働き方を見直す必要に迫られた。在宅勤務が当たり前になり、会議もオンラインを利用した遠隔会議が行われるようになった。新型コロナウイルス感染によって職場の姿が大きく変わったのだ。感染が収束すれば、中にはもとの職場の姿に戻る面もあるだろうが、すべてが戻ることはないだろう。結果として、より柔軟な働き方が広がることになる。政府は一生懸命にこれまで働き方改革を進めてきたが、十分な成果が得られなかった。しかし皮肉なことに、ウイルス感染が働き方改革の強力な牽引車となったのだ。

失業率と有効求人倍率

失業率は、労働者全体の中で仕事に就くことができない失業者の割合を示したものだ。図4－1の概念図を見てほしい。**15歳以上の人口の中で、働く意思と能力のある人の数を労働力人口**、そうでない人の数を非労働力人口と呼ぶ。高齢で仕事を退職した人、学齢期でまだ仕事に就く気がない人、成人でもいろいろな理由で働く意思のない人がいるだろうが、それらはすべて非労働力人口に含まれる。

働く意思や能力がある人でも、やむを得ない事情で仕事に就けない人がいる。この人たちを失業者と呼ぶ。労働者の中で失業者以外の人を就業者と呼ぶ。何らかの形で働いている人たちである。失業率とは、労働力人口を分母に取って、失業者数を分子に取った数字である。要するに労働者の中に占める失業者の割合である。

図4-1　就業者と失業者

- 15歳以上人口
  - 労働力人口
    - 就業者
      - 従業者
        - おもに仕事
        - 通学のかたわらに仕事
        - 家事などのかたわらに仕事
      - 休業者
    - 完全失業者
  - 非労働力人口
    - 通学
    - 家事
    - その他（高齢者など）

（注）15歳以上について、調査週間中の活動状態に基づき、ILO基準に従い区分した（基本集計）。
（出所）総務省統計局「労働力調査 用語の解説」

現実には、失業率はどう計算するのだろうか。すべての国民にアンケートを取るわけにはいかない。そこである限られたサンプルの人たちをランダムに抽出して、二つの質問をする。「あなたは働く意思がありますか」、つまり労働力人口、非労働力人口のどちらに含まれるかを尋ねる質問、次に、働く意思があると答えた人に対して「何時間働いていますか」、つまり就業者か完全失業者かを尋ねる質問である。このサンプルの結果で失業率の数字を出す。

図4‐2は２０１３年から現在に至るまでの、日本の失業率の推移だ。後で説明する有効求人倍率も示してある。景気の動きと失業率の動きは連動しているように見える。２０１３年はアベノミクスが始まった年である（第二次安倍内閣が成立したのは２０１２年の年末である）。第１章で取り上げたように、アベノミクスによってマクロ経済のいろいろな指標が大幅に改善している。失業率もその一つだ。２０１３年の初めには失業率は４％台と高かったが、**コロナ危機の前の２０１９年には２・２％まで下がる。景気の回復の中で深刻な人手不足になった時期でもあるが、非常に低い失業率にもそうした雇用の状況が表れている。残念ながら２０２０年に入ってからは、失業率は上昇を始めている。**コロナ危機が起き、雇用機会が減少したことが失業率にも反映している。

失業率と並んでよく利用されるデータとして、有効求人倍率がある。有効求人倍率の算出には、ハローワークでの情報を活用する。ハローワークには多くの求人情報が寄せられるが、これを合計したものが求人数である。他方でハローワークに仕事を探しに来る人の数を合計したものが求職数である。「有効」とわざわざつけるのは、求職と求人それぞれに申し込みがあってから2カ月を有効期間として換算するからだ。

有効求人倍率が1であれば、求人数と求職数がほぼ一致している。つまり労働市場はほぼ均衡していることになる。有効求人倍率が1を超えて大きくなるほど、求職数に比べて求人数が多くなるので、それだけ労働市場が逼迫していることになる。逆に**有効求人倍率が1を大きく下回っている時には、仕事が少なく、多くの失業者が出ている**ことが推測される。

図4-2には失業率と有効求人倍率の両方が描かれている。一般的な傾向として、失業率が低くなる時には有効求人倍率は高くなる傾向にある。

図4-2　失業率と有効求人倍率の推移（2013年1月〜20年12月）

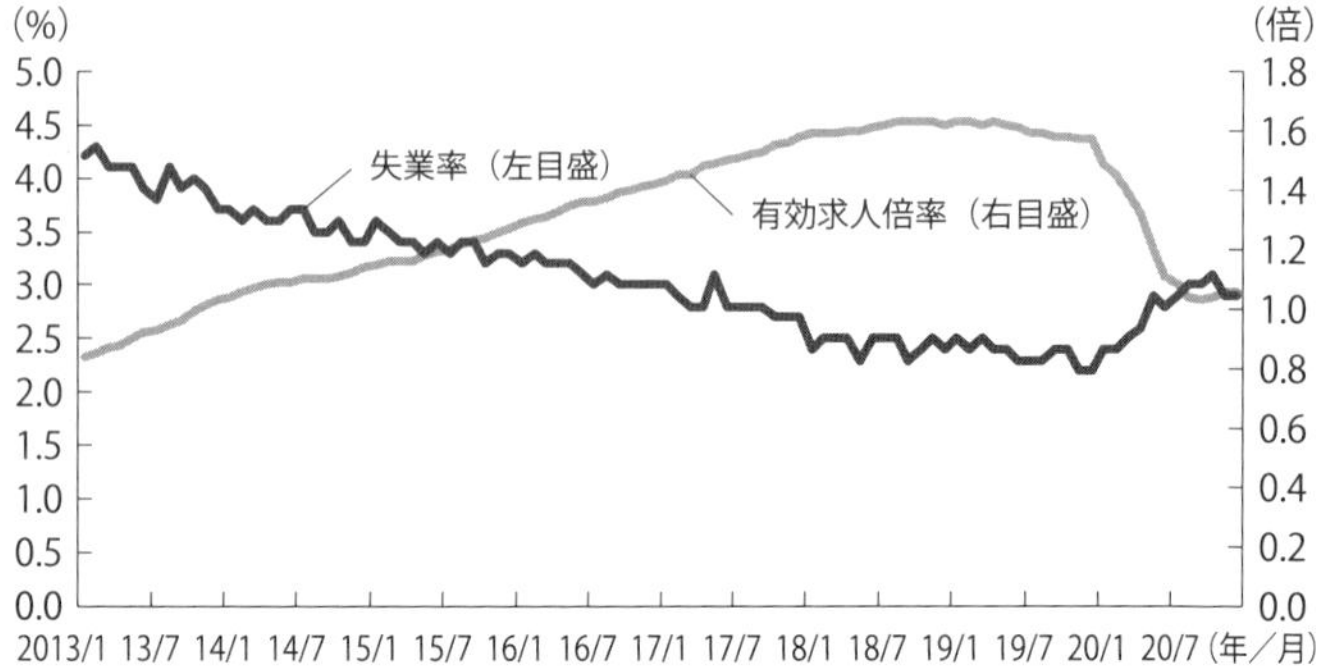

（出所）失業率：総務省統計局「労働力調査　長期時系列データ」
有効求人倍率：e-Stat「一般職業紹介状況（職業安定業務統計）」

各国の社会慣行も失業率に反映

失業率は限られたサンプルの上での調査であるところに限界がある。有効求人倍率はハローワークを通じて労働者の需給を計測したものであり、ハローワークを通じないところで行われる雇用の数字は出てこない。多くの転職や就職は、企業による募集に応じて行われることが多く、ハローワークを介するわけではない。失業率の調査のようにサンプル調査ではないが、ハローワークを通じてのデータという限られた対象しか拾っていないという意味では有効求人倍率にも限界がある。

結局のところ、失業率や有効求人倍率など複数の指標をうまく使い分けて、いろいろな指標で雇用の実態を総合的に把握することが必要となる。**米国では雇用の実態を見るために、過去1カ月間でどれだけの雇用が生み出されたかという数字を使うことが多い。**「先々月は90万人も新規雇用が生まれたので雇用は好調だったが、先月は30万人しか新規雇用が生まれなかったので雇用は低調であった」といった分析が行われる。

ここで失業率ではなく**新規雇用の創造に注目するのは、労働市場の新陳代謝に注目すれば失業率だけに固執するのは賢明ではないから**だ。米国の失業率は日本よりも高くなっている。ただ、もし新陳代謝が働いていて、職を失ったり離職したりする人が多く、一方で新たに職に就く人が多ければ、それはむしろ好ましいことでもある。仕事は失っていなくても自分に合わない仕事にくすぶっているという人が多い状況よりもよいとも言える。

米国で新規雇用の数に注目するのは、経済の新陳代謝の動きを見る上で有効な指標だからだ。ひょっとしたら失業率が高くなっているかもしれないが、新陳代謝が激しければ失業状態にとどまっている時間は短い。それなら失業率を見るよりも新規雇用の数を見た方がよいのだ。

表４－１は２０１８年の主要国の失業率を比べたものである。失業率は日本が最も低くなっており、次がドイツや米国、そして欧州諸国は全般的に高くなっている。これは、日本の方が欧米よりも景気がよいということを示しているわけではない。**失業率はそれぞれの国の制度的な要因や経済の特徴を反映**した数値になる。もろもろの理由で日本の失業率は低くなる傾向がある。

日本の失業率が他の先進国よりも低く出る傾向がある理由は何だろうか。一つには、**若者の失業率が低い**ことがある。それは日本独特の就職活動の仕組みによるものだと指摘する専門家もいる。日本では高校や大学の卒業前に学生は就職活動を行い、企業もそれに合わせて採用活動を行う。結果的に、かなりの割合の学生が卒業前に就職先を決めている。

表4-1　主要国の失業率（2018年）

国名	日本	米国	英国	ドイツ	フランス	イタリア	カナダ	スペイン
失業率（%）	2.4	3.9	4.2	3.4	9.1	10.6	5.8	15.3

（出所）OECD.Stat, LFS by sex and age - indicators: Unemployment rate

日本以外のほとんどの国では、企業は1年中採用の門戸を開けているし、若者の方も自分にとって好ましいタイミングで就職活動を行う。中には大学を卒業してすぐに就職しようとしない人も多くいるだろう。日本のように「在学中に就職を決めておかなければ」というプレッシャーが少なければ、在学中に焦って就職活動をする人も少なくなるだろう。結果的に若年の失業率が高めに出ることになる。

若年失業率が高いという意味では、欧州の状況は日本とは大きく異なる。ＯＥＣＤの統計によれば、２０１８年の時点で若年失業率（15歳以上25歳未満）は、日本では３・８％なのに、スペインで34・３％、フランスで20・８％、イタリアで32・２％、ドイツで６・２％となっている。欧州で若年の労働者の失業率が非常に高いのは、それだけ若者が仕事を見つけるのが難しい社会であるからだろう。

インサイダー・アウトサイダー問題と呼ばれることがあるが、欧州の多くの国では、すでに仕事を確保した人を解雇して新しい人を雇うことが難しい。インサイダー（すでに仕事に就いている人）を保護して、アウトサイダー（これから仕事に就く若者がその代表）の就職機会が制限される。若者の失業者が多いことは、社会の活力を弱めるものである。日本でもインサイダー・アウトサイダーの問題がないわけではない。この点については後で述べることにしたい。

有効求人倍率から見える雇用情勢

有効求人倍率は、経済全般での数字として出てくるだけではなく、職種ごとの数字、地域ごとの数字でも出てくる。表４－２はコロナ危機が起きる前の２０１９年12月（つまりコロナ危機の影響が及んでいない時期）の有効求人倍率を、代表的ないくつかの職種で比較したものだ。

この時期はコロナ危機前であり、アベノミクスの効果が経済全体に及び、雇用は非常に好調であった。したがって経済全体としての有効求人倍率は非常に高く１・53となっている。求職者１人に対して求人数が１・53人ある状況である。

この表の中で、**介護や建設関係を見ると、建設躯体工事は11・64、介護サービスは４・80と有効求人倍率が異様に高い**数字になっている。新たな

表4-2　職業別有効求人倍率（パートタイムを含む常用、2019年12月）

職業	有効求人倍率（倍）
職業計	**1.53**
建設躯体工事	11.64
建築・土木・測量技術者	6.61
介護サービス	4.80
金属材料製造、金属加工、金属溶接・溶断	2.73
商品販売	2.72
事務用機器操作	0.63
一般事務	0.42

（出所）e-Stat「一般職業紹介状況（職業安定業務統計）」

人を採用することが非常に困難であるということだ。他方で、一般事務では有効求人倍率は1を大きく割り込んでいる。採用されることが非常に厳しい状況である。

有効求人倍率は地域ごとのデータを検証することもできる（失業率も地域ごとのデータが利用可能だ）。経済は日本全体で連動しているので、有効求人倍率や失業率はすべての地域で同じような動きをする。ただ、地域による微妙な違いを見ることで、その地域が直面する雇用問題の特徴が浮かび上がってくることもある。表4−3はコロナ危機が起きる前の２０１９年10月とコロナ危機の影響が及んだ1年後の有効求人倍率の数値を取ったものだ。**危機の前では全国平均で1・58と高い数値であった有効求人倍率が、1年後の10月には1・04**まで下がっている。**ウイルス感染拡大の経済への影響によって、雇用が大幅に悪化**していることがわかる。

ただ、全国ベースでは、有効求人倍率がかろうじて1を超えている。後で触れる雇用調整助成金など、政府の雇用維持支援策が効果を発揮しているのかもしれない。表4−3には、同じ時期の沖縄県の有効求人倍率の数字もある。沖縄県の有効求人倍率は全国平均よりもかなり

表4−3　全国と沖縄県の有効求人倍率

		全国（倍）	沖縄県（倍）
コロナ危機前	2019年10月	1.58	1.21
コロナ危機後	2020年10月	1.04	0.67

（注）季節調整値。
（出所）e-Stat「一般職業紹介状況（職業安定業務統計）」

低くなっていることから、雇用事情が全国平均よりも厳しい様子がうかがえる。とりわけ２０２０年10月時点では、沖縄県は０・67と非常に低い水準だ。ウイルスの大きな影響を受けた観光への依存度が高いことが、その雇用情勢を特に悪いものにしていると思われる。

日本的雇用システム

戦後の日本経済はめざましい成長を遂げた。高度経済成長の中で日本独特の雇用制度が確立した。そうした雇用制度が高度経済成長を支える上でも重要な役割を果たしてきた。**法人共助**という言い方があるが、従業員の生活を様々な形で企業が支え、企業が一つのコミュニティのようなものになっていた。こうした中で企業は**終身雇用**を維持し、景気が悪くなっても雇用を守ることを最優先としてきた。多くの企業の賃金体系は**年功賃金**になっており、企業に勤続する年数が増えるにしたがって賃金が上昇していった。

こうした雇用システムは、従業員が協調して企業の業績を盛り上げる上で有効であった。労働者にとっても自分たちの生活を支える基盤を保証されるものだった。夫が定年まで仕事を確保できるので、妻はパートのような短時間の仕事をする以外は、家事や育児に多くの時間を割いた。夫の仕事の負荷が大きいので、妻が家事を引き受けざるをえなかったという面もある。単身赴任や長時間残業などが可能であったのは、こうした妻による家庭内のサポートがあったからだ。

日本的な雇用システムの特徴の一つが年功賃金制である。この制度の特徴が図4-3に描かれている。この図の横軸は年齢、縦軸は給与である。年功賃金の特徴は年齢が高くなるにしたがって給与が高くなるということだ。多くの人は学校を出てからすぐに就職するので、年齢の高い人ほど企業への在職年数も多くなっている。

この図にはもう一本の線が描かれている。図では「働きによる貢献」としたが、これは労働者の生産性をイメージして描いたものだ。労働者の企業への貢献と言ってもよい。非常に曖昧な概念ではあるが、言いたいことはわかると思う。この図に示してあることは、就職して数年の見習い期間を除けば、図でA点で示した時期までは、労働者は貢献を下回る給与しかもらえない。だが、勤続年齢に応じて給与が上昇していくので、A点の年

図4-3　年功賃金の構造

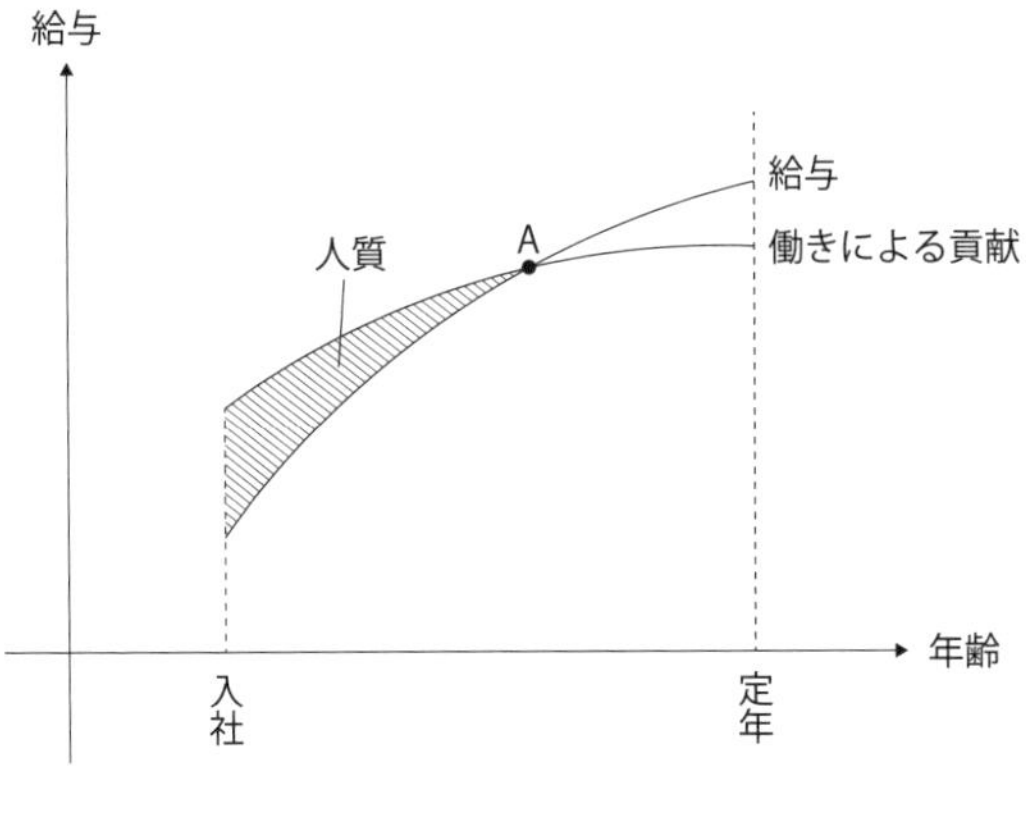

齢を超えた時期から貢献分を超える給与を受け取ることになる。勤続年数とともに給与が上がる年功賃金制の特徴である。

この図は、生涯全体で見れば、労働者が受け取る生涯給与と生涯での企業への貢献はほぼ一致するように描かれている。つまり、生涯を通じて見れば、労働者は搾取されているわけではない。ただ、図のA点の年齢に達するまでは、給与は低めに抑えられている。この図の斜線で示した部分を、「人質」と呼ぶことができる。仮にこの労働者がA点の年齢で企業を辞めると、人質となっていた部分の給与は戻ってこない。**定年まで勤め上げてこそ、初めて人質の分を取り戻すことができる。**

人質というのは意味深い表現である。年功賃金の給与体系の下では、最後まで同じ企業に勤め上げようという労働者が多いだろう。**途中で辞める労働者が少ないので、企業は労働者のスキルを向上させるための様々な取り組みができる。**企業と労働者は長期的な共存関係にあるのだ。

海外に出て行った日本企業でよく聞く話だが、年間に3分の1ほどの労働者が辞めていくような国もある。3年でほとんどの労働者が入れ替わるようなペースだ。少しでも条件のよい働き口があれば簡単に会社を辞める労働者が多いのだろう。こうした環境では、企業はコストをかけて従業員の技能をアップさせるような取り組みが行いにくい。せっかく育てても他の企業に移動してしまうからだ。労働者がなかなか辞めないという仕組みは、企業にとって都合のよいものである。

年功賃金の下では、年齢を重ねるほどに賃金が上がっていく。図からも読み取れると思うが、1人の労働者を雇い続けると企業にとって追加的な費用が膨れ上がっていく。だからこそ、どこかで強制的に退職する制度が必要となる。これが**定年制**である。定年で退職してもらうことで、生涯を通じた給与と貢献を一致させることができるのだ。

もっとも、近年は65歳まで労働機会を提供するように企業も求められている。そこで60歳でいったん定年として扱い、その後は大幅に引き下げられた給与で就労機会を提供するという対応を行う企業が多い。

綻びを見せてきた日本の雇用システム

戦後のある時期まで、日本型の雇用制度は日本経済の優れたパフォーマンスを支える存在として諸外国からも注目を浴びていた。安定した雇用が確保され、協調的な労使関係が維持できていた。失業率が海外に比べて非常に低い。右肩上がりの経済状況の中では、日本型の雇用制度の多くが好ましいものに映った。

しかし、バブル崩壊以降、日本経済が低迷を始める中で、そこにも様々な問題が顕著に見え始めてきた。日本的な雇用に対するいくつかの批判的な指摘を取り上げてみよう。

第一に、**女性の活躍が著しく制約されている**ということだ。労働者が企業に多くのコミットメント（約束、義務）を求められるために、育児や家事の負担と両立することが難しい。女性の役員が活躍する企業が極端に少なかった。これは正社員で働く女性が少ないことにも原因がある。女性の雇用の多くはパートやアルバイトなどの非正規雇用の形態であった。

女性の活躍を拡大する論議は、より広い視点でダイバーシティ（多様性）を積極的に受け入れることにつながる。旧来の日本的な雇用システムでは、企業の主たる担い手が男社会であった。それも均一な男社会であった。女性はもとより、障害者、外国人など、多様な働き手を受け入れる余地が少なかった。すべての人に平等に機会を提供すべきであるという点から問題であるのはもちろんだが、多様な人材を活用することで企業の活力が生まれるという面でも問題が多い。

第二の問題は、**正規と非正規の雇用の分断**だ。正規雇用の労働者は日本型の雇用制度で守られているのに、非正規雇用にはそのような保護は提供されない。正規労働者の雇用維持を実現するための調整弁として非正規労働が活用されている面がある。同じ仕事をしているのであれば同じような条件が提示されるべきであるという「同一労働同一賃金」とはかけ離れた状況となっている。それでも経済が好調な時には問題が見えにくいが、コロナ禍で外食や観光などの雇用機会が縮小すると、まず職を失うのが非正規雇用の人たちである。

第三に、**雇用調整の柔軟性が欠けている**という問題である。社会の構造や産業の姿が変化していくのに連れて、企業は従業員を一部入れ替えたいと考えるだろうし、労働者も自分に合った他の職場に移りたいと考えるだろう。しかし終身雇用を前提とした日本的な雇用の仕組みの中では、企業による安易な解雇は認められていないし、労働者が新しい職場を探すことも容易ではない。解雇がしにくいという制約があるので、企業は新規の雇用についても慎重にならざるをえない。

第四に、**柔軟な働き方が難しい**という批判もある。多様な職業経験を積み、自分の持つ専門性を広く活用するためには、兼業や副業を認めていくことが有効である。特定の会社の仕事に専念することには意味のあることも多いが、視野や経験を広めたり、自分の専門性をいろいろな場で活かしたい人には制約となる。技術革新のスピードが速く、専門性を磨くことが求められる時代にあっては、一つの企業の中でしか活躍できないということが、メリットではなく制約になることも少なくない。

働き方改革と制度的補完性

働き方改革は社会のあり方の根幹に関わるものであり、それを進めることの政策的な優先度は高い。働き方改革を進めることでマクロ経済のパフォーマンスを高めることもできる。この点についても後でもう少し考察する。

ただ、マクロ経済的な視点以外にも、働き方改革を進めていく意義はいくつもある。その中でも、差別や格差の解消という課題は重要である。男女間でのキャリアの機会の格差、正規雇用と非正規雇用の間の埋めがたい待遇の違いなどは、そうした格差の存在自体が大きな問題である。また、より広範囲の人々の間の所得格差の問題も労働市場のあり方に深く関わってくる。所得分配の問題は第7章で取り上げるが、多くの人の所得の主たる源泉が労働所得であるとすれば、雇用のあり方を所得格差という視点から見ることも重要だろう。

ワークライフバランスという表現で語られる問題も働き方改革の課題である。ブラック企業と呼ばれるような過剰な労働を求める企業の存在や、家庭生活や健康を犠牲にするような働き方を強要する労働慣行の存在がよく指摘される。人々が自分の合理性に基づいて労働時間とそれ以外の時間を選択することができれば、公的に介入する必要はない。ただ、そうした個人的な選択の余地が少ない中で、過剰な労働を迫られるケースが少なくない。こうした状態を是正するため、制度や政策によって是正することもありうる。

たとえばドイツなど欧州の国では、小売業が夜間や週末に店を開くことを禁止する閉店法のような仕組みがある。店の従業員に過度な労働を求めないよう、閉店を制度として決めている。夕方以降に買い物ができない消費者から見れば不便な制度ではあるが、こうした制度が長期間定着しているということは、制度的に労働者のワークライフバランスを守ることが国民から支持されているということだろう。

このように、働き方改革はマクロ経済的な側面を超えて私たちの生活に広範囲に関わっている。本書ではマクロ経済に関わる点以外にまで考察を広げることは控えたいが、一点だけ、「制度的補完性」という視点から働き方改革と社会のあり方についてのコメントをしておきたい。**制度的補完性とは、社会の様々な制度が相互に補完的な関係にあり、その中の一つだけをカセットのように取り出して変更することは難しいという意味だ。**終身雇用や年功賃金に象徴される旧来の日本的な雇用システムは、教育のあり方、家族の姿、税制、国民の生涯設計についての常識、企業のビジネスモデルの姿など、様々な面と補完的な関係にある。教育制度や税制などを修正しないで、働き方だけを変えようとしても、好ましい変化を実現することは難しい。**社会が働き方改革を求めているとすれば、働き方以外の様々な側面での変革が同時に求められている**ということである。

働き方改革を進めていくことで教育や税制など他の面での改革を進めていくことができれば、社会変化の原動力として働き方改革の意義はさらに大きくなる。ただ、税制や教育制度、さらには企業のビジネスモデルなどは簡単に修正することが難しいものであり、それが働き方改革を進めていく上で障害にもなりかねない。働き方改革は補完関係にある他の制度や仕組みにも改革を求める、壮大な社会改革への取り組みなのである。

コラム

人生100年時代の雇用

私たちの寿命は延び続けている。これから生まれてくる世代では多くの人が100歳までは生きるだろうということで、「人生100年時代」のライフプランが語られることが増えている。働き方も例外ではない。これまでの世代の平均的な人生のように20代前半（たとえば23歳）で就職し65歳で退職することを想定すると、悲惨な人生になりそうだ。仮に100歳まで生きるとすれば、23歳から65歳まで42年間働き、その蓄えと年金で残りの35年を過ごすことになる。老後の35年間の生活費をまかなうのは難しいだろう。

そこで引退を少し先に延ばすことが必要になる。仮に80歳まで働くとすれば、23歳から57年間働いてその蓄えと年金で残りの20年を過ごすことになる。生活費のやりくりも少しは楽になるはずだ。ただ問題は同じ会社に57年も勤めることができるのかどうかだ。70歳まで雇用を保証するような制度を検討する会社も出てきているが、それでも80歳までは難しいだろうし、そもそも一つの会社に居続けることも難しい。

世の中は大きな変化を続け、しかもその変化のスピードも速くなっている。大学の時に学んだ知識だけで一生食べていくことは難しいし、また一つの会社の中でその技術や知識がずっと有効とも限らない。会社の方も時代の変化によって人を入れ替えていかなければ競争に生き残ることができない。そこで労働者にとっては新しい知識を学び続けるリカレント教育が重要となるし、必要に応じて何度か転職することにもなるかもしれない。リカレント教育、すなわち学び続けることが必要となるなら、社会に出る前の大学では知識を吸収する以上に、学び方や深い思考を学ぶための基礎学習が求められることになる。要するに学び続けるための能力を鍛えるのだ。専門知識や技能は大学を出てから学んだ方がよいし、そもそも一生学び続けることが普通になる。

働き方改革を考えるに当たっては、こうした人生100年時代のライフプランも重要な要素となる。たとえば転職や兼業をもっと認めていくべきだという議論があるが、人々がより幅広いスキルを習得するためにもそうした機会が増えることは意義が大きい。企業にとってもそうした幅広いスキルを持った人を活用できることの利益は大きい。そうした人材をフルタイムではなく時間を限って雇用することが好ましいケースも少なくないはずだ。

本文でも述べたように、コロナ危機は人々の働き方を大きく変えるきっかけとなっている。オンライン会議や遠隔教育の活用が増えていけば、より柔軟な働き方が可能になる。それで兼業や副業の機会も増えるだろうし、多様な形で学ぶ機会も増えていくだろう。こうした働き方の改革が進み、一つの企業に一生勤め上げるのではない人生が見えてくるだろう。

本文中で日本型の年功賃金制の中での定年の意味について触れた。そこでは定年とは企業を辞める歳であり、かつては多くの人にとって働くことをやめる歳でもあった。しかし人生

１００年時代ではそうはいかない。ある欧州の友人は「引退」(retire)とは働くのをやめることではなく、自分の好きなペースで働くようになることである」という。自分のペースでいつまでも働ける態勢を整えるのが人生１００年時代の働き方の基本ではないだろうか。もちろん老後のための資金が十分にあれば、働くことを全くやめるという選択もあるだろうが。

女性が活躍すれば男性も変わる

制度的補完性についての具体的な事例として、女性の活躍の推進についてもう少しだけ掘り下げてみたい。女性の活躍を推進することは、安倍内閣における働き方改革の中心的な課題であった。図４‐４は日米の女性の労働参加率の推移を示したものである。労働参加率とは全人口の中で働いている人の割合である。この図から二つのことが読み取れる。一つは日本の女性の労働参加率がかつては非常に低かったということだ。この図は日米の比較であるが、欧州の女性の労働参加率はさらに高い。もう一つは、近年日本の女性の労働参加率が上昇を続け、ついに日米で逆転したということだ。

女性の労働参加率が高くなったこと自体は女性の労働参加が進んでいるという意味で結構なことだ。ただ、日本の場合には女性の労働の多くはパートやアルバイトなどの形である。フル

タイムの正規社員として働こうとすると、女性には様々な制約がある。

一つは育児の問題だ。フルタイムの仕事をするとなると、幼児を抱えている家庭は保育園を利用する必要が生じてくる。ただ、大都市部などでは保育園の定員の数が十分ではなく、そのために仕事への復帰を断念したり、あるいは時期を遅らせたりする女性も出ている。**働き方改革を成功させるためには、保育制度の改革が必要**である。育児休暇の充実や、父親が積極的に育児休暇を取得することができるような制度や環境も必要となる。さらには夫婦で時間を融通し合って保育園の送り迎えができるよう勤務時間のフレックス制が活用できるようにすることも、女性の職場での活躍を支援することになる。

税制も女性の働き方に影響する。かつては日本の女性の多くは専業主婦あるいはパート労働という短時間労働のケースが多かった。こうした人たちの家

図4–4　日米の女性の労働参加率（2000〜19年）

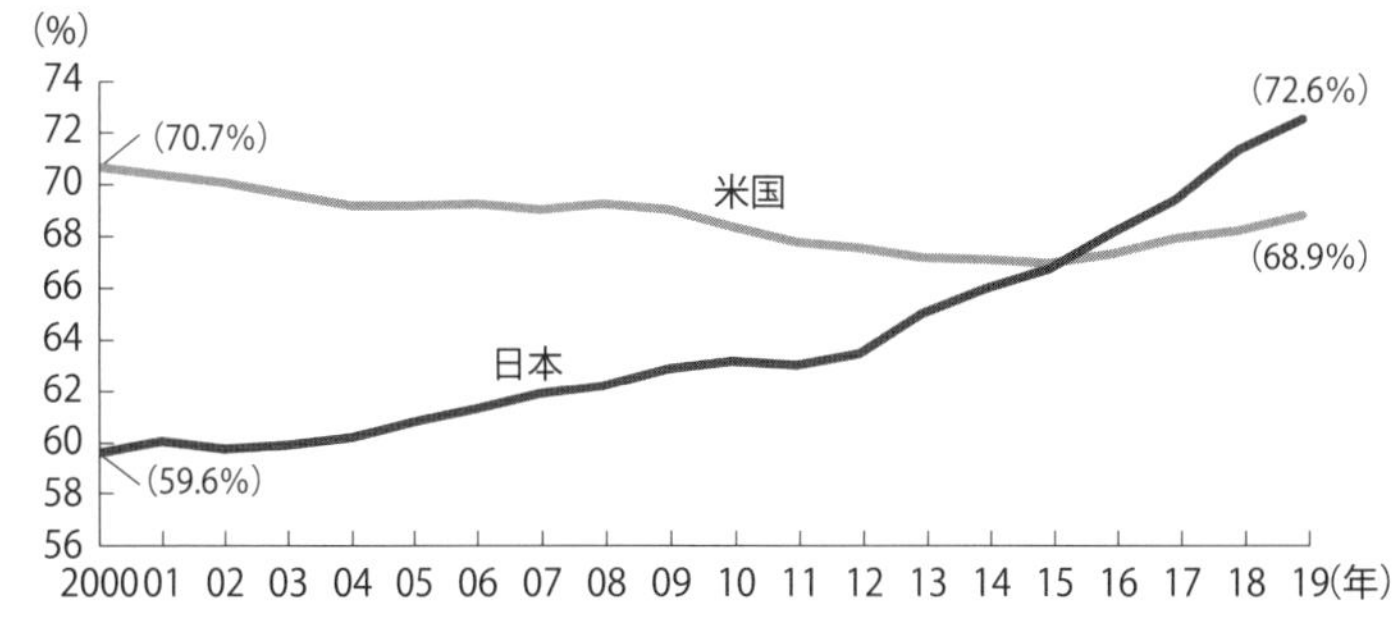

（注）15歳以上65歳未満の女性。
（出所）OECD.Stat, LFS by sex and age - indicators

庭内の労働を支援するという意味もあって、年間の所得１０３万円までは主婦の非課税枠として控除の対象となっていた。こうした制度は、家庭内での仕事に賃金のような所得が支払われることのない主婦に対して、税制で支援しようというものだ。専業主婦やパートで短時間働く人にとってはこれは有利な制度であるが、もっと多く仕事をして収入を得たいと考えている女性にとっては、この制度は利用できないことになる。「**１０３万円の壁**」という言い方があるが、年収をそれ以下に抑えないと税負担が増えるという認識が定着していた。

「社会全体でより多くの女性がもっと働きたいと考えている中で、専業主婦を優遇するような従来の税制を残しておくことは好ましくない」という意見もある。ただ、専業主婦の人たちは、既得権益を失うことには反対だ。いずれにしても、税制のあり方が働き方に大きな影響を及ぼしている。働き方改革を進めていくためには、税制の見直しも必要となる。

女性がフルタイムの働き手として企業などで活躍するためには、パートナーである夫の働き方の改革も欠かせない。「**女性がフルタイムで働きにくい最大の理由は男性が働きすぎだからだ**」という指摘がある。男性の働き方に柔軟性を持たせることも、女性の活躍を推進する上で重要となる。先ほど男性の育児休暇に触れたが、より広く考えて、夫が労働時間をより柔軟な形で使えるようになれば、妻もいっそうスムーズな時間管理ができるだろう。

このように、女性の活躍を推進するということは、労働と関連する様々な制度や慣行を是正していくということである。こうした制度的な補完性の問題は働き方改革のほかの問題にも当てはまるものである。

企業丸抱えはいつまで?

働き方改革において大きなテーマとして取り上げられているのが、労働市場の調整の柔軟性を高める方向での改革である。マクロ経済のパフォーマンスを向上させるためには、この面での改革が重要な意味を持つ。

日本的雇用について述べた時、法人共助という言葉を使った。それにはいろいろな側面があるが、ここでは雇用の問題だけを取り上げる。法人共助の結果として、企業は安易に従業員を解雇することができない。労働者の雇用機会を守ることは企業の責任である。景気が悪くても企業が雇用を維持することが、日本的雇用の安定性につながるともいわれてきた。ただ、産業構造や社会の構造の変化のスピードが速くなる中で、こうした形で安定性を確保しようとすることは、結果的に産業や雇用に硬直性をもたらす結果になっている。

法人共助に基づく雇用制度が様々な問題を引き起こしている。いったん採用すると解雇が難しいので、企業は新規の採用に慎重である。単身赴任やサービス残業など、従業員が犠牲になって企業を支える事例も多い。また、こうした法人共助の対象になっているのはおもに正規の従業員であり、非正規の労働者はそうした保護の枠組みから外れることが多い。欧州などで問題にされているが、正規の従業員（インサイダー）が守られるほど、非正規や新規労働者などアウトサイダーの雇用条件が厳しくなるというインサイダー・アウトサイダー問題は、日本でも起きている。働き方改革の議論が広がる中で、法人共助がもたらす様々な問題点が指摘されている。

ただ、そうは言っても、労働者を守る仕組みは必要である。法人共助の仕組みに頼りすぎることが問題であるとすれば、他の形で労働者を守らなくてはならない。要するに誰が労働者を守るのか、という問題である。デンマークやスウェーデンのような北欧諸国の事例が参考になる。北欧諸国では、企業は比較的簡単に従業員を解雇できる。日本のように法人共助の仕組みが強固ではない。ただ、職を失った人への公的支援の制度は徹底している。失業保険の適用期間は日本よりもはるかに長いし、次の仕事に移るための技能訓練や就職斡旋の手厚い仕組みもある。企業は比較的簡単に解雇に踏み切れる。半面、新規採用には積極的であり、結果として、採用と解雇の両面での新陳代謝が盛んである。だからこそ、生身の労働者を守るための公的支援を充実させているのである。

日本の仕組みが法人共助に多くを依存しているとすれば、**北欧の仕組みは政府による労働者保護の姿勢が強い**。どちらがより優れているというものではないが、日本が法人共助に過度に依存していることが、制度的な軋《きし》みを起こしているように見える。正規の労働者だけが法人共助の保護の傘下にあるため、正規と非正規の格差が目につく。企業の雇用継続義務が強すぎて、産業構造の調整のスピードが非常に鈍くなっている。

すでに述べたように、この点は失業率の数字の解釈にも関わってくる。傾向的に日本の失業率は北欧の失業率よりも低い。ただ、失業率は低いほどよいというものでもない。生産性が低く条件の悪い仕事に多くの人が縛られた中で失業率が低いよりも、**よりよい就業機会を求めて国の支援で新しい職場を探す人が多く、結果として失業率が高くなるケースの方が好ましい面もある。**政府の失業者（求職者）への庇護が厚ければ、生活に困るわけではない。

法人共助というと聞こえはよいが、それだけ政府による労働者保護への関与が弱いということでもある。消費税率が25％前後の北欧と10％の日本の違いもあるだろう。雇用の仕組みを変えることは簡単ではない。ただ、コロナ危機を通じて流動化が進む労働市場である。この際、法人共助のあり方について議論が深まることを期待したい。

コロナ危機が働き方改革を促進する？

この10年近く、働き方改革は政策の中で重要な位置を占めてきた。様々な政策が議論され実行されてきたが、その成果は必ずしも十分ではない。どこの国でも働き方を変えていくのは多くの困難を伴うものであり、日本もその例外ではない。働き方のあるべき姿については人や立場によって大きな違いがあり、そうした多様な意見の中で現状を変えていくのは政治的に困難である。金銭解雇を認めていく法案を提出しようとすれば「首切り法案」と言われるし、頭脳労働者の労働時間をより柔軟に運用できる脱時間給制度であるホワイトカラーエグゼンプションを導入しようとすると「サービス残業法案」と批判される。

日本でも働き方改革の進捗のスピードは遅かったが、ウイルスの感染拡大が、こうした流れを大きく変えることになりそうだ。感染への対応から、旧来の働き方が難しくなっている。**在宅勤務が大幅に広がり、オンラインによる会議が必須になった。いったんこうした形で始まった働き方の変化は、旧来の仕組みを大きく変えていくことになるだろう。**ポストコロナの社会がどうなるのか様々な議論がされているが、働き方が大きく変化していくことは間違いない。

コロナ危機は、職場の姿を大きく変えるきっかけとなっている。当初は感染を防ぐための対応であったが、その中で在宅勤務やオンライン会議などが広がっていくことで、これまでの働き方の問題点も見えてきた。オフィスに多くの人が集まって対面で会議や営業活動が行われることの意義を否定するものではないが、オンラインでのやり取りが広がることの意義もより多くの人が認識し始めている。

大都市部でのラッシュアワーでの混雑ぶりがその典型だ。オンラインでの活動が利用可能になることで電車に乗って通勤する回数を制限することができる。あるいは自宅の近くの小規模なサテライトオフィスを活用することも可能だ。長距離の出張についても、オンライン会議で済ませることができる場合には、わざわざ出かけていく必要もなくなる。特に長距離の移動を強いられる海外とのやりとりでは、オンライン会議は重要な手段となるだろう。

デジタル技術の威力によって社会や企業の姿を変えることをＤＸ（デジタルトランスフォーメーション）というが、デジタル技術は働き方という経済の基本的な部分を変えることになる。一人ひとりの働き方も大きく変わるはずだ。**時間をより柔軟に使った働き方が可能となるだろうし、兼業や副業にも対応しやすくなる。**社会の構造は大きな危機をきっかけに進むことが多い。今回のコロナ危機によって働き方がどう変化していくのか、注目する必要がある。

この章のポイント

- ☑ 日本的雇用システムは、女性の活躍の制約となる、正規・非正規雇用の分断を生む、産業の変化に応じた雇用調整がしにくい、といった問題にぶつかっている。
- ☑ たとえば女性の活躍推進の議論が保育制度の充実や税制改革の議論を呼ぶように、働き方改革はその周辺の制度と大きく関連する。
- ☑ 産業構造の変化の中で、職を失う労働者を守る仕組みは必要だ。日本ではこれを企業が担ってきたが、他国では政府が担う形もある。

第5章

ネットニュースではわからない金融

ゼロ金利政策の〝深掘り〟とは

私が学生の頃、大変お世話になった小宮隆太郎先生が、「金融を理解しなければ経済はわからないし、金融がわかれば経済もわかる」ということをよくおっしゃっていた。今や私は当時の恩師の年齢をはるかに超えてしまったが、この言葉が身に染みてよくわかる。

この10年を振り返っても、金融はつねに経済の中心的な位置にあった。２０１３年から始まったアベノミクスによるデフレ脱却で最も重要な役割を果たしたのは、日本銀行による非伝統的な金融政策であった。この金融政策の中でバズーカ、マイナス金利政策、イールドカーブ・コントロールなど、それまではあまり聞いたことがなかった専門用語が新聞などを賑わした。それだけ賑わしたということは、それらは日本経済の理解のために欠かせないということになる。

金融の世界で大きな動きを示しているのは日銀だけではない。市場はさらに激しい動きを経験してきた。1997年末の山一證券の破綻に端を発し、98年には戦後最悪の金融危機を経験することになる。多くの金融機関が破綻し、生き残った大手金融機関も少数のメガバンクに統合・合併されていった。それから10年後の2008年には米国の大手金融機関リーマン・ブラザーズの破綻を契機に、戦後最悪といわれる国際的な金融危機が起きる。日本の金融機関はこの影響を直接には受けなかったが、輸出の大幅な減退によって日本経済に深刻な影響が及んだ。

その間にも金融のグローバル化や、デジタル技術の活用による取引の高度化が進み、今述べた二つの危機以外でも金融市場の大きな変動が見られるようになっている。2020年の2月頃から、コロナ危機が世界を襲った。日本の株式市場も大きな影響を受け、2020年3月には日経平均は1万6552・83円まで低下したが、それから1年の間に3万円台まで上昇するという急展開となった。実体経済がコロナ禍で極端に悪くなっているのにもかかわらず、株価が急上昇するという異例の事態となっている。

株価は短期間で大きく変動するので、本書刊行時の水準は予測がつかない。ただ、コロナ危機という戦後最悪の経済状況が続く中で、わずか1年の間に日経平均が2倍近くまで上昇したという事実は見逃せない。これをバブルと呼ぶかどうかは意見が分かれるだろうが、日銀による大胆な金融緩和政策がこうした動きに深く関わっていることは間違いない。

株価は企業の実態や景気を反映し、景気や企業業績が好調であれば高くなり、不調であれば下がる。こうした常識がコロナ禍の中では成り立っていない。それよりも超低金利や日銀の動きについての市場の見通しなどが株価に大きく影響しているように見える。このあたりが金融市場を見通す上で難しい点である。

この10年間でもう一つ注目すべきは、金融におけるデジタル技術の活用だ。店頭ではキャッシュレス決済が浸透している。Suicaのような電子マネーやQRコードを利用した決済手段だけではなく、貨幣の機能を持ったデジタル通貨の構想も生まれている。フェイスブックをはじめとする民間企業主導のデジタル通貨「ディエム」（旧リブラ）の構想が知られているが、中国などは政府・中央銀行主導のデジタル人民元の実現を急いでいる。政府・中央銀行によるデジタル通貨は多くの国で検討が始まっている。

日銀のバズーカ

２０１２年末に就任した安倍晋三首相はデフレからの脱却を経済政策の最重要課題として掲げた。安倍首相は就任してまもなく日銀の総裁に黒田東彦を任命した。その黒田新総裁が打ち出した金融政策が市場を驚かせることになる。日銀が大量の国債を購入することを明言したのだ。

　日銀は民間の金融機関の保有する国債を買ったり、日銀が持っている国債を民間の金融機関に売ったりすることで、市中に流通する貨幣の量を調整しようとする。貨幣とは何かという定義はこの章の重要なテーマであり、後で詳しく議論するが、日銀が銀行から大量の国債を購入したら、その分だけ巨額の資金が日銀から市中に流れていくだろうことは想像できるだろう。

　図5-1は、この時期の各国のベースマネーの動きを比較したものだ（ベースマネーも詳しくは後で説明する）。ここでは日銀から出て行って市中に流通している資金の総額というイメージで考えてほしい。この図を見るとわかるが、黒田新総裁が就任した直後から、日本のベースマネーの増え方が他国を圧倒している。2008年にリーマンショックという金融危機が起きて

図5-1　ベースマネーの動き（対GDP比）（2001〜19年）

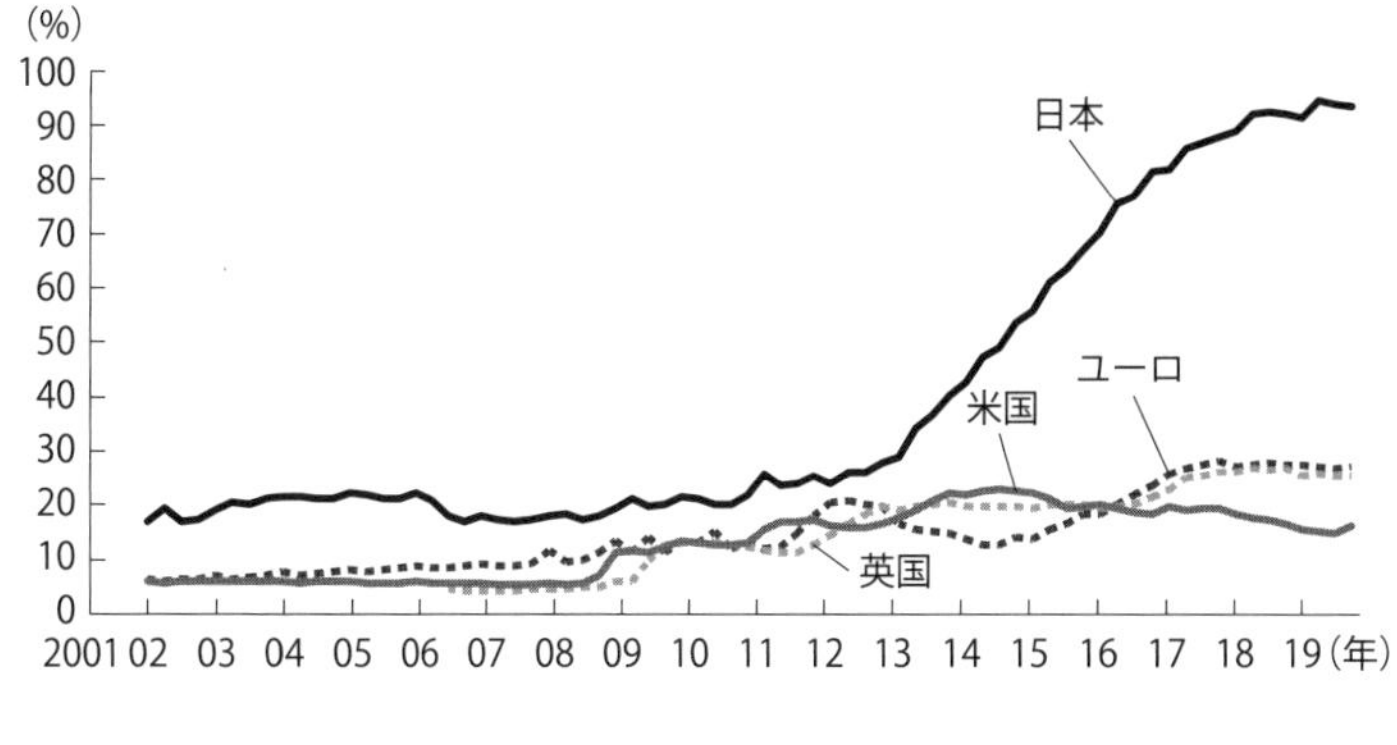

（出所）日本・米国・ユーロ：IMF, International Financial Statistics（IFS）
英国：Bank of England database, Office for National Statistics

から、主要国の中央銀行はどこも市場に大量の資金を出していた。そうした中でも２０１３年以降の日本の状況は他国を圧倒しているのだ。

市場は、日銀のこのような政策手法をバズーカと呼んだ。バズーカ砲を打ち放つように、巨額の資金を市場に打ち込むというイメージなのだろうか。日銀がやったのは市場から大量に国債を購入することだ。これによって民間の銀行に大量に資金が流れ込んだ。このかつてない規模での量的緩和を黒田総裁は自ら「異次元の量的緩和」と呼んだ。

日銀はこの後も大規模な量的緩和を続けていった。主たる手段は国債を金融機関から購入することだが、それ以外にもＥＴＦ（指数連動型上場投資信託）や民間企業の発行する債券（社債やＣＰすなわちコマーシャル・ペーパー）などに購入の対象を拡大している。

日銀が大胆な量的緩和を行った理由はいくつかある。一つは**金利を下げていくという旧来の政策手法が限界に来た**ことだ。この点については次のセクションで説明する。二つ目に、大規模な量的緩和を実行することで**市場のデフレマインドを払拭する**こともある。就任直後の記者会見で黒田総裁は「２％の物価安定目標を、２年程度の期間を念頭に」と2を並べる大胆な緩和方針を示した。現実の戦場におけるバズーカはその破壊力もさることながら、相手の戦意を失わせる効果もある。金融政策のバズーカも市場に流通する資金が増えるという効果以上に、市場のデフレマインドを吹き飛ばす効果により大きな狙いがあったのかもしれない。

金利から数量への転換

伝統的には中央銀行の金融政策は金利を中心に運営されてきた。ここで金利というのは中央銀行が政策手段として利用する超短期の金利である。これは無担保コールレート・オーバーナイト物と呼ばれるが、銀行間で資金を借り受けた翌日に返済する場合に適用される超短期の金利である。銀行間の短期資金の貸し借りの市場であるコール市場に、日銀は重要なプレーヤーとして参加しており、そこに資金を出し入れすることで超短期の金利をコントロールすることができる。

伝統的な金融政策では、日銀はこの金利を調整することで景気を平準化しようとした。景気が過熱し、インフレなどの懸念が強くなった時には、政策金利を引き上げる。金利が上昇すれば投資などへの抑制効果が働くからだ。逆に景気が悪化したり、デフレの懸念が強くなったりした時には、金利を引き下げて景気を刺激しようとする。金利が下がれば企業による投資などにも促進効果が出ることが期待できる。

繰り返しになるが、**日銀がコントロールする金利は超短期の金利**である。企業の投資行動に影響を及ぼすのは、社債利回りや融資の金利など中期から長期の市場金利である。市場金利を日銀が直接的にコントロールするわけではないが、日銀が政策金利を動かせば、それに応じて市場金利も動く。この点は後でイールドカーブ・コントロールに関連して取り上げる。ここではとりあえず、日銀が政策金利を動かせば、それに応じて市場金利も動くと考えてほしい。

図５−２は１９９０年以降の日銀の政策金利の動きを示したものだ。１９９０年代初めのバブル崩壊前後の１９９１年３月には８・２７８％あった政策金利も、その後ずっと低下を続けてきた。不良債権問題などが深刻化して景気が悪化していたのに対応して、日銀が政策金利を引き下げることで対応しようとしていたことが読み取れる。結果的に１９９９年には政策金利はゼロにまで下がることになる。それ以来、**ゼロ金利（政策）**と呼ばれることになる。

金利をゼロまで下げても、日本のデフレは収まらなかった。金利をさらに下げてマイナス圏内にまで持って行くことは難しかったので、日

図5−2　日銀の政策金利（1990年1月〜2021年2月）

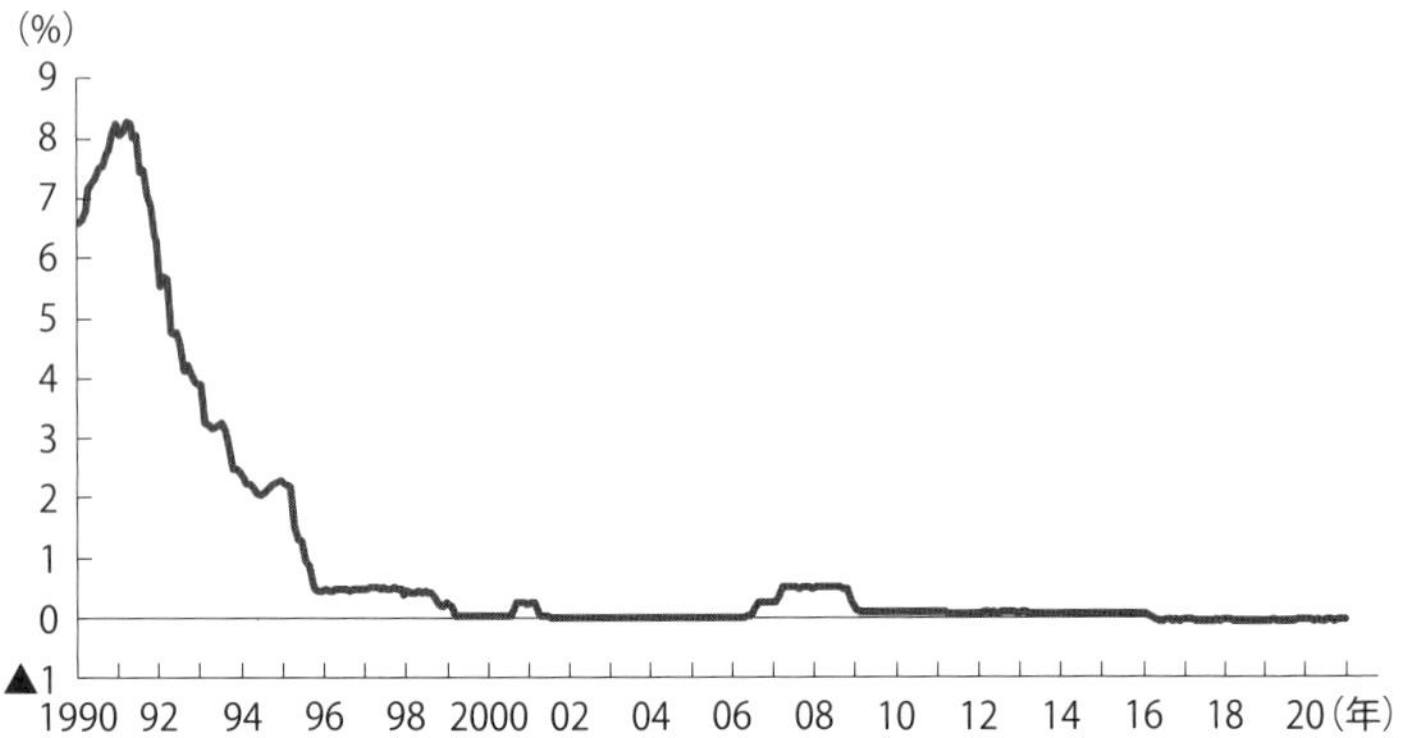

（出所）日本銀行「主要統計データ閲覧、無担保コールレート・O／N　月平均／金利」

銀の金利政策は手詰まりになった。金利をさらに下げてマイナスにする、いわゆるマイナス金利政策については後で述べる。

それでも日銀はゼロ金利政策の範囲でさらに金融緩和を行う工夫を凝らした。政策金利をゼロにするだけでなく、物価が十分に上昇を始めるまではゼロから金利を上げないという宣言をした。**時間軸政策（フォワードガイダンス）**と呼ばれるものである。**現在の政策金利をゼロにするということと、物価が上がるまで当分ゼロに据え置くということでは、市場に対するメッセージが違う。**時間軸政策の導入によって金融緩和の効果拡大を狙ったのだ。

それでもデフレ的な状況はなかなか解消しなかった。運の悪いことに２００８年にリーマンショックで世界的な金融危機が発生、11年には東日本大震災が起き、日本経済の回復は遅れた。もちろん、政策金利をマイナスにまで下げるマイナス金利政策は検討されたと思うが、この時点ではその弊害の方が多いと考えられたのか、実行されなかった。

こうした中で黒田氏が日銀総裁に就任し、打ち出されたのがバズーカである。政策金利をゼロ以下に下げることが難しいとすれば、金利による政策誘導は機能しない。そこで**金利を下げるのではなく、市中に流動させる資金の量を増やそうというのだ。金融政策の中心が金利から数量へと転換**を始めたのだ。

インフレーション・ターゲッティングとその限界

バズーカによる量的緩和と並行して行われたのが**インフレーション・ターゲッティング**である。これは黒田総裁が就任する前から行われていたものだが、2%まで物価を上げることを目標とするインフレーション・ターゲッティングとそのために量的緩和を行うという組み合わせは有効であった。すでに第3章で説明したようにこの政策は人々のインフレ予想を高めることを狙いとしたものだった。

バズーカが導入されてから、日本の物価は企業向けの財・サービスをはじめとして顕著に上昇していった。日銀の政策は効果があったのだ。諸外国も日銀の大胆な金融緩和策に注目した。ただ、日銀が掲げた2%という消費者物価上昇率の目標の実現は難しかった。この点は図5-3に示した日本の消費者物価上昇率のグラフからも確認できる。

日銀が2%の目標を掲げているのに、現実の物価上昇率がそこまで到達しない時、市場はどう見るのだろうか。2%の物価目標を金融政策で実現することが難しいとなると、金融政策の効果そのものへの信頼が揺らぐことになる。インフレ率の目標を設定することは人々の予想を誘導するのに有効であるが、実行不可能な目標は信頼を失うことにもなりかねない。

日銀はその後も大量の国債や株式を購入し続けた。この間に消費税の引き上げによる景気後退、コロナ危機による経済の減速など、経済には様々なストレスがかかった。デフレ脱却という視点だけで金融政策を語ることはできないが、日銀の基本的なスタンスはデフレからの脱却を目指すというものである。そうした中で政策金利をマイナスにするというマイナス金利政策、そして長期金利への関与にまで言及するイールドカーブ・コントロールなどが導入されている。これらの点については、後で詳しく解説することにしたい。

コロナ危機と金融市場

アベノミクスの中で日銀が異次元の金融緩和政策を実施した時、量的拡大の規模が非常に大きかったために海外から大変注目された。当初はデフレからの脱却に成果が出てきたこともあって、こうした対応を評価する声も大きかった。といっ

図5-3　日本の消費者物価上昇率（2000～20年）

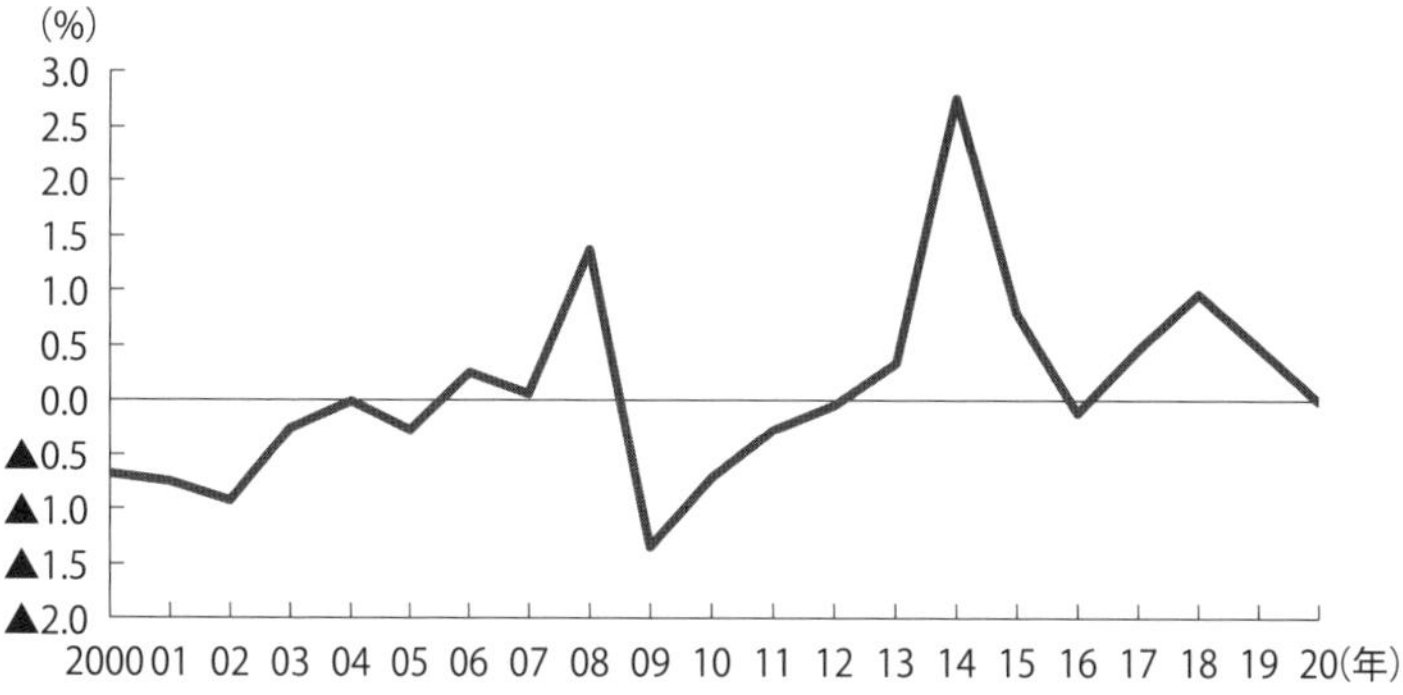

（出所）OECD.Stat, Consumer price indices（CPIs）- Complete database

ても、量的緩和はすでにそれ以前から、主要国の金融政策の大きな流れになっていた。特に、２００８年のリーマンショックで世界が大きな金融危機に巻き込まれ、欧米の中央銀行は大胆な緩和策を実行するようになっていた。量的緩和を英語でQuantitative Easingというが、この頭文字を取ったＱＥが主要国の金融政策で採用されていたのだ。

デフレ的な経済の流れの中で、低金利・低成長・低インフレの状況にあることを、海外では「日本化」現象と呼んでいた。ところが、その日本化がリーマンショック後に欧州に広がった。その頃、欧州のある経済会議で、現地のエコノミストから「欧州もついに日本になってしまった」と言われたというエピソードを述べたが、日本化現象は、コロナ危機後には米国にも及んでいる。

リーマンショックでもコロナ危機でも、原因はさておき経済にデフレ的な圧力がかかれば、金融緩和政策をとるのは当然である。政策金利を下げる余地があればそうすることになるが、すでに多くの国でゼロ金利の近くにあるので、それ以上の金利引き下げの余地はなく、量的緩和に踏み切ることになる。

市場から金融資産を大量に購入する量的緩和は、コロナ危機の後、金融・資本市場において特に重要な役割を持つことになった。

どういうことか。まず、株式市場の動きを振り返ろう。図５-４は２００７年以降の株価（日経平均株価）の推移である。２００８年のリーマンショックで大きく落ち込んでいた株価は、その後順調に回復し、コロナ危機の直前の２０１９年末には２万４０００円台まで上昇していた。

ただ、この時点ですでに市場関係者から、実体経済に比べて株価は高すぎるのではないかという懸念の声が聞こえていた。リーマンショック以降、大胆な金融緩和が続けられており、その中には株式に関連したＥＴＦの購入などが含まれていたことも背景にある。

２０２０年に入って新型コロナウイルスの感染が広がると、株価は急速に下落を始めた。２０１９年末には２万４０６６・12円であった日経平均株価が、２０２０年３月には１万６５５２・83円まで下がる結果になった。この時期には一部の新興国の国債の金利やリスク度が高いといわれる企業の債券の利回りも上昇の気配を見せていた。危険度の高い債券の利回りと国債のように安全と見なされる債券の利回りの差をリスクスプレッドと呼

図5-4　日経平均株価の推移（2007〜21年3月）

（出所）日経平均プロフィル「ヒストリカルデータ」月次データ、終値

ぶが、それが上昇を始めたのだ。

ウイルスの感染の広がりはもちろん大変なできごとだが、もしそれが金融市場に飛び火して金融危機が起きることがあればさらに大変なことである。過去のいろいろな事例を見ても、金融危機が起きてしまうと経済が回復するまでに非常に長期（7年から10年）の時間がかかるからだ。市場関係者はコロナ危機が株式市場や債券市場にどのような影響を及ぼすか、固唾を呑んで見守っていた。

幸い、株式市場は持ちこたえた。3月の1万6552・83円をボトムに株価は上昇を始め、2021年の2月には3万円を超える水準にまで上昇した。コロナ禍のために、景気は非常に悪い状態だったが、半面で株価は上昇を続けた。**コロナ禍という経済危機が金融危機につながっていない**という意味では、これは大変に好ましいことである。**日銀を含む主要国の中央銀行が異例の金融緩和策を続け、市場から国債だけでなく株式や債券を大量に購入して、大規模な資金注入を続けた結果でもある。**

コロナ危機の初期の金融混乱を回避できたという成果の一方で、実体経済に合わない高株価という異常事態が続いていることに警戒感を示す市場関係者も増えている。第9章で取り上げるように、株価は金利と密接な関係にある。一般論で言えば、金利が低いほど株価は高くなる傾向がある。特に現在のように金利が極端に低ければ、株価もそれに応じて極めて高い水準になる。

金利が当面低いから大丈夫だという見方をする人もいるが、問題はそう簡単ではない。２０２１年に入り、米国では政府の大胆な財政政策によって景気が早期回復するという見方をする人が増えてきて、それが長期金利を押し上げた。それに反応して、株価が一時的に大幅に下落した。

中央銀行が大胆な金融緩和政策を実施し、政策金利がゼロ％の近くにコントロールされていても、**長期金利は投資家の先行きの見方次第で急上昇することもある。**また、もともとの金利が非常に低く、株価が非常に高水準にあると、株式市場の投資家は下落への警戒感を強める。少しの金利上昇でも大量の売りが出てきて、株価は大きく反応することになる。金融緩和と日銀の金融資産の購入に関連して、現在の株価はバブルなのかという議論が見られるが、これについては第9章で考察することにしたい。

貨幣供給の仕組み

この章の前半では日銀による政策について議論した。その中で、貨幣供給（マネーサプライ）やベースマネーなどの重要な概念を詳しく説明することなく取り上げてきた。ここではこれらの基本概念を説明しながら、日本経済全体の貨幣供給の構造について説明したい。

そもそも貨幣とは何だろうか。後で説明するように、取引に利用できるものであれば、現金だけでなく、金や銀、あるいは原始社会の貝殻のようなものも貨幣として機能する。ただ、現代社会においては、貨幣と言えば現金と預金を指す。現金が貨幣であることは説明を要しないだろう。預金はそれで振り込みをしたり、クレジットカードの決済をするなどの形で取引の手段として使うことができる。そこで預金も貨幣に含めることになる。

ただ、預金でも普通預金、貯蓄性の預金（定期預金など）、さらには郵便貯金のような様々な形がある。普通預金であれば現金に近い形ですぐに取引に利用できるが、貯蓄性の預金だとすぐに現金化や支払いに利用することが難しい。そこでどこまで貯蓄性の資産を貨幣に含めるのかによって、Ｍ１、Ｍ２などいろいろな範疇での貨幣の定義がある。ここではこの点には踏み込まない。

経済指標としては、それぞれの時点で市場に流通している現金と預金の総額を貨幣量（マネーサプライ）と呼ぶ。財・サービスや資産などの取引に利用できる貨幣の総量である。**経済にどれだけの貨幣量が出回っているのか、つまりマネーサプライがどの程度の規模であるのかは、物価や景気など経済の動向に影響を及ぼす。**そこで政府や中央銀行はマネーサプライの量の動きにつねに注目している。

貨幣量と似て非なる概念にベースマネーがある。ちなみに、先ほど図5-1に示したのは、ベースマネーの動きだ。ベースとは基礎という意味なので、マネー（貨幣）の基礎となる部分という解釈をすればよいのだろうか。**ベースマネーとは市中に出回っている現金と銀行が日銀に**

預けている預金（これを預金準備あるいはリザーブと呼ぶ）を足したものである。そもそも預金準備とは何なのか、そしてなぜ預金準備と現金を足す必要があるのか、少し解説しておこう。

表5－1は日銀のバランスシートを簡略化したものだ。ベースマネーは、実は日銀の債務（負債）の総額である（ここでは、「預金」と「発行銀行券」以外の負債項目は金額が小さいため無視する）。バランスシートにある「預金」（以下、預金準備という）とは、銀行が日銀の中にある口座に預けている預金である。これはいつでも現金として引き出すことが可能である。また、銀行間の資金のやりとりや決済は、この預金準備の振替で対応する。銀行から見たら、現金（表5－1の発行銀行券）と預金準備は貨幣のようなものである。ただ、銀行以外の企業や国民にとっては預金準備を取引に使うことはできないので「マネー」ではない。そこでマネーのタネのようなものとして、ベースマネーと呼ばれるのだ。

銀行を中心とした現在の金融システムの重要な特徴は、**銀行が貨幣を創造することができる**という点である。たとえばある銀行が取引先の企業に1億円の融資をする場合を考えてみよう。テクニカルには、これはこの融資先の企業が銀行に預けてある預金口座に、1億円がコンピュータ上の情報としてインプットされることにすぎない。銀行はどこかの資金を下ろして1億円を振り込んだわけではない。少し乱暴な言い方だが、銀行は1億円分のマネーを作り出したわけだ。もちろん、融資を受けた企業はこの1億円を利用することができる。現金として下ろしてもよいし、他の企業への支払いとして振り込みをしてもよい。

表5-1　日銀のバランスシート
（2019年度末の資産、負債および純資産の状況）

（単位：億円）

	令和元年度末（B）
（資産の部）	
金地金	4,412
現金	2,050
国債	4,859,181
（うち長期国債）	4,735,413
貸出金	543,286
外国為替	259,662
資産の部合計	6,044,846
（負債の部）	
発行銀行券	1,096,165
預金	4,470,762
（うち当座預金）	3,952,560
政府預金	126,338
負債の部合計	5,999,372
（純資産の部）	
資本金	1
法定準備金	32,520
純資産の部合計	45,473
負債および純資産の部合計	6,044,846

（注）計数については、円単位での計算後、億円未満を切り捨てて表示しているため、表上の合計額とは必ずしも一致しない（他の計表も同様）。一部の項目を割愛した。
（出所）日本銀行「第135回事業年度（令和元年度）決算等について」より作成

重要なことは、銀行は無から有を生むようにマネーを生み出すことができるが、その規模には限界があるということだ。銀行は預金者から多くの預金を預かっており、その預金を引き出したいという要求があれば応えなくてはいけない。そのために、手元にある程度の現金をいつも持っているし、さらにいつでも現金化できるバックアップとして日銀に預金準備を預けているのだ。

銀行がどれだけの現金と預金準備を確保するのかということは銀行の判断による部分もあるが、制度的に**預金の一定割合以上の預金準備を持つことが義務付け**られてもいる。**法定預金準備**と呼ばれる制度である。

それ以外に、銀行は過度にリスクの高い資産を多く持ちすぎないように、自己資本規制などで厳しくチェックされている。だから、無制限に貸し出しを増やせるわけではない。過度に貸し出しを増やしてその一部が貸出先の倒産のような形で焦げ付けば、銀行が債務超過になって破綻することもある。１９９０年代の末、こうして多くの日本の銀行が破綻した。

量的緩和の基にある信用乗数の考え方

経済全体に流通する貨幣量（マネーサプライ）とベースマネーの間には、次のような非常に単純な関係があることが知られている。

マネーサプライ＝信用乗数×ベースマネー

信用乗数は次のようなものだ。

$$信用乗数＝\frac{（1＋現金預金比率）}{（預金準備率＋現金預金比率）}$$

現金預金比率とは人々が保有する現金と預金の比率のことである。人々が現金をあまり持たずに預金で持っていれば、この数値は小さくなる。そのように人々が多くの預金をすれば、銀行による融資の拡大を通じてマネーサプライを増やすことになる。それとは逆に、人々が潤沢な現金を持っていれば、現金預金比率は大きくなる。

預金準備率（預金に対する預金準備の比率）が小さいということは、銀行がそれだけ積極的に貸し出しをしているということで、結果的にマネーサプライも増える。逆に、預金準備率が大きいことは、貸し出しが積極的に行われていないことを示す。

まとめると、信用乗数は人々が現金より預金を持つ比率が大きいほど、また預金準備率が小さいほど、大きくなる。

信用乗数の値は経済状況によって変化するので、現実のマネーサプライとベースマネーの比率はその状況によって異なってくる。ただ、一般論として信用乗数が安定的であるとすれば、ベースマネーが大きくなるほど、マネーサプライも大きくなる傾向がある。日銀は、**景気を刺激するためにマネーサプライが増えることが有効であると考えれば、ベースマネーを増やせばよい**のだ。

ではベースマネーはどうやって増やすのだろうか。もう一度、表5-1の日銀のバランスシートを見てほしい。ベースマネーは日銀の債務の総額であり、経済に流通している現金と日銀が引き受けている預金準備の総額であった。ではバランスシートの資産側には何があるのだろうか。ここには日銀が保有する代表的な資産が並んでいる。金額が圧倒的に大きいのは国債である。表では割愛しているが、企業の発行する社債やＣＰ、株式もある。

バランスシートなので資産の総額は負債および純資産の合計に等しくなる。たとえば日銀が保有する国債を増やすということは、市中の金融機関から国債を購入するということだ。国債の購入代金はその金融機関の預金準備に振り込まれる。技術的には銀行の保有する預金準備にコンピュータ上の数字を打ち込むだけである。この金融機関はその代金を預金準備として残しておいてもよいし、他の銀行への決済に利用してもよいし、現金として引き出してもよい。

いずれにしても、日銀が市中から国債を購入すれば、日銀のバランスシート上の債務と資産の両方が増えることになる。ベースマネーは日銀の債務の総額であるので、ベースマネーも増える。信用乗数に大きな変化がなければ、マネーサプライも増えることになる。

すでに触れたＱＥ政策、つまり**量的緩和政策とは、日銀が市中から国債や社債や株式などを**

購入して、その結果としてベースマネー（日銀の債務の総額）を増やすことにほかならない。それによって市中に流通するマネーサプライが増えればデフレからの脱却に効果が出ると期待されている。

コラム

女子高校生の噂から始まった、豊川信金の取り付け

銀行は貸し出しを行うことで貨幣を創造できると説明した。たとえばある顧客に対して1億円の融資を決めれば、その金額だけ顧客の口座にその金額が記帳されるし、それは支払いなど貨幣としての機能を持つ。ただ、こうした貸し出しを野放図に行えば銀行の経営が破綻することにもなりかねない。そこで預金の一定割合以上の預金準備を持つように規制されている。

問題は、それでも銀行はつねに破綻するリスクに晒されているということだ。そのリスクの一つに、預金取り付けという問題がある。健全な銀行でも預金取り付けのリスクはいつでもあるという意味では、かつて起きた愛知県の豊川信用金庫の事件が有名である。

豊川信金は健全な経営をしていた。それにもかかわらず、ある時、「あの信用金庫は危ないらしい」という噂が広がっていった。その噂を心配して豊川信金から預金を引き出す人が出始めた。若干の引き出しであれば、豊川信金も手持ちの現金や日銀の預金準備などで対応できた。

ところが多くの人が豊川信金から預金を引き出しているという話が広がり、引き出しはさらに増えていった。

この状態を放置すれば、預金取り付けによって破綻してしまう。そこで日銀が動き、預金者に不安を与えないように十分な資金のバックアップがあることを示した。これで預金者の不安は解消され、取り付け騒ぎも収まった。

では、なぜ「あの信金は危ないらしい」という噂が広がったのだろう。その後の検証によると、どうもバス停での女子高校生の会話から始まったようだ。就職先の話になった時、なぜ豊川信金にしないのかを友人に問われ、ある女子高校生が半分冗談も込めて「銀行強盗もある時代だから信金は危ない」というような発言をしたらしい。それを近くで聞いていた人が「あの信金は危ないらしい」と意味を勘違いしたようだ。それが噂話としてあっという間に広がった模様だという。

女子高校生の会話が、それも誤解されて聞かれただけで、預金取り付けにまでなってしまう。このあたりに銀行システムの脆弱性がある。そうした不安感を預金者に持たせないように、銀行が破綻しても一定金額（1000万円）までは預金を保証するという預金保険の制度がある。

金利政策が効かなくなる流動性の罠

デフレ脱却を目指した金融政策の重心が金利から数量へと変化していったということを述べてきた。その象徴がバズーカであり、量的緩和の規模は拡大を続け、その手段として日銀が購入する資産も国債だけでなく、株式や社債、ＣＰなどにまで広がっていった。しかし、こうした動きによって政策手段としての金利の重要性が低下したわけではない。それどころか、これまでと違った意味で金利政策が注目されるようになり、その内容もますます複雑化し、部外者には理解の難しいものになっている。

日銀を代表するエコノミストであった翁邦雄は、その著書『金利と経済』（ダイヤモンド社、２０１７年）の中で興味深い思い出話を披露している。翁が日銀に入行する直前の１９７３年、日銀の大先輩から次のように言われたそうだ。「……金融政策に経済理論はあまり役に立たない……景気がよくなれば公定歩合を上げて……景気が悪くなれば金利を下げて緩める。……理論はいらない」というものだ。ちなみに、公定歩合とは日銀の金融機関に対する貸出金利のことであるが、今は政策金利としては使われていない。

この話を聞くと、当時の金融政策はいかにも単純なものであった気がする。ただ、翁も指摘しているように、そうした単純な金融政策のはずなのに、１９７３年には24％前後の高いインフレ率が生じている。これが当時の高齢者に大変な負担をもたらしたことは第３章ですでに述べたが、「(経済) 理論などいらない」と言ってよかったのだろうか。

いずれにしても、金利をこのように単純に理解する人は、専門家の中ではもはや皆無だ。それどころか、日々変化している市場の中で、金融政策における金利のあり方は大きく変化している。私のように市場から離れた場所から眺めている者にはその微妙な変化を十分に追えるものでもない。ただ、マスコミでもしばしば出てくる金利の時間軸政策、ゼロ金利、マイナス金利、イールドカーブ・コントロールなどについては簡単に説明しておきたい。

これらの金利に対する新たな概念が重要性を持ってくる最大の理由は、経済学で「流動性の罠」と呼ばれる現象が起きたからだ。流動性の罠はケインズの『雇用、利子および貨幣の一般理論』の中で重要な柱となっている考え方だ。ケインズがこの著作を書いていた１９３０年代、世界は大恐慌の最中にあり、景気の低迷やデフレが続いていた。そうした中で金利は非常に低くなっていた。

多くの経済学の教科書では、流動性の罠の状況は図５−５のような形で例示されている。この図の右下がりのグラフは貨幣への需要曲線と呼ばれるもので、金利が下がっていくほど貨幣への需要が増えるように描いてある。預金や現金のような貨幣と代替的な資産の代表は債券である。その利回り、つまり利子が低くなれば、多くの人はより多くの貨幣を保有してもよいと考えるだろう。逆に金利が高ければ、貨幣をできるだけ保有しないで債券など利子を生む資産で持とうとする。

流動性の罠の議論の重要な特徴は、**金利がゼロに近くなるところで、貨幣への需要曲線が水平に近くなる**ということだ。経済学的には、貨幣需要の利子に対する弾力性が非常に大きくなるということだ。金利がゼロに近くなるほど、人々はいくらでも貨幣を持とうとするからだ。近年の日本はこれに近い状況である。金利が低いので人々は現金や普通預金で資産を多く持っている。現金に換えるのに手間がかかる貯蓄性預金や債券を持ってもほとんど利子がつかないので、それよりは普通預金で持つことを好むからだ。

このような流動性の罠の状況では、金融政策はほとんど機能しない。ケインズは、こうした状況では財政政策の方が景気対策に有効に機能すると論じた。金利がゼロの近くに貼り付いていても財政支出を拡大すれば景気に働きかけることができるからだ。

図5-5　流動性の罠

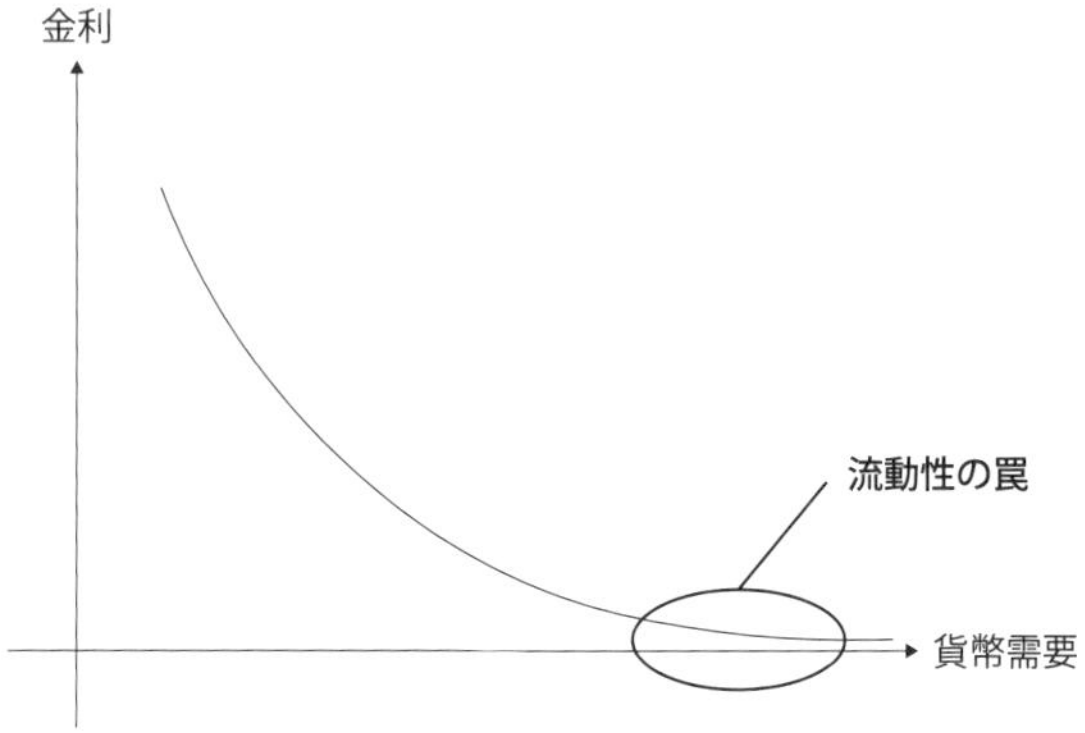

ゼロ金利からマイナス金利へ

２０００年以降の日本の経済状況もケインズの流動性の罠の状況に近くなった。これ以上に政策金利を下げる余地はなかった。だから量的緩和の導入に動いたのだ。ただ、政策金利がゼロにまで下がっても、金利政策をさらに掘り下げることは可能であった。それが**時間軸政策**、あるいは**フォワード・ガイダンス**と呼ばれるものだ。

「現在の政策金利をゼロにする」ということと、「物価がある程度上昇するまでゼロ金利を維持する」というのでは市場へのメッセージは大きく異なる。後者はある条件が実現するまで一定期間金利を据え置くというコミットメントをするので、時間軸を入れた政策ということになる。また、将来（フォワード）の政策にコミットするということで、フォワード・ガイダンスと呼ばれることになる。〇〇が達成されるまでは金融緩和のスタンスを維持するという時間軸政策は、近年いろいろな形で利用されている。物価上昇率が２％になるまで緩和姿勢を続けるというインフレーション・ターゲッティングも時間軸政策の一つである。

日銀は時間軸政策を導入するなどして、さらなる金融緩和姿勢を貫こうとした。それでも目標とした２％の物価上昇率を実現することはできなかった。そこで出てきたのがマイナス金利政策である。マイナス金利政策について理解するためには、そもそもなぜ日銀が大規模な量的緩和をしても、マネーサプライが十分に増えていかなかったのかを理解する必要がある。これを理解するためには、すでに説明した信用乗数の話に戻る必要がある。

信用乗数の理論の基礎にあるのは、日銀がベースマネーを増やせば、銀行の保有する預金準備や現金が増えて、それが経済全体に出て行って貸し出しを増やすだろうという考え方だ。銀行による貸し出しは銀行に預けた預金の増加を意味するので、マネーの量も増えるはずだ。問題は、ゼロ金利に近い状態では、銀行が積極的に貸し出しを増やさないということだ。

そうなると、銀行は日銀への預金準備（リザーブ）を多く保有し続けることになる。その資金で国債などの債券で運用しても、金利が低いので高いリターンは得られないし、仮に金利が上昇して国債価格が下落すると損失を被るリスクもあるからだ（国債金利と国債価格の関係については第9章で説明する）。

結局、**ゼロ金利の中で日銀がベースマネーをいくら増やしても、それは銀行の日銀に預けた預金準備を増やすだけになり、マネーサプライはあまり増えない。**信用乗数が小さくなるだけである。こうした事態を解消するため、導入が検討されたのがマイナス金利政策である。具体的には日銀が銀行から預かる預金準備にマイナスの金利を付けようということだ。つまり、日銀により多くの預金準備を預ければ、それに応じて銀行がマイナス分の金利を日銀に払わなければいけなくなる。**マイナス金利の下では、銀行は日銀に過大な預金準備を置かないで、それを引き出して貸し出しなどに回すようになるという期待**があった。

現実にマイナス金利政策がどの程度効いたのかはわからない。今後の研究成果を待つ必要がある。ただ、銀行などからの評判は悪い。マイナス金利を課されるのは定められた基準を超える過剰な預金準備の部分のみであるので、銀行にも安全弁は残されてはいたが、それでも銀行の行動を縛るものであった。また、日銀がマイナス金利を導入したことがきっかけとなり、市場金利である債券利回りや銀行の融資の金利などもさらに下がり始めた。銀行は預金者から資金を集める預金金利をマイナスにすることはできないので、銀行の利鞘も大幅に縮小することになる。

イールドカーブ・コントロール

日銀が進めている金利政策の深掘りでもう一つ重要なものがイールドカーブ・コントロールである。図5-6にイールドカーブ（利回り曲線）を示したが、これは縦軸に取った金利（債券の利回り）と横軸に取った期間（債券の償還期間）を対応させ、その関係を描いている。言い換えれば、短期から長期までの金利の構造を表したものである。

金利には短期、中期、長期など様々な期間のものがある。期間10年の国債や社債の金利（利回り）は長期の金利である。30年や50年というもっと長期の債券もある。一方で日銀の政策金利であるオーバーナイトの金利は超短期の金利である。銀行が短期の資金調達で利用する3カ月程度のＣＰの金利なども短期金利である。短期と長期の中間には1年とか3年の満期の中期の金利もある。

一般的に、**短期から長期までの様々な金利の間には、図5-6に示したような右上がりの関係が見られる。**右上がりの形状を順イールドと呼ぶ。読者の皆さんが銀行から住宅ローンを借りる時、3カ月ごとに金利を見直すローンの金利は、10年程度金利を固定するローンの金利よりも通常は低くなっているはずだ。つまり住宅ローンの期間構造は順イールドとなっている。もちろん、状況によっては長期の金利が短期の金利よりも低くなることもある。これはイールドカーブが右下がりになる、逆イールドと呼ばれるケースであるが、この点についてはここでは触れない。

図5-6　イールドカーブ

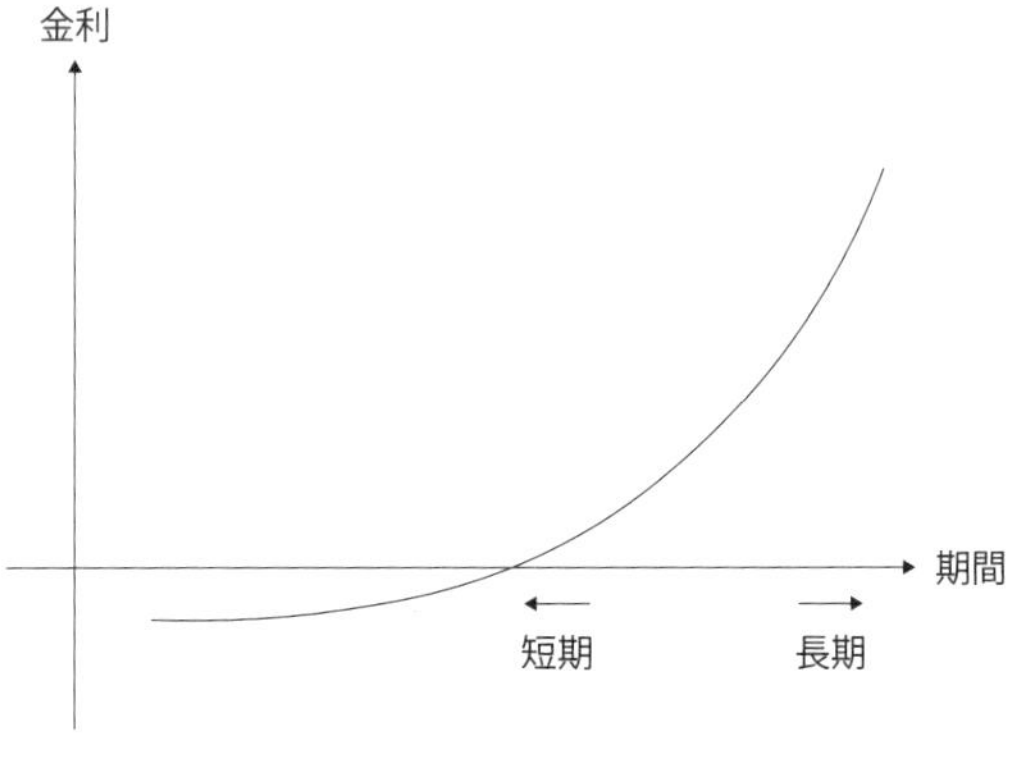

さて、日銀の金利政策に話を戻そう。すでに述べたように、日銀の金利政策とは基本的には超短期の

政策金利を決めることである。この金利を下げれば、イールドカーブも全体として下がっていくことが期待される。**イールドカーブ・コントロールとは、さらに踏み込んでイールドカーブそのものの傾きを調整しようとする政策**である。短期金利を下げることはマイナス金利政策も含めて限界があるので、長期金利まで低下させようというものだ。あるいは、長期金利が下がりすぎれば、短期金利を動かさずにその部分だけ上げようというものだ。

現実的には長期金利を思うようにコントロールすることは難しい。長期の金利は基本的には市場で決まる金利であり、日銀がコントロールできるものではないからだ。一般論で言えば、期間の短い金利ほど日銀がコントロールできる余地は大きく、期間が長くなるほど難しいと言ってよいだろう。ただ、量的緩和政策を大胆に行ってきた日銀は大量の国債を購入し続けているし、また保有している。国債市場でも日銀は重要なプレーヤーである。それだけ長期の国債などへの影響力も強くなっている。

短期の政策金利だけではデフレ的な状況から脱するのに十分ではないということで、日銀は長期金利を低く抑える動きに出た。そうした政策をイールドカーブ・コントロールと呼んで政策の実行を公言した。日銀の金利政策がさらに掘り下げられたことになる。

イールドカーブ・コントロールについては、市場関係者からも批判が多い。銀行などにとってはイールドカーブがフラットになるほど、利益が出にくくなる。長期金利が低く抑えられるので銀行の収益も低くなるからだ。さらに、そもそも日銀は本当に長期金利を低く抑えたままで維持できるのかという疑問も湧く。日銀は市場全体をコントロールする力をどこまで持っているのか、つまり日銀は「神」であるのかという疑問にたどり着くことになる。

「貨幣とは」再考

「貨幣とは何ですか？」。私がまだ大学生だった頃、世界的な経済学者である宇沢弘文先生がよく学生に質問した。セミナーで利用される論文にはよくＭという記号で表される貨幣（マネー）が出てくるのだが、それは何を意味したものであるのかを問いかけているのだ。この設問は非常に奥の深いもので、先生が満足するような答えをするのは大変だ。私も含めて多くの学生が下を向いてしまった。

その中で運悪く先生から名指しされた学生が、苦し紛れに「百円玉とか千円札とか……」と答え始めた。先生の期待した答えではなかったことは確かだ。この章の説明に合わせて答えるのであれば、「経済に循環している現金と預金を合わせた金額のようなものを考えればよいのでは」と答えるのが正解なのだろう。

ところで、もし今の学生に同じような質問をしたらどうなるだろうか。中には「現金に加えて、Ｓｕｉｃａなどの電鉄系の電子マネー、ＰａｙＰａｙやＬＩＮＥ Ｐａｙ、ビットコイン、さらには中国政府が進めているデジタル人民元などがあります」と答えるかもしれない。貨幣もずいぶん顔ぶれが増えたものだ。

貨幣には、三つの機能があるといわれている。取引の媒介となる**取引媒介機能**、価値を貯めるための**価値保存機能**、そして価値を測るための**価値尺度**としての機能だ。実際、私たちは日々の買い物や取引で貨幣を利用し、貯蓄の手段として現金や預金も利用し、そしてこの本は１５００円だとか20ドルだとかいうように価値を測る手段として利用される。

現金や預金はこうした機能を持っている。ただ、その機能を持っているのは現金と預金に限られるものではない。原始社会や古代では貝や石などが貨幣として利用されていたこともあるし、その後は金や銀などの貴金属が利用されていた。第二次世界大戦の捕虜収容所の中ではタバコが貨幣的な機能を果たしていたという研究成果もある。捕虜収容所の中での経済活動を描写したR・A・ラドフォードによる論文（“The Economic Organisation of a P.O.W Camp”, *Economica*, 1945）は非常に興味深いものである。

これら貨幣的な手段に共通しているのは、希少性があり、保存が可能で、そしてかさばらないということだ。そうした性質があれば現金や預金としても貨幣としての機能が果たせる。ただ、現代社会ではこれらの実物貨幣が実際の貨幣として利用されることは稀で、大半の取引は紙幣の形の現金か預金を通じて行われてきた。

ハイエクの貨幣民営化論

こうした常識に挑戦したものとして、後にノーベル賞を受賞する経済学者フリードリヒ・ハイエクが1976年に著した*Denationalisation of Money*（『貨幣発行自由化論』東洋経済新報社、1988年）は大きな影響を及ぼした。**ハイエクは経済活動をできるだけ民間に委ねるべきであるという市場メカニズムの擁護論者**である。郵便、航空、通信、金融、放送など、多くの分野はかつては公的機関が運営するか、あるいは政府の厳しい規制の下にあった。そうした公的管理がいろいろな好ましくない影響をもたらすということで、民営化や規制緩和が進められてきた。ただ、そうした動きに全く関係なかったのが貨幣の発行である。それだけはどこの国でも政府や中央銀行の独占事項であり、規制緩和も民営化も全く考えられてこなかった。

私もハイエクのこの本を読むまでは、貨幣で民営化など考えたこともなかった。しかし、ハイエクの主張の中には説得的なものもある。政府は貨幣の発行で独占権を持っているので、それを悪用する誘因を持っている。安易に貨幣を発行することでインフレを起こしてしまうのだ。インフレで物価が上昇すれば、貨幣を保有する国民はそれだけ負担を被ることになる。

なぜ政府は貨幣発行を悪用する誘因を持っているのだろうか。途上国の中には独裁者が貨幣発行を過剰に行うことで大きな支出をして、結果として悲惨なインフレが起きることがある。

ジンバブエの事例にはすでに触れた。先進国でも財政規律が守られずに財政赤字が増えると、最終的にはそれを貨幣発行でまかなうという誘因に駆られやすい。そうしたことが起きにくいように、先進国では中央銀行が国債を直接引き受けることを禁じているが、そのような制度がつねに有効に働くかどうかはわからない。中央銀行がもっと国債を購入すれば、財政赤字を出しても大丈夫だと主張する政治家もいる。こうした考え方はＭＭＴ理論と呼ばれる。

いずれにしても、**ハイエクが主張したのは、民間に自由に貨幣を発行することを認めるべきだということだ。**もちろん特定の民間経済主体ではなく、複数の主体に認めるべきだという。それによって複数の民間貨幣の間で競争があれば、価値が下がってしまうような（つまりインフレを起こすような）貨幣や、使い勝手の悪い貨幣は競争で淘汰されるだろう。こうした**競争を通じて国民に使い勝手のよい、価値の安定した（民間）通貨が残る**ことになる、というものだ。

ハイエクの議論はその本が執筆された時点では現実離れした空想的なもののように見えた。ただ、複数の貨幣の間で競争が必要であるという点は説得的な面もある。実は、ハイエクが貨幣の間での競争が必要であると主張したのは、当時から行われていた現実の通貨についての議論と深い関係があった。それは欧州での共通通貨ユーロの導入である。

１９９９年、ＥＵ諸国の多くは、ユーロという共通通貨に移行した。それまでは、ドイツはマルク、フランスはフラン、イタリアはリラというように、それぞれの国で独自の通貨を利用していたが、それをあえてユーロという一つの通貨に統一しようというのだ。ハイエクは、こうしたＥＵ政府が特定の通貨を押し付けるのは貨幣の独占につながり好ましい結果にならないと主張した。それよりも、せっかくいろいろな通貨があるので、ドイツのマルクもフランスのフランもイタリアのリラも多くの国で利用できるようにして、それらの間で競争させればよい。その結果、複数の通貨が共存するのか、それとも特定の通貨に収斂するのかは予測がつかないが、重要なことは通貨発行についても競争メカニズムが働くということだ。

ハイエクの議論はユーロの導入に大きな影響を及ぼすことはなかった。現実はハイエクが批判した共通通貨の導入となった。その結果、共通通貨ユーロには様々な問題が露呈し、この20年、ＥＵ諸国はその対応に追われている。ただ、ハイエクの主張するやり方の方がよかったのかどうかはわからない。

興味深いことに、ハイエクの提起した貨幣民営化の議論は、デジタル技術の進展によって全く別の方向で動きが加速化している。

電子マネー、デジタル通貨は貨幣なのか

日常生活の中で電子マネーを利用する機会が増えている。私も少額の買い物や支払いはＪＲ東日本が展開するＳｕｉｃａを使うことにしている。ＱＲコードを利用した支払いもいろいろなサービスが提供されている。ＰａｙＰａｙ、ＬＩＮＥ Ｐａｙ、楽天ペイなど、その運営はＩＴ

サービス業界の戦略的な分野として重要性を増している。今の段階ではビジネスとして大きな利益をあげるものではないが、人々の支払い手段を確保するという意味は大きい。顧客の購買行動のデータも得やすいし、ポイントなどと連動させることでいろいろなビジネスモデルも展開可能だからだ。

こうした電子マネーは貨幣と考えるべきだろうか。現金と同じように利用できるという意味では貨幣といってもよいだろう。ただ、これらの事業者は発行した電子マネーの残高の一定割合を補償金として供出する必要がある。利用者の資産を保全するという意味もあるし、事業者がやみくもに電子マネーの発行を増やすことを防ぐ狙いもある。

こうした制約がなければ企業は給料支払いや取引先の支払いを電子マネーで行うという取引が無制限に広がることになりかねない。旧来のマネーの中核である銀行預金（それと連動する貸し出し）の額が、自己資本比率や預金準備率規制などでコントロールされているのと同じような意味で、そしてある意味ではそれ以上に厳しい制約が電子マネーに課されている。その意味では、**電子マネーは旧来の預金や現金を補助する補助通貨**とも考えられる。

そうはいっても、**電子技術を利用する電子マネーは利用のシーンではいろいろなパワーを発揮**する。ネットワークを利用して簡単に送金や決済ができるので取引費用を大幅に軽減する。旧来の銀行ビジネスにとっては大きな脅威ともなる。また、簡単に資金を動かせるので、マネーロンダリングなどの犯罪に利用されやすい。犯罪に利用されるという意味では麻薬取引なども現金を利用するので、現金に似た面があるともいえる。ただ、現金よりもはるかに簡便に多くの資金が動く可能性もある。そこでこうした犯罪に利用されることがないよう、たとえばＳｕｉｃａなどの電子マネーは2万円未満の資金しかカードやスマホに入れることができない。それ以上の取引が必要な時は個人情報が取られるクレジットカードに紐付けする必要がある。

電子マネーの動きでもう一つ注目されるのはビットコインなどの仮想通貨である。マイニングという手法で創造された電子情報が貨幣として使われるのだ。ある意味では金《きん》を貨幣として利用するのに似ている。金は鉱山などでコストをかけて採掘しないと取り出せない。だからそこに経済的な価値が生まれる。それを貨幣として利用しようというのが金を利用した通貨である。**仮想通貨は価値の振れが激しいので貨幣としての利用はまだ限定的だが、投資対象としては注目**されている。

中央銀行デジタル通貨の構想も登場している。貨幣供給システムの中核にある中央銀行が電子マネーの供給に関与しようというのだ。この面で最も積極的なのが、デジタル人民元を進める中国である。世界中の主要な中央銀行がデジタル通貨についての検討を進めている。**現実に中央銀行がどこまで踏み込んでデジタル通貨を推進するのか、それとも民間によるデジタル通貨の仕組みを間接的に統治することにとどまるのか、**その展開の方向はまだ見えていない。

この章のポイント

- 日銀は政策金利がゼロ％となる中、国債購入により市中に大量の資金を供給する量的緩和政策を採用。マイナス金利やイールドカーブ・コントロールなど新手法も導入。
- しかし、量的緩和政策は日銀の預金準備を増やすだけで、マネーサプライはあまり増えない。「消費者物価上昇率２％」はいまだ達成されていない。
- ハイエクは１９７０年代、民間にも貨幣発行を認めるべきだと論じた。ＩＴの進歩で民間のデジタル通貨がいくつも誕生し、かつて想像できなかった金融の世界が開けつつある。

第6章

ネットニュースではわからない **財政**

巨額の債務は何をもたらすか

マクロ経済政策では、財政金融政策という形で財政と金融がセットで語られることが多い。第5章では日本銀行による金融政策について説明してきた。第6章では政府によって行われる財政政策について取り上げる。金融政策と同様に財政政策も景気を刺激する目的に利用される。しかし、両者はそのメカニズムでは多くの違いがあり、そこを理解することも重要だ。

金利が非常に低いレベルで止まっている流動性の罠の状態では、金融政策は効果が非常に弱くなる。だから財政政策をもっと活用すべきだというのがケインズの主張だ。もっとも90年近く前の議論と現在の実態とは大きく異なる点もあり、流動性の罠の下でも金融政策が活躍する余地が多い。これはすでに第5章で述べたことだ。それでも、不況下において財政政策に活躍の余地が多いことは事実だ。
　コロナ危機で突然多くの経済活動が停止した時、国民全員に10万円を配り、雇用調整助成金によって雇用を守った。これらの政策は財政政策である。税や国債発行による財源を利用して、政府が行う政策である。政府が扱うお金の規模の大きさを考えると、財政政策がマクロ経済に及ぼす影響が非常に大きいことがわかる。ちなみに、コロナ危機直前の２０１９年度の日本のＧＤＰが５５２兆円であるのに対して、政府による２０２０年度当初予算における一般会計歳出総額は１０２・７兆円である。政府による支出が経済全体の5分の1近くになっている。

　財政政策は景気を維持するための政策という役割を担っているが、それを理解する上でケインズは興味深い議論をしている。「穴を掘っては埋めるという一見意味のないような作業でも、景気を刺激する効果はある」というものだ。こうした無意味な作業でも人を雇って行うのでそのための費用はかかる。それでもそうした行為で景気がよくなるのであれば、意味のある場合もあるというのだ。

　ケインズが生きた時代の世界大恐慌下では、多くの人が失業で苦しんでいた。穴掘りのような財政支出であっても、それで景気がよくなればその利益は大きいのだ。第2章で説明したように、マクロ経済では乗数効果が働く。消費でも投資でも政府支出でもそれらが増えれば、それがさらに派生的な需要を生み出し、ＧＤＰはさらに増えることになる。乗数の大きさはその時々の経済状況によって異なるが、仮に3倍であるとすれば、穴を掘っては埋める作業に

100億円を使えば、最終的にはGDPは300億円増えることになる。作業に雇われた人などの消費の増加などが社会全体に広がっていくからだ。

もちろん、現実の財政政策は穴掘りのような無駄なことをしているわけではない。医療や介護などの社会保障や教育などは、政府による財政支出の対象である。こうした分野における政府の活動が重要なことは言うまでもないが、そうした支出もマクロ的に見れば財政政策としての効果を発揮している。景気対策を重視した財政支出でも、「景気刺激の意味もあるので災害対策の公共投資を増やす」「コロナ危機対応のためにも貧困家庭への支援を強化する」といった政策が目につく。政府の経済政策の本来の目的を強化することで、財政支出による景気刺激を行っているのだ。

財政政策には、歳入と歳出の両面がある。公共投資や社会保障などの歳出を実行するためには、その財源を確保しなくてはいけない。そのために消費税や所得税などの税収が活用されるわけだが、それでは歳出をまかなうのに十分ではないことが多い。そこで大量の国債や地方債などの公債が発行される。国債は政府による債務である。その発行によって歳出のための財源を確保できるが、将来のどこかの時点でそれを返済しなくてはならない。

日本が抱える大きな問題は、この国債の額が非常に大きくなっていることだ。毎年財政赤字が出て、それを埋めるための国債が発行され、それが巨額の債務となっているのだ。これだけの債務を政府は将来返済できるのだろうか。そのために将来の国民の税負担はどうなるのだろうか。様々な不安が出てくる。過去から積み上がった巨額の債務がどのような影響を経済に及ぼすのか、それに対してどのような対応が必要なのか。こうした問題が財政運営において重要性を増している。

膨れ上がる公的債務

日本の財政収支は１９９２年度以降、ずっと赤字が続いている。この30年近く、日本は財政黒字を経験していない。財政赤字を埋めるために、政府は国債を発行しなくてはならない。つまり、借用証書を出し続けているということだ。図６－１は日本の政府が抱える債務の推移を示したものである。その多くは国債である。金額だけではわかりにくいので、政府の債務額をＧＤＰ比で示した折れ線グラフも加えてある。どちらの数字で見ても、その額は増え続けている。コロナ危機への対応で財政支出が大幅に膨らんでいるので、公的債務の額はさらに膨らんでいくと考えられる。

日本の債務の規模感を見るため、海外の主要国と比べたのが図６－２である。この図では国際比較のため社会保障基金なども入っているため、図６－１よりは数字が大きくなっているが、基本構造は同じだ。多くの国で対ＧＤＰ比の公的債務は拡大傾向にあるが、日本の債務比率が突出して高くなっていることがわかる。それぞれの国の債務の内容には違いもあるので、簡単に比較することができない面はある。ただ、それにしても日本の債務比率は高すぎる。ちなみに、**現在の日本の公的債務比率は、巨額の政府債務が積み上がったといわれる第二次世界大戦末期の公的債務比率に匹敵する**という。戦後直後は公的債務の存在が引き金になって激しいインフレが起きた。要するに財政破綻となったわけだ。その時期に匹敵するような規模の債務になっていることは大きな懸念材料である。

　政府が巨額の債務を抱えているため、二つの懸念が出てくる。一つは**どこかの時点で財政破綻が起きる可能性はあるのか**という点だ。政府の債務が増えるほど利払いの額も膨らんでいく。利払いがあまりにも膨らんでいくと、

図6-1　日本の長期債務残高と対GDP比の推移（1970〜2020年度）

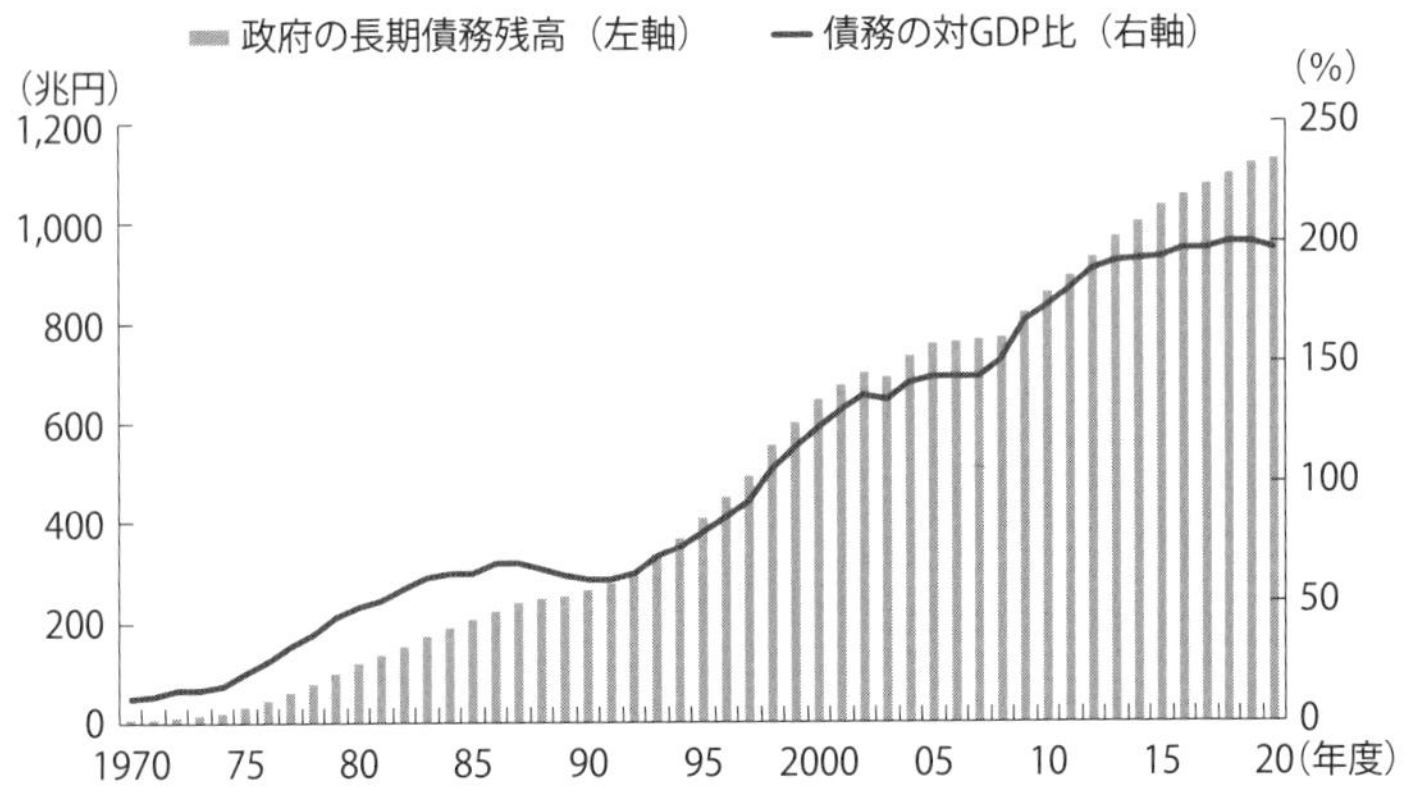

（出所）財務省「予算・決算」我が国の財政状況、財政関係基礎データ（令和2年4月）

政府の財政運営が回らなくなる。歳出の中で利払いに回す部分が増えていき、社会保障や社会資本整備などに回すことが難しくなる。市場はそうした状況をつねに観察しており、財政状況が厳しくなると国債を購入しようとする金融機関が減り、国債の価格が下落を始める。国債の価格が下がるということは国債利回りが上昇するということで、政府の財政運営はますます厳しくなる。財政破綻については後ほど詳しく述べる。

もう一つの懸念は**将来世代への負担の増加**という問題だ。財政破綻にまでは至らなくても、政府の債務が増えていけばそれの返済のために増税が必要となる。政府といえども無尽蔵に収入を生み出すことができるわけではない。財政赤字が

図6-2　主要国の債務残高の国際比較（対GDP比、2004～20年）

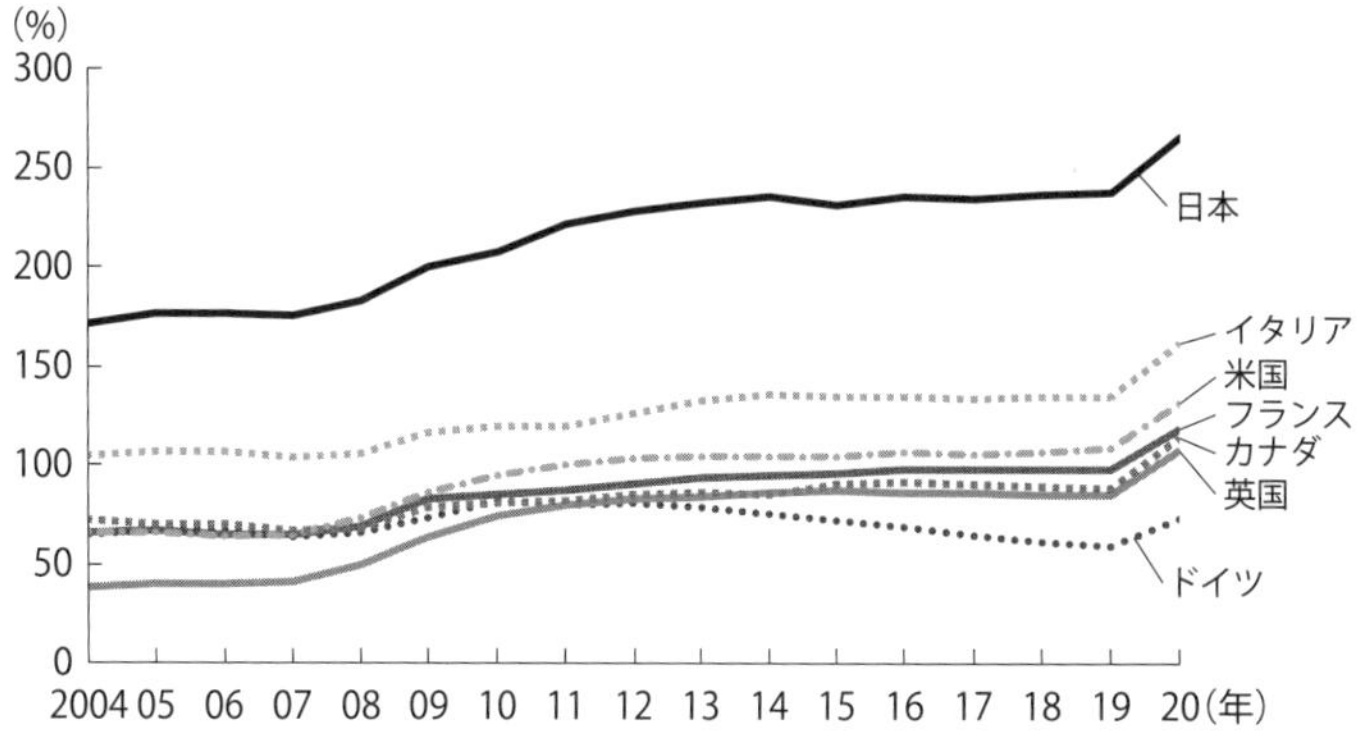

（注）数値は一般政府（中央政府、地方政府、社会保障基金を合わせたもの）ベース。2019年、2020年についてはIMFの予測値を含む。

（出所）財務省「日本の財政関係資料（令和2年7月）」、原データは2004年から2010年までの計数はIMF "World Economic Outlook Database"（2020年10月）、2011年以降の計数はIMF "Fiscal Monitor"（2020年10月）

出ているということは、歳入よりも歳出が大きいということだ。この赤字は政府債務の増加となるが、それは将来のどこかの時点で返済する必要がある。そのためには、将来のその時点で歳出を上回る歳入が必要となる。これは将来世代への税負担となるのだ。

なぜ財政破綻が起きていないのか

日本の公的債務は増え続けており、過去最高の水準に達している。諸外国と比べても突出して高い水準である。それにもかかわらず財政破綻は起きていない。それだけでなく、この間に国債の価格は上昇を続けている。つまり国債金利は下がり続けている。

第2章で取り上げたように、ここ30年の10年物国債の金利はほぼ一貫して低下している（直近ではマイナスの水準である）。国債の価格は金利が低いほど高くなるという関係がある（この点については第9章で再度取り上げる）。つまりこの30年、国債の価格は上昇を続け、国債の金利は下落を続けていることになる。これだけ政府の借金が増えているのに、人々は国債を低い金利（高い価格）で購入しようとしているのだ。

この超低金利状況は政府の財政運営にとって大きな助けとなる。足下では国債の金利はマイナスとなっている。つまり今年30兆円、政府が余分に財政赤字を出してそれを国債発行でまかなったとしても、そこにはマイナスの金利がつくので、政府に利払いの追加的負担は生じない。

むしろ借金をした政府が利子を払ってもらうことになる。加えて、過去に政府が発行してきた国債には、より高い金利が付与されているが、それが満期になって新たな国債の発行で借り換えると、その新規の国債発行の部分にはマイナスの金利が付加されることになる。

一般会計の歳出には、社会保障関連、公共投資などいろいろな項目があるが、この中の国債費というのが、政府が過去に発行した国債への利払いの部分である。全体の歳出の中に占める国債費の割合は22・7％となっている（令和2年度当初予算）。政府が抱えている債務の規模に比べると国債費の割合は非常に小さい。金利が非常に低いことが国債費の負担を小さくしている。

なぜこれだけの公的債務があるにもかかわらず、国債の金利は低くなっているのだろうか。これは日本の景気が非常に悪いということに関連している。第2章で説明した長期停滞と呼ばれる現象である。経済成長率が低く、家計や企業の経済に対する見通しも弱気だ。家計は消費を抑え、企業による投資も低調だ。その結果、家計部門と企業部門、つまり民間部門が膨大な資金余剰を出している。政府の財政赤字という資金不足を吸収するのに十分な規模でもある。皮肉な結果ではあるが、**経済が停滞していることで、政府の財政が破綻しなくて済んでいる**状況である。

わずかな金利上昇でも大きなインパクト

ただ、金利が低いので日本の財政は大丈夫だと言うことはできない。仮に何らかの理由で金利が上昇を始めれば、それが財政にもたらすインパクトは非常に大きい。日本の公的債務の金額は大きいので、金利の上昇がわずかだったとしても、政府に求められる利払い（国債費）の額は大きく膨れ上がる。

ごく単純化した計算をしてみよう。昨今、コロナ危機への対応もあるので財政赤字がさらに積み上がり、公的債務のＧＤＰに対する比率は２００％を超えている。仮に国債の利回りが全体として１％ポイントほど上昇したとしてみよう。国債の利払いも１％ポイント上昇することになるが、その金額はＧＤＰ比で２％の金額となる。債務がＧＤＰ比で２００％であるので、それに１％をかけた数字となる。ＧＤＰを５５０兆円として、その２％というと約10兆円となる。仮に消費税でこの金額を確保しようとすれば、消費税４％分の税収に匹敵する。（消費税率１％でＧＤＰの０・５％程度の税収が入るといわれる）。いずれにしても大変な金額だ。もし国債の利回りが２％ポイント上昇すれば、消費税率８％分の利払いの増加となる。現在の消費税収のほとんどが国債の利払いに消えてしまう計算となる。

もちろん、足下の国債の金利が１％ポイント上がったからといって、すぐに国債の利払いが

1％増えるわけではない。大半の国債は過去に発行されたものであり、その金利は確定している。ただ、新たに発行する国債には、それまでより高い新たな金利が適用される。過去に発行された国債が償還されて、新たな国債に借り換えられる時も同様だ。もし、**国債の市場金利が上昇を始めれば、それは政府にとっての国債の利払いの負担をじわじわと上げていく。**

それでも過去に発行された国債が償還され、借り換えられるまでには長い時間がかかるので大丈夫だと思ってはいけない。市場はつねに将来の動きを予想し、その見通しが国債の価格に影響を及ぼす。国債金利が高くなっていくと市場が考えれば、将来の財政運営の困難を予想して、投資家や金融機関は国債の購入を控えるだろう。そうした流れの中では、足下の国債価格が下がること、つまり国債利回りが上昇することにもなりかねない。

投資家が国債価格の下落を予想して国債の需要が減れば、国債の価格はさらに下がる。国債の価格が下がれば、人々の将来の国債価格への見通しもさらに悪化する。こうした悪循環が起きれば、足下ですぐに国債の利払い負担が大きく増えることはなくても、国債の大きな価格下落（金利上昇）が起きる可能性は否定できない。

幸か不幸か、日本経済は長い停滞の中にある。その結果、民間部門には膨大な余剰資金が生まれている。こうした状況が続く限りは、国債を購入しようとする資金は潤沢にある。また日銀が大量に国債を購入しているということも、国債の金利を低く抑える結果となっている。ただ、仮に日本経済が本格的に回復した時には、国債の金利がどう動くのかに注意する必要がある。**巨額の公的債務の存在は、金利のわずかな変化が大きなインパクト**を持ちうることを意味するからだ。

財政危機の教訓：ギリシャのケース

財政危機というのはめったに起きることではない。すぐに起きる可能性が少ないのに危機感を煽るのも好ましくないだろう。ただ、第二次世界大戦以降の約80年という長期で見れば、ごく一部の例外を除いては大半の国が何らかの形で財政危機を経験している。日本も例外ではなく、第二次世界大戦後に膨大な債務を抱えて、激しいインフレという形の財政危機を経験している。

財政危機を単純な分析で片付けることはできない。国によって、時代によって、財政危機のパターンが異なるからだ。ここでは財政危機を類型化して体系的に分析することはしないが、最近の危機の事例を一つ取り上げて考察することは意味があるだろう。日本との違いを理解することにもつながるはずだ。そこで、10年ほど前に起きたギリシャの財政危機について触れてみたい。

図6-3は１９９９年以降のギリシャの10年物国債の利回りの推移である。ギリシャがＥＵの共通通貨であるユーロに参加したのが２００１年である。それ以降はギリシャの国債はユーロ

建てで発行されることになる。これによって市場はギリシャ国債の信用力が増したと判断して、それまではドイツなどに比べて高かったギリシャの国債利回りは下がった。市場はギリシャの国債へのリスクプレミアム（投資家のリスク負担に見合った上乗せ金利）を下げたのだ。

ただ、そうした流れの陰に隠れた形で、ギリシャの財政運営には多くの問題があった。2009年に政権交代が起きた時、**前政権の経済運営で多額の公的債務が外に見えにくい形で隠されていたことが明るみに出た。**そこでギリシャ政府の財政運営への不安が一気に高まった。

それでも、その債務をEUが肩代わりしてくれるのなら問題はない。しかし、なぜ放漫な財政運営を行っていたギリシャの借金の肩

図6-3　ギリシャの10年物国債利回りの推移（1999〜2021年2月）

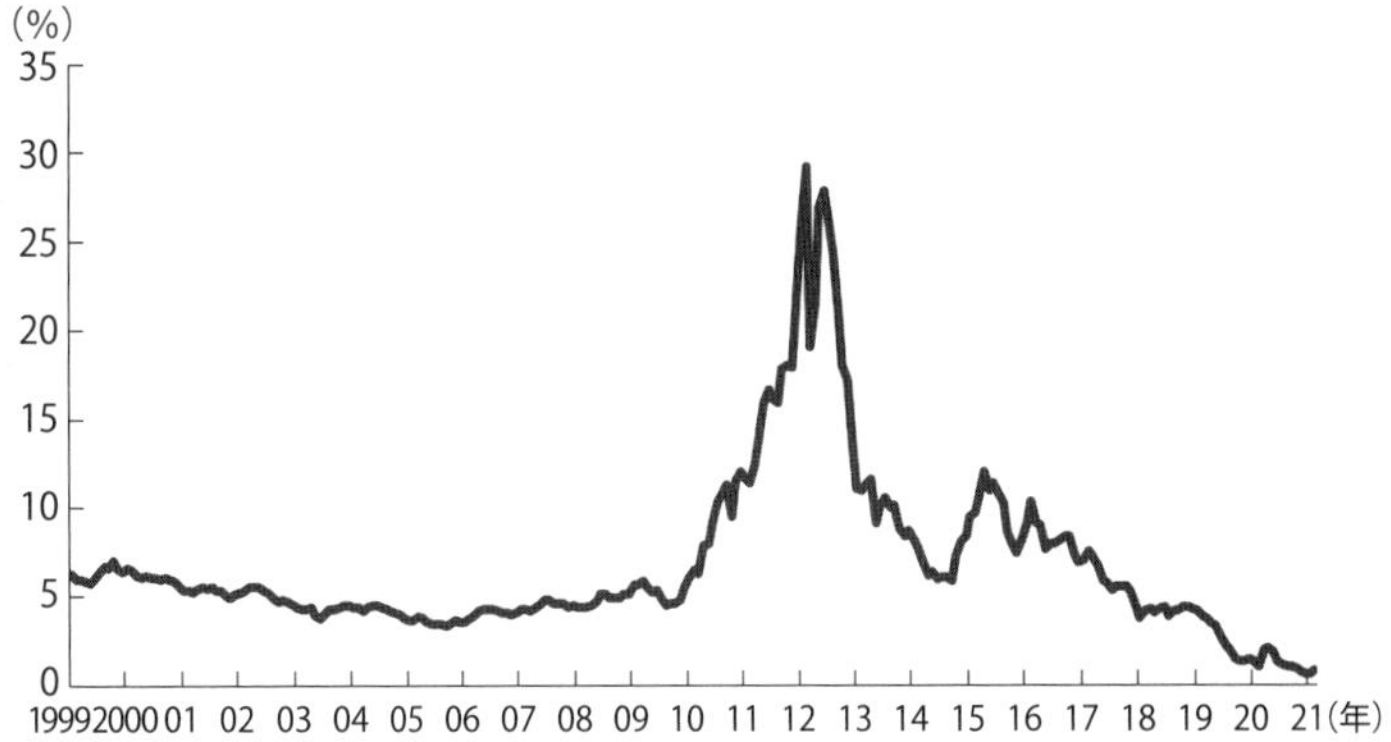

（出所）OECD（2021）Long-term interest rates（indicator）. doi: 10.1787/662d712c-en（Accessed on 29 March 2021）

代わりを自分たちの税金で負担しなくてはいけないのか、ドイツなどでそうした国民の声が強まった。欧州の他国は、ギリシャへの財政支援を簡単には打ち出せない状況であった。

こうしたギリシャの財政への不安は、ギリシャの国債の金利を急速に引き上げていった。一時は30％を超える金利となった。これだけ高い金利がつくということは、市場で誰もギリシャの国債を購入しようとしないという状態に近い。もともと財政赤字を出して財政運営をしてきたギリシャ政府にとって、**新たな国債を発行できないということは、通常の財政支出ができなくなるということ**だ。

一時的にＩＭＦなどの国際機関から資金を調達することはできるだろうが、その条件として非常に厳しい財政運営を要求される。**社会保障費や教育費などへの支出の大幅カット、公務員の大幅解雇、緊急の増税政策**などが行われた。これらはいずれも国民にとっては厳しい措置である。政治も不安定となる。経済も大混乱になっていく。

債務危機になった時点でのギリシャの公的債務の額は、ＧＤＰ比でおおよそ１３０％であった。現在の日本よりもはるかに少ない。それでもギリシャでは財政危機が起きており、日本ではそうなっていないのはなぜだろうか。

それには少なくとも二つ理由があるだろう。一つは**ギリシャの国債の多くは外国の投資家や金融機関が保有**しているのに対して、日本の国債の多くは日本国内の金融機関や投資家が保有していること。日本では日銀が保有している国債も多い。一般に海外の投資家の方が逃げ足も速く、財政運営に不安感があればすばやく国債を売ろうとするだろう。ギリシャの国債もそうした動きに翻弄された。

もう一つの重要な違いは、日本では必要があれば日銀が動くことができるが、**欧州中央銀行（ECB）がギリシャの国債を守るような行動に出にくかった**ということがある。仮に日本の国債に不安が生じて国債の金利が急上昇するようなことがあれば、日銀が大規模な国債の購入に走るだろう。そうした防衛行動はそれなりの危機抑止力がある。

ギリシャの場合には、たとえその国債が売られて金利が高騰しても、ECBが大胆な介入に入るという保証はなかった。だからギリシャ国債の金利の高騰を止めるメカニズムはなかった。もっとも、2012年にECBがギリシャ国債への介入も大胆に行うと明言してからは、ギリシャ国債の金利は低下することになる。これは国債の問題というよりも、共通通貨ユーロの制度の問題という面もある。

日本とイタリアの違い

ギリシャと並んで財政危機が取り沙汰されていた国がイタリアである。このイタリアの有力な国会議員が来日した時、その方と面白い会話をしたことがあった。ちょうどギリシャの財政危機と同じ頃で、イタリアも厳しい財政状況に直面していた。初めてお会いする方であったが、

「イタリアも財政危機で大変ですね」というような挨拶をしてしまった。このイタリアの政治家の方は私の挨拶にカチンときたのか、「イタリアはイタリアの問題に真剣に取り組んでいる。日本も日本の問題にしっかりと取り組んだらどうだろうか」と発言された。

まるで、「お前に言われたくない」とでも言いたいようだった。「ちなみにイタリアの公的債務はＧＤＰ比で１２０％程度だが日本は２００％を超えているだろう」とも言った。日本の方が深刻であると言わんばかりだった。日本とイタリアのどちらが深刻かは別として、実は私には言いたかったことがあった。ただその時は食事がまずくなってもいけないので発言は控えた。私が言いたかったのは、「イタリアは１２０％で財政危機になってしまった。日本は２００％を超えてもびくともしない」ということだ。

日本の財政状況が深刻ではないということを言いたかったわけではない。ただ、当面の債務の状況だけで財政問題の深刻さが決まるわけではないということだ。市場は目先の債務だけではなく、財政状況が今後どのように展開するのかを予想している。**たとえ日本の公的債務が大きくても、この先、財政健全化が進んで財政赤字が縮小していき、長期的には公的債務が減少していく期待が持てるのであれば、すぐに財政危機が起きるわけではない。**当時の日本はアベノミクスが導入され、その中で政府の財政赤字幅は縮小傾向にあった。ＧＤＰが増えて税収が拡大したこと、そして消費税率の引き上げも税収増に貢献した。この財政赤字幅の縮小で十分かどうかは別として、経済が混乱していたイタリアとは状況が異なったのだ。

もちろん、巨額の公的債務を抱えた日本が財政危機を起こさないためには、この先財政健全化をどのように進めていくのかということが重要な課題となる。この点は後でさらに詳しく述べることにしたい。ちなみに、本書執筆時点ではコロナ危機の真っ只中にあり、政府はなりふり構わずに財政支出を続けている。財政赤字も積み上がっている。これはやむをえないことではあるが、危機が少し落ち着いた時点で政府は今後の財政の立て直しをどのように行うのか、その方針をきちっと示していかなければならない。日本の財政の安定化のために必要なことである。

前門の虎と後門の狼

財政問題は複雑である。日本の置かれた状況を整理し、戦略的な対応が必要である。私は日本の財政状況を三つの要素に分けて考える。その三つを前門の虎、当面の出血、そして後門の狼と呼ぶ。

前門の虎とは、日本がすでに抱えている膨大な公的債務の存在である。これは過去の財政赤字の累積の結果であり、すでに問題が顕在化している。これまで述べてきたように、巨額の債務は財政運営に支障をきたすだけでなく、金利上昇などで大きな影響を受けるというリスク要因となる。

当面の出血とは、毎年巨額の財政赤字が垂れ流され続けているということだ。赤字が出れば、公的債務はさらに膨れ上がることになる。こうした状況を続けていくことは、出血を止められないに等しい。これは早急に対応しなくてはいけない。

後門の狼とは、近い将来予想される財政への負荷の増大である。具体的には医療や介護などの社会保障への財政支出のことだ。日本では急速に高齢化が進んでおり、財政への負荷はさらに増してくる。この問題にどう対応していくのかというのが、ここで言う後門の狼である。

日本の財政問題にはこの三つが同時に関わっており、どのような優先順位でどのように対応するのかが問われている。私の意見では、この三つの中で**まず進めていくべきは、財政赤字を計画的に縮小していくこと**だろう。出血を止めないことにはどうにもならないからだ。政府はこうした対応を、プライマリーバランス（基礎的財政収支）の黒字化という目標で設定している。この点については後で詳しく説明する。

次に対応すべきは後門の狼である。高齢化は確実に進行しており、医療費も介護費用も増大している。そのための財源をどうするのか、歳出を抑えながら医療や介護の質を維持するには何が必要なのか。社会保障制度は生身の人間の生活に関わるものであり、複雑で多様なシステムである。その改革には時間がかかる。だからこそ一刻も早く着手する必要がある。

最後に、前門の虎である公的債務の削減である。これは簡単にできる問題ではない。しかも、経済成長や物価など、マクロ経済の展開とも密接な関係がある。

財政収支の基礎知識

財政における歳入と歳出について、これまで詳しく説明することなく述べてきた。歳入とは財政部門の収入のことであり、歳出とは支出のことである。具体的なイメージを持ってもらうため、直近の歳入と歳出の概略を示したものが図6―4―①②である。

まず、歳入から見ていこう。歳入の約60％が租税などから入るもので、約40％が公債金として国債などの発行から得られる収入である。単純化して言えば、**税などの収入は歳入の6割を切る金額であり、4割以上を公債発行によってまかなっている**ことになる。それだけ財政赤字が出ているのだ。

歳出を見ると、**社会保障や地方財政関連の支出など公的分野での支出が全体の4分の3で、公債の償還金や利払いという国債費が4分の1**となっている。歳入のすべてが実体のある政府支出に回るのではなく、4分の1ほどは債務の利払いや償還金となっていることがわかる。

日本はこの30年近く、ずっと財政赤字を続けてきた。税収だけで政府支出をまかなうことができないので、赤字分だけ国債発行でまかなう必要がある。こうした動きを理解してもらうため、いくつかの基本的な概念を説明したい。その一つは**財政収支**で、**これは税収から歳出を引いたもの**である。財政赤字とはこの収支がマイナスになることだ。なお、この歳出の中には通常の財政支出以外に、今述べた国債費が入っている。

財政赤字が出れば、その分をまかなうため、政府は新たな国債を発行する必要がある。つまり、財政赤字は政府の債務の増加分と等しくなっている。過去に毎年多くの財政赤字を出してきた日本は、それだけ公的債務を積み上げてきたことになる。

財政収支に関連したもう一つの重要な概念が、プライマリーバランスと呼ばれるものだ。新聞などによく出てくるのでご存じの読者も多いだろう。**プライマリーバランスを計算する時には、政府の歳出の中で国債費を除いた部分を考える。**社会保障や地方財政支出など狭義の財政支出

図6-4-①　令和3（2021）年度一般会計歳入の構成

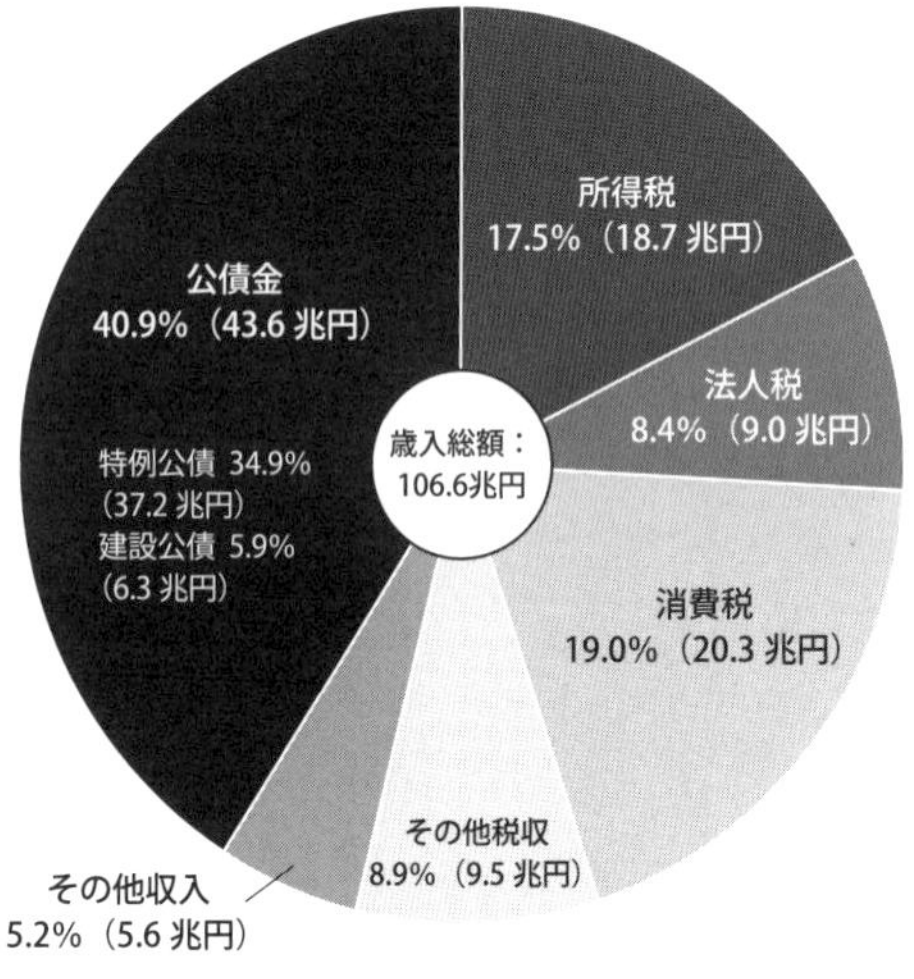

（出所）財務省「予算・決算」令和３年度政府予算案・令和３年度予算のポイント

である。これを便宜上プライマリー支出と呼ぶとすれば、プライマリーバランスとは税収からプライマリー支出を引いたものとなる。

一見複雑なように見えるが、個人の予算で考えてみればわかりやすい。すでに住宅ローンなどの借金をしていて毎年１００万円ほどの利払いが生じる人を想定してみよう。この年のこの人の給与所得は５００万円で、生活費などに４５０万円使ったとしよう。利払いを入れると最終的な支払いは５５０万円になる。この場合、この人の所得収支は５００万円から５５０万円を引いた50万円の赤字となる。この分は追加的な借金でまかなう必要がある。ただ、プライマ

図6-4-② 令和3（2021）年度一般会計歳出の構成

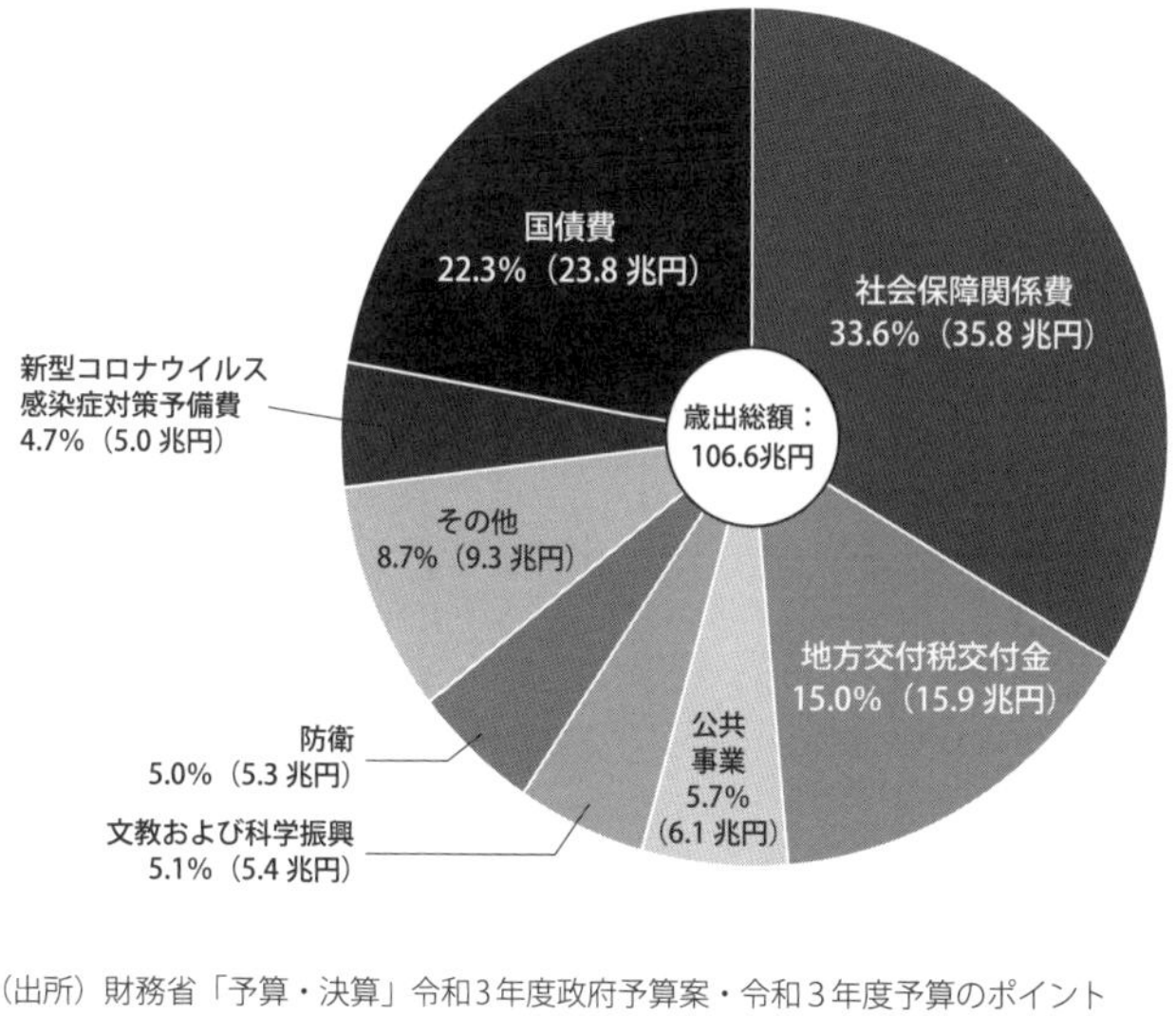

（出所）財務省「予算・決算」令和３年度政府予算案・令和３年度予算のポイント

リーな支出は４５０万円であるので、プライマリーバランスは50万円の黒字ということになる。

なぜプライマリーバランスを当面の目標にするのか

日本政府はプライマリーバランスの黒字化を財政健全化の目標に掲げてきた。たとえば２０１２年末に成立した安倍内閣では、15年までにプライマリーバランスの赤字の対ＧＤＰ比の水準を10年比で半分の３・３％にまで持っていき、20年までにプライマリーバランスの黒字を目指すという目標を立てた。

図６-５は２０００年以降の日本のプライマリーバランスの推移を示したものである。２０１５年目標は実現できたが、20年の目標には届かなかった。２０２０年にはコロナ危機が起きたことで政府の財政支出が大きく膨らみ、当面、プライマリーバランスの議論は棚上げ状態である。

なぜ政府はプライマリーバランスを重視するのか。先ほど述べた個人の予算収支の例で考えればわかりやすいだろう。プライマリーバランスが黒字になるということは、利払いを除いた支出、つまりプライマリー支出が所得の範囲内で収まるということだ。この範囲であれば、**過去の借金の利息分を別とすれば、借金がさらに増えることにはならない。**

国や地方の財政でも同じだ。プライマリーバランスが赤字でないということは、国債費を除いた支出、つまりプライマリー支出が税収の中に収まっているということになる。この範囲であれば、国の借金は過去の債務の利払いの分は増えるが、それを超えて増えることはない。逆に言えば、現状の日本ではプライマリーバランスでさえ赤字であるということが問題なのだ。税金収入だけでプライマリー支出がまかなえないので、借金をさらに増やしていくという悪循環に陥っているのだ。

では、プライマリーバランスを黒字にすれば、財政健全化は実現するのか。これも実は難しい問題である。財政健全化指標としてよく使われるのが、公的債務のGDP比の水準である。すでに述べたように、現在の日本はこれが200%を超える水準に達している。海外の主要国と比べても、過去の日本と比べても、きわめて高い。この水準を下げていくことが財政健

図6-5　日本のプライマリーバランス（対GDP比）の推移（2000～21年）

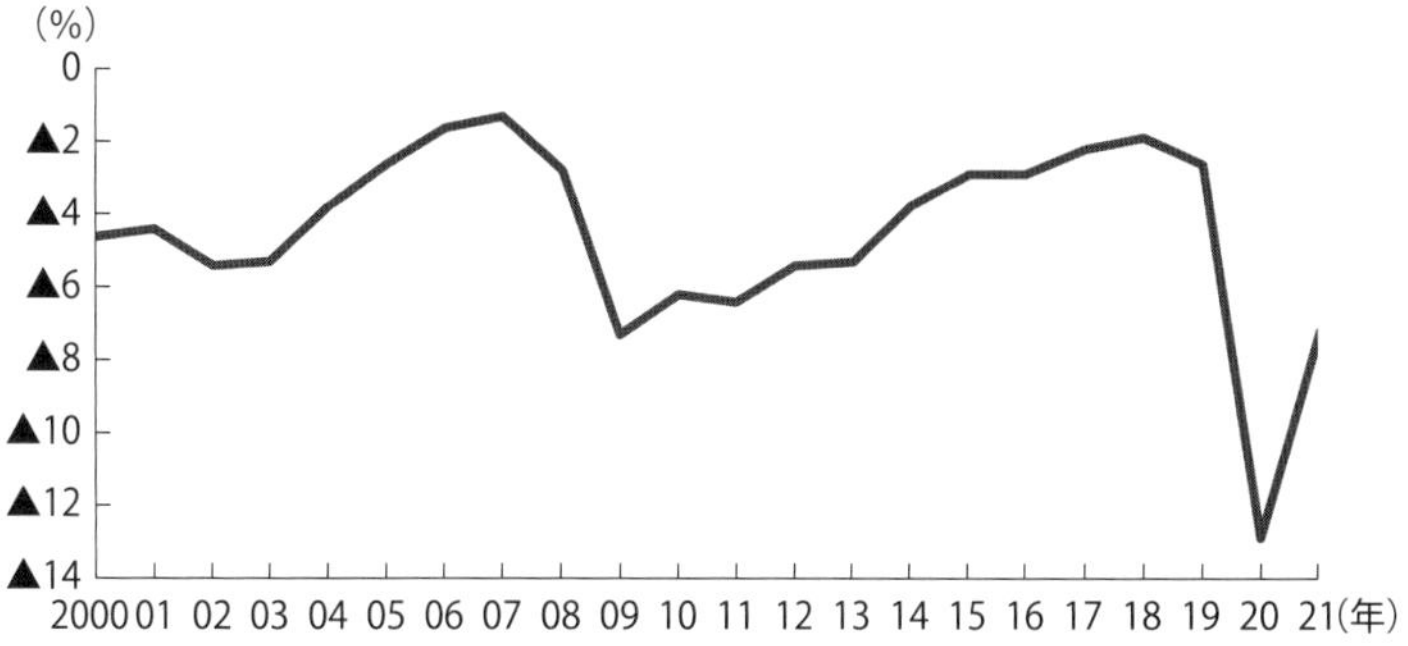

（出所）2000年度、2001年度：内閣府「中長期の経済財政に関する試算」計量経済モデルおよび試算関係資料、「国・地方の基礎的財政収支・財政収支の推移」（平成22年2月5日公表）
2002年以降：内閣府「中長期の経済財政に関する試算（令和3年1月21日経済財政諮問会議提出）【国・地方の財政の姿】（復旧・復興対策の経費及び財源の金額を除いたベース）」

全化には必須のことだ。

プライマリーバランスをゼロ、つまり赤字でも黒字でもない状態にすれば、この債務のGDP比の値はどうなるのだろうか。図6-6に示したように、**プライマリーバランスがちょうどバランス、つまりゼロの時には、分子の債務は金利の割合で増えて、分母のGDPは経済成長率のスピードで増えていく。**プライマリーバランスが均衡しているので、そこからは新たな借金は生じない。ただ、すでに存在する債務には金利がつく。

そこで気になるのは、**成長率と金利のどちらが高いのか**ということだ。もし金利の方が成長率よりも低ければ、プライマリーバランスが均衡すると、債務の増え方の方がGDPの増え方よりも小さくなる。つまり、債務のGDP比の水準は次第に下がっていく。（コロナ危機の大きな影響を受けている直近を除くと）最近は金利の方が成長率よりも低い状況が続いた。ただ、それ以

図6-6　公的債務の対GDP比率の変化

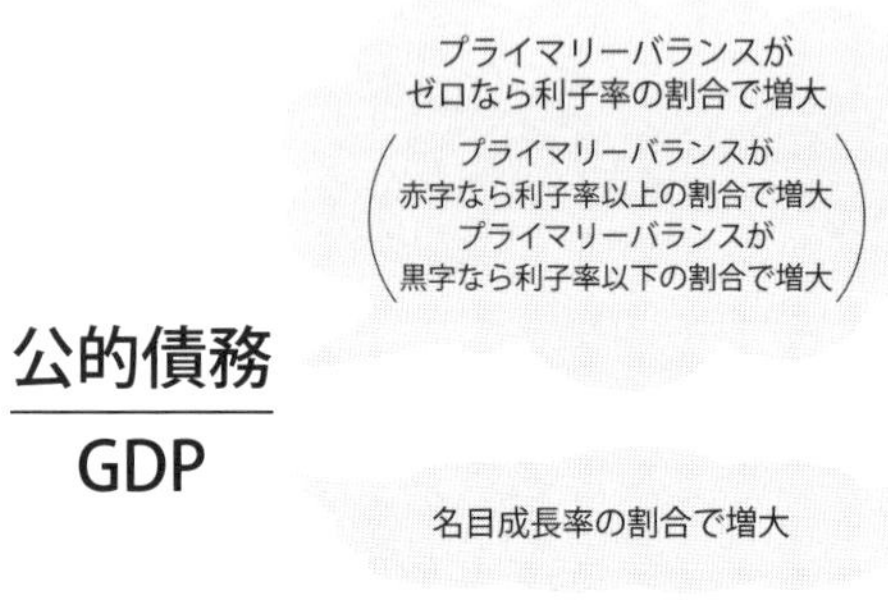

前は金利の方が成長率よりも高い時期も多い。両者の大小関係は一概に言えない面がある。
金利と成長率次第という面があるが、いずれにしてもプライマリーバランスの黒字化を目指すという方向は必要だろう。債務が非常に大きい日本の現状を考えると、まずはプライマリーバランスの黒字化を目指し、その先でプライマリーバランスの黒字幅を拡大していくことが望ましい。

財政健全化の道：再考

前門の虎・後門の狼の話を思い出してほしい。まずは、当面の出血を減らさなくてはいけない。だから、プライマリーバランスの黒字化を目指すことが必要となる。黒字を減らすためには二つの道しかない。税収を増やすか、歳出の増加を抑えることである。歳出面で言えば、当面大きく増えていくことが想定されているのが医療・介護・年金などの社会保障費である。この伸びを抑えるため、**社会保障制度の改革が非常に重要**となる。

歳入サイドの税収を増やす道もおもに二つある。一つは税収を増やすように税制を改正して増税することだ。最近の日本では消費税率を10％まで上げて税収を増やしてきた効果が大きい。もう一つには、税収は税率を変更しなくても、経済が成長していけば増える面もある。アベノミクスの下でプライマリーバランスの赤字が減少してきた理由の一つは、ＧＤＰが増える中で所得税・法人税・消費税などの収入が増えてきたことだ。

ただ、税制を変えずにプライマリーバランスを黒字化させるのは難しいように見える。さらに歳出を減らすことにも限界があるとすれば、増税が必要ということになるかもしれない。所得税・法人税・資産課税などそれぞれ増税の可能性が考えられるが、世の中で最も議論されることが多いのは、消費税率を10％を超えて上げていくという選択肢である。

消費税は薄く広くすべての国民に課税していく方法である。勤労者世帯への課税しかしない個人所得税とは違う。世界的に見ても、欧州のように消費税率を20％から25％という高い税率にして、そこからの税収を社会保障や教育などに回しているところもある。10％という日本の消費税率は国際的にはけっして高い方ではない。

消費税に限る理由はないが、増税を真剣に検討しなくてはいけないことにはもう一つ理由がある。後門の狼と私が呼んだ社会保障費の増加の問題である。高齢化が進んでいくことで、医療や介護などの社会保障費の歳出が増えていく。**社会保障費は、その伸びを抑えるような措置を行ったとしても、かなりのスピードで増えていく**と考える必要がある。それでもプライマリーバランスの赤字を増やさないためには、増税を進めていかなくてはいけないだろう。どのような増税の形が好ましいのか、その議論はこの本でカバーできるものではないが、**消費税率の引き上げは有力な選択肢**の一つである。

債務比率をどう下げるのか

財政健全化の中で最も難しいと思われる、過大な公的債務をどう減らしていくのかという「前門の虎」の問題を考えてみたい。世界的なベストセラーとなった『21世紀の資本』（みすず書房、２０１４年）の中で、フランスの経済学者のトマ・ピケティは、多くの国で見られる公的債務を減らす手段として、三つの方法を提示して比較している。それは、

①増税や歳出削減を行い、財政黒字を出して債務を削減していく
②インフレによって債務の実質価値を減らしていく
③高所得者や資産家への課税を大幅に強化してその財源を用いて債務を減らしていく

である。

ピケティによると、①は困難な道であるという。特に日本のように巨額の公的債務を抱えている場合、それを減らすために必要な増税や歳出削減の規模は非常に膨大になる。たとえば、コロナ危機の直前で日本の財政赤字はＧＤＰ比３％程度ある。それだけ債務は増えていくことになる。これをＧＤＰ比で３％まで黒字に持っていくのも大変なことだが、それが実現してもＧＤＰ比で２００％を超える債務を１００％程度にまで持っていくとしたら、30年以上かかってしまうことになる。ただ、この議論はこの間にＧＤＰが全く増えないことを前提とした議論

で、現実的ではない。この点については後で詳しく述べる。**消費税などの増税や社会保障カットによる歳出削減は、所得の低い層の生活を直撃**することになる。**長期間、一般庶民の生活を苦しめて、それで債務削減ができるのだろうか。**社会不安や暴動などにもつながるかもしれない。ピケティは財政健全化による債務削減の政治的な困難さを指摘する。

もっとも、規模は別としても、増税や社会保障支出の増加の抑制という歳出改革が必要ないということではない。すでに述べたように、高齢化の中でプライマリーバランスを黒字に持っていくことが必要であり、そのためにも歳入拡大や歳出抑制などの財政健全化の努力は必要である。ただ、そこに思い切り踏み込んでも、債務を大きく減らすことは困難であるということなのだ。

次に②の道だが、インフレが起きれば、財政状況は大きく異なってくる。**インフレが起きても政府の債務に直接の影響はない**が、図6-6にある、**分母のGDPは大きく増える**からだ。激しいインフレは多くの国民にとっては厳しい影響を及ぼす。ピケティが指摘しているように長期間国民を苦しめる増税や歳出削減よりはましだが、激しいインフレが起きれば経済は混乱して、国民も苦しめられることになる。

ピケティが三つの方法を列挙したのは、③の富裕層への増税こそが問題解決のベストの方法であると主張したかったからだ。日本とは違って、米国や欧州ではごく一部の人々が膨大な資産を保有している。一般庶民との格差は広がっていくばかりである。増税と歳出カットで債務削減をすることは一般国民を苦しめることになるが、それで資産市場が安定すれば富裕層をさらに助けることになる。それよりは、富裕層に対する資産課税を大規模に行って、その財源で公的債務の返済をすればよい。ピケティによればこれがベストの対応ということになる。

富裕層にとっては大きな痛手であるが、それで彼らの生活が破綻するわけではない。その課税によって公的債務を減らすことができれば、多くの国民が救われることになる。非常にラディカルな議論ですぐに受け入れられるわけではないだろうが、ピケティの本が世界的なベストセラーになったことからも、こうした議論が多くの人の関心を引いたことは事実だ。

日本でこのピケティの議論が成り立つかどうかは微妙だ。日本には欧米のような極端な富裕層は少ない。といっても、多くの高齢者が数千万円程度の資産を保有している。表6－1にもあるように、65歳以上の高齢者が日本の金融資産の約半分という高い割合を保有している。高齢者はいずれは死亡するわけだが、これから数年後に

表6–1　世代別金融資産分布状況（2019年）

年齢区分	30歳未満	30～39歳	40～49歳	50～59歳	60～69歳	70～79歳	80歳以上	65歳以上
分布状況（%）	0.3	3.7	11.1	17.2	29.9	26.8	11.0	53.6

（注）ここでの金融資産とは「貯蓄現在高」のことを指す。
（出所）e-Stat「2019年全国家計構造調査」家計資産・負債に関する結果［所得資産集計］（2人以上の世帯）

は毎年10兆円を超えるような資産が次の世代に相続されることになる。この**相続財産の一定割合を税金として徴収すれば、公的債務の削減を加速化することはできるだろう。**ただ、こうした課税が国民の理解を得られるかどうかは難しいだろう。死亡した人の資産を利用した債務削減については、コラムに書いた死亡消費税を参考にしてほしい。

結局インフレという財政破綻なのか？

増税や歳出カットで債務の額を大幅に減らすことは難しい。富裕層に大規模な資産課税をしてそれを公的債務の返済に回すという手法も、革命でも起こらない限りは難しいだろう。もちろん、それぞれの方法はやるかやらないかという「ゼロか1か」ではない。可能な範囲では実行すればよい。ただ、このままでは巨額に膨れ上がった公的債務の額が減る見通しは小さい。すでに述べたように金利が非常に低い間は、それでも問題は起きないかもしれない。ただ、何らかの理由によって金利が上がり始めると財政運営は厳しくなる。

長期的には公的債務のＧＤＰ比の水準を１００％あるいはそれ以下に下げることが必要になる。図６-６をもう一度見てほしい。分子の債務の額が減らなくても、分母のＧＤＰが増えていけば債務のＧＤＰ比の値は減っていくはずだ。債務がこれ以上増えないようにするためには増税や歳出削減という財政健全化は必須なので、ここではその程度の財政健全化は実行されると想定することにする。つまり分子の債務はこれ以上はあまり増えないと想定する。

債務の対ＧＤＰ比率を２００％から１００％以下にまで下げるとしよう。**分子の債務が減らないとすれば、分母のＧＤＰが２倍（２００％）増えればよいことになる。**２倍というのは難しいように見えるが、**仮に平均３％の成長率を23年間続ければ、ＧＤＰは２倍**になる。23年は長いように見えるが、日本が財政赤字体質に突入した１９９０年のバブル崩壊から２０２０年までが30年である。その30年を取り戻すのには、それくらいの時間が必要ということだろう。

もっとも、３％の経済成長を実現することは難しいだろう。第２章で述べたが、日本の潜在成長率が非常に低かったことを思い出してほしい。ただ、ここで重要なのは実質ではなく、名目の成長率である。**仮に実質で見た経済成長率が１％程度であっても、（ＧＤＰデフレーターで見た）物価が２％で増えていくような穏やかなインフレが起きれば、名目ＧＤＰも３％で増える**ことになる（ＧＤＰデフレーターは名目ＧＤＰを実質ＧＤＰで割って求める。経済全体の物価がどのように動いているかがわかる物価指数である）。債務がこれ以上増えないように財政健全化を行うという大前提の下ではあるが、２％程度の穏やかなインフレを実現することができれば、債務の対ＧＤＰ比を大幅に下げることができる。

ただ、財政への負荷が高い中で、安定的かつ穏やかなインフレを持続できるのかという疑問を持つ読者も多いだろう。現実問題として財政健全化を断行して債務をこれ以上増やさないということだって容易ではない。現実に、コロナ危機の中で財政健全化は当面は見送りとなっている。結局、将来のどこかの時点で財政は大きく混乱することになるリスクもある。

これをあえて財政のミニ破綻と呼ぶことにしよう。そのイメージは、政府が公的債務の償還や返済をストップさせるというような破綻ではない。そうではなく、激しいインフレが起きて国債の実質価値が大きく下がってしまうことを、ここではミニ破綻と呼ぶ。経済は大きく混乱するだろう。高齢者は資産の実質価値の多くを失うことにもなるだろう。それでもそうした厳しい混乱の結果、最終的には債務のＧＤＰ比は大きく下がることになる。

こうした話を学生に話したところ、「国破れて山河ありですね」というコメントが返ってきた。**仮にそのようなミニ破綻が起きれば債務のＧＤＰ比の数値は大幅に下がる**ので、若い世代の将来の税負担も下がることになるからだ。

もっとも、そのようなミニ破綻が起きた場合の混乱の大きさを予想することは難しい。日本の国債の市場の評価が下がったとしても、すぐに物価が上がらない可能性が大きい。当面は、将来の物価上昇を織り込んだ金利高騰（国債価格の暴落）ということになるかもしれない。その場合には金融市場に大きな混乱が起きることになる。金融機関も無傷では済まない。

近年話題になることが多いＭＭＴ理論では、積極的に財政や金融の拡大を続けていき、インフレが起きたらそれに対して必要な対応をすればよいという議論が行われている。この理論について詳しく論評する紙幅がないが、インフレは簡単に起こすことは難しいし、一旦動き始めた物価を安定的にコントロールすることも簡単ではないということを述べておきたい。

コラム

死亡消費税――将来世代の負担を軽減

ピケティの議論では、富裕層の資産に重い税金をかけるのが、公的債務を減少させる最も好ましい方法となっている。富がごく一部の人たちに集中している欧州などでは、そうした議論は現実的な面もある。ただ、本文中で述べたように、高齢層に資産が比較的集中しているものの、それが数多くの高齢者に分散していて超富裕層は少ない日本では、超富裕な人々に重い税金をかけて税収を生み出し債務の削減に利用するというのは現実的ではないように思える。

ただ、こうした高齢者が死亡する時点での課税であれば事情は若干異なる。表6−1に示したように、65歳以上の人が金融資産の50％を保有している。すでに80歳を超えている人もその中には多くいるだろうから、この層のかなりの割合が10年から15年で死亡する可能性が高い。そうすると毎年10兆円あるいはそれ以上の資産が次の世代に相続されることになる。ここの税金を重くして、その税収で公的債務を減らすことは可能だろうか。

この税金は高齢者いじめの税金ではない。強いていえば、幽霊いじめということになるのだろうか。もちろん親からの相続を期待している子供や孫も多いだろう。ただ、その所得は親が働いて稼いだものであり、子供たちが稼いだものではない。

現時点で相続税を重くしてそれで公的債務を返済していくという議論が活発に行われている

わけではない。ただ、公的債務の負担がより重くなってくれれば、そうした議論が出てきてもおかしくない。

　これに関連して、あるところで死亡消費税の話を出したところ、賛否両方の多くのご意見をいただいた。死亡消費税のポイントは、死亡した時に相続税とは別に消費税分だけ死亡消費税を徴収するというものだ。生きている間に消費に使った高齢者は消費税を払っているが、消費を控えていた人は消費税を少ししか払わず、その差額は遺産の中に入ってしまっている。死亡した時に、その分を死亡消費税として負担してもらうというものだ。もちろん、生きている時に消費税を多く払って、なお多くの遺産が残った人は二重に消費税を払うようなものだが、その人は経済的に豊かな人だからそれでもよしとする。

　この死亡消費税の税収は公的債務の返済に利用してもよい。政府の財政負担が重い高齢者の医療費に利用するといった方法がよいのかもしれない。高齢者の同世代の間での移転となるからだ。高齢者医療は財政負担となり将来世代の税負担となりがちだが、死亡消費税が利用できれば将来世代への税負担を減らしながら高齢者の中での再分配が可能となる。

　死亡消費税が現実的に本当に実行可能であるのかどうかを詳しく詰めているわけではない。ただ、ここでの重要なメッセージは、公的債務の増大という形で将来世代に重い財政負担を残さないためには、死亡時点での高齢者の資産をどう活用するのかが大きなポイントとなるということだ。

ＩＳ＝ＬＭ分析

この章では財政健全化や財政破綻などに力点を置いたので、通常のマクロ経済学で重点的に扱われる財政金融政策の分析についての解説が手薄になった。以下で、財政金融政策の分析の基本的な考え方を二つ紹介したい。

一つはＩＳ＝ＬＭ分析として知られるケインズ経済学の手法で、教科書でもよく詳しく解説されている。ノーベル経済学賞を受賞した英国の経済学者リチャード・ヒックスが有名な論文で示した、単純明解な考え方だ。もう一つはマンデル＝フレミング理論と呼ばれるもので、ＩＳ＝ＬＭ分析に為替レートを加えて、国際経済的な視点から財政金融政策について考察したものだ。

ＩＳ＝ＬＭ分析では、貯蓄と投資が一致するという財・サービス市場の均衡（ＩＳ）と、貨幣の需給が一致する貨幣市場の均衡（ＬＭ）を同時に達成する、ＧＤＰと金利の組み合わせを考える。ここで財政政策とは、政府支出が増減することで財・サービスの需給が影響を受け、金利やＧＤＰが変化することを意味している。金融政策とはマネーの量が増減することで、金融市場が変化し、金利やＧＤＰが変化することを指している。

ＩＳ＝ＬＭ分析での財政政策と金融政策の影響は、図6‐7のように整理することができる。

政府支出（G）が増えると、その分だけ財サービスの需要が増える。すでに説明した乗数効果を通じて、それは財サービスの需要を増やすことで、GDPを増やす。つまり景気拡大効果がある。

ただ、一方でそうしたGDPの拡大によって貨幣需要が増えることにもなるので、金融市場では金利を引き上げる効果も持つ。この金利の上昇は民間投資にマイナスの影響ももたらす。一般的に金利が高いほど、民間投資は抑えられると考えられるからだ。その結果、**財政政策の景気刺激効果の一部は相殺される**ことになる。財政刺激策で金利が上昇して民間の投資などが縮小する現象を**クラウディングアウト**と呼ぶ。公的な活動があまりに拡大すると、民間の活動が阻害されるのだ。

次に金融政策の効果を考えよう。貨幣量の拡大をもたらす金融緩和は、財サービスの需要に直接影響を及ぼすわけではない。ただ、図6-7に示したよ

図6-7　IS＝LMモデル（金融政策と財政政策の影響）

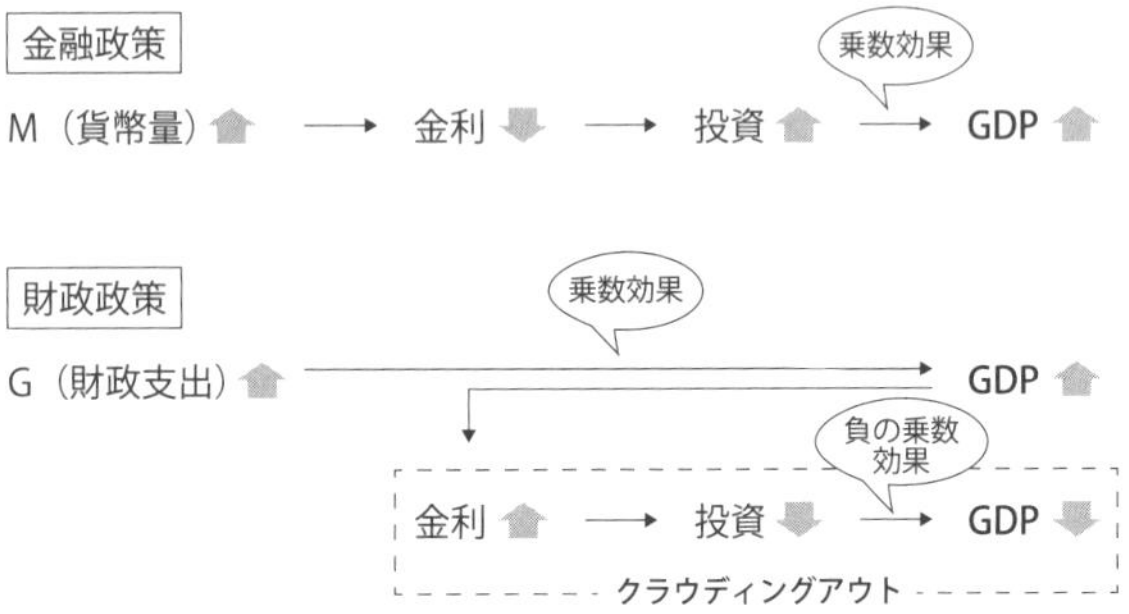

（上向き矢印）は増加・上昇、（下向き矢印）は減少・低下を表す

うに、貨幣量が増えることで金利が下がることになる。金利低下は投資などを刺激するので、金利低下を通じて間接的に財やサービスの需要が増えて、それが乗数効果を伴い、景気刺激効果を持つことになる。

マンデル＝フレミング理論

ノーベル経済学賞を受賞したロバート・マンデルとＩＭＦのエコノミストであったジョン・マーカス・フレミングは、それぞれ独立に、ＩＳ＝ＬＭ分析を開放経済に拡張したモデルを提示した。このモデルは2人の名前を取ってマンデル＝フレミングモデルと呼ばれている。開放経済とは、海外との間での財やサービスの輸出入や海外との金融取引が行われている経済である。マクロ経済を開放経済で考えると、為替レートという重要な要素が入ってくる。現実の世界での財政政策や金融政策の論議でも、為替レートの動きは重要なポイントとなる。

　開放経済で金融政策を行うと為替レートにどのような影響があるだろうか。図6-8にマンデル＝フレミングモデルの特徴を示した。ＩＳ＝ＬＭ分析で見たように、金融緩和政策は金利を下げる効果を持つ。一般的に金利が下がれば、その国の通貨価値は下がる。たとえば日本の金利が下がれば、金利が相対的に高い海外に向かって資金が動こうとするので、円安方向に為替レートが動く。そして開放経済では重要なことだが、円安になれば日本の輸出が刺激され、輸入が抑えられる。つまり、財サービスの需要は拡大するのだ。

このように、**開放経済の場合には円安の効果が加わるので、金利低下に加えて、金融緩和政策はダブルで効く**ことになる。金融政策は閉鎖経済よりも開放経済の方が効果が強い。**貿易依存度が高い国では、金利を通じた効果よりも為替レートを通じた効果の方が、金融政策の景気刺激効果が強くなる場合もある。**第5章で取り上げたアベノミクスの大規模な金融緩和政策でも、為替レートが大幅に円安になったことがデフレ脱却に効果があったと言われる。

次に財政政策の為替レートへの影響を見よう。財政刺激政策は金融政策とは逆に、金利を引き上げる効果を持っている。金利が上がれば、為替レートは円高方向に動く（これは金融緩和と逆だ）。円高になれば、輸出は抑えられ、輸入は拡大する

図6–8　マンデル＝フレミングモデル（開放経済における金融政策と財政政策の効果）

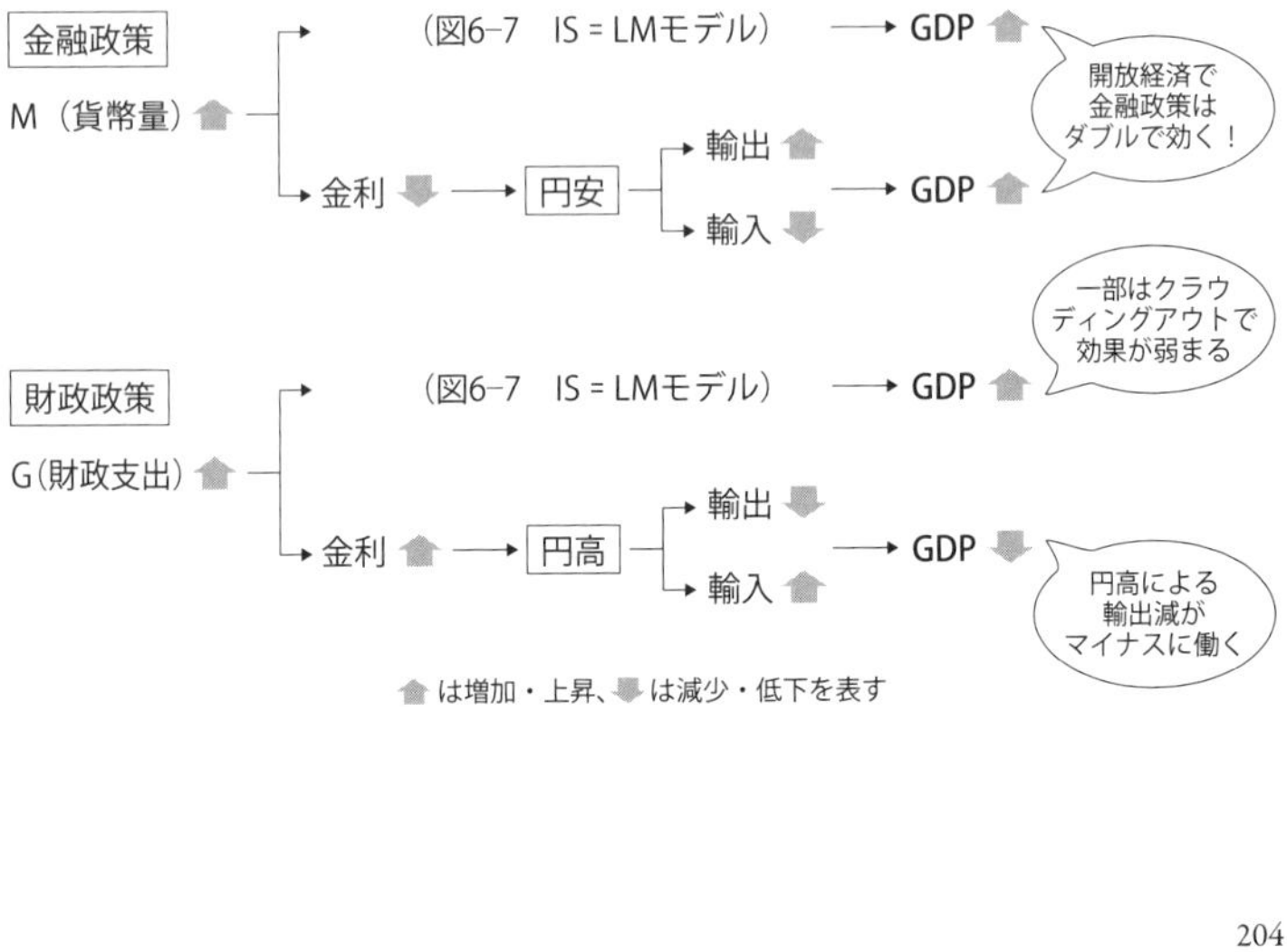

ことになる。これは景気には抑制的に働くことになる。財政政策は、直接的な形で財やサービスへの需要を増やすという意味で景気刺激的であるが、金利を引き上げてクラウディングアウトを引き起こすというマイナス効果を持ち、さらに円高を通じて輸出にもマイナスに働くことになる。こうした相反する影響をまとめても、財政刺激政策は国内の景気に刺激的に働く場合が多い。半面、金利や為替レートの動きでその効果がかなり減じられることになる。

もっとも、海外の財政刺激策が日本の景気に大きな効果をもたらすこともある。たとえば米国が大胆な財政刺激政策を行えば、その結果として為替レートはドル高の方向に動く。つまり円安ということであり、それは日本の輸出を拡大する効果を持っている。マンデル＝フレミングモデルの重要なメッセージは、**マクロ経済においては自国だけでなく主要な貿易相手国がどのような財政金融政策を行うのかに注目しなくてはならない**ということだ。

この章のポイント

- 日本の公的債務の対ＧＤＰ比は２００％超。歳入のうち税収でまかなえるのは約６割で、残りは公債を充当。
- 財政再建へ向け、プライマリーバランスの黒字化が目標になる。

- ☑ プライマリーバランスが均衡した時、名目成長率が金利より高ければ、債務の対ＧＤＰ比は低下していく。

- ☑ たとえ実質成長率が低くても、物価上昇率が上乗せされれば、名目成長率は金利を上回る可能性もある。穏やかなインフレが起きれば、債務の対ＧＤＰ比は下がる。

- ☑ ただし現状は厳しく、消費税などの増税が必要になる可能性は高い。

第7章

ネットニュースではわからない経済成長

先進国に共通する長期停滞と格差拡大

天安門事件の後の1992年頃、家族と上海に旅行する機会があった。当時の上海はまだ経済発展の前で、唯一の国際空港であった上海虹橋空港から市内への道路は舗装されておらず、我々を乗せたマイクロバスはクラクションを鳴らしっぱなしで、馬車や自転車をかき分けるようにして市内へ向かった。この年の中国のGDPは492・2（10億ドル）であった。同じ年の日本のGDPは3988・3（10億ドル）であるので、当時の中国のGDPは日本のわずか8分の1しかなかったことになる。

ちなみに、2020年の中国のGDPは1万4723（10億ドル）、日本のそれは5049（10億ドル）である。中国の経済規模は日本のそれの3倍にまでなったことがわかる。わずか30

年ほどの間に中国はものすごいスピードで成長した。実際、最近の上海では、きれいに整備された高速道路が縦横無尽に走っており、摩天楼のような高層ビルが林立している。30年前の上海を知っている者からすれば、とても同じ国には見えない。

私たちが中国に見ているのは、経済成長の持っているパワーである。年率10％で成長をすれば、30年で経済規模は約17倍になる計算だ。中国はそれ以上のスピードで成長したことになる。年率で１％でしか成長できなければ、30年後には１・34倍にしかならない。日本の状況はこれに近い。

経済成長率の違いは1年や2年で見るとそれほど大きな差がつくようには見えないが、10年、20年という長期になると、その社会に大きな影響を及ぼす。成長率が高ければ貧困の問題を解決することができるかもしれない。逆に成長率が低い状態が続くので、日本では高齢化に伴う社会保障運営や財政再建がますます苦しくなっている。

もちろん、一つの国が高い成長を続けることはよいことばかりではない。中国が短期間に巨大になったことで、世界のパワーバランスが大きく変わってしまった。最近の動きを見ても、南沙（英語名：スプラトリー）諸島や尖閣諸島近くでの中国の行動はより攻撃的になっている。インドとは国境で武力衝突を起こし、世界の反対を無視して香港の統治に関与し、そして台湾問題で武力を使うことも辞さない姿勢を示している。中国経済が大きくなるということは、中国の軍事力も大きくなるということでもある。

経済学者は経済成長の問題に強い関心を持ってきた。それだけ重要な問題であるからだ。なぜある国は高い成長率を実現し、別の国は低い成長率に甘んじているのだろうか。成長率を高めるためにはどのような政策が必要であろうか。とりわけ貧困に喘いでいる低所得国の成長率を高めて貧困から抜け出すにはどのような政策が有効なのか。

　こうしたテーマについて多くの研究成果が出され、それに基づいた政策的な論議が行われてきた。世界銀行やアジア開発銀行のような国際機関は途上国の経済発展を支援する政策を様々に打ち出してきたが、そうした政策形成においても経済成長に関する研究が大きな役割を果たした。この章では経済成長を軸とした議論を展開する。同時に、成長によって生まれる歪み、とりわけ所得格差の問題についても論じていきたい。

戦後日本の経済成長

　私は１９５１年生まれである。もうすぐ70歳になろうとしている。その期間を経済成長率という視点で振り返ると、大きな変動を繰り返していることがわかる。図７‐１は、戦後の日本の経済成長率の推移である。生まれた頃のことは記憶にないが、まだ戦後の復興の時期で成長率も高くない。主要な産業といえば軽工業ぐらいのものであった。日本の労働人口の半分近くは農業や漁業に従事していた。

　１９６０年代に日本は高度経済成長に突入する。１９７３年頃まで十数年続くことになる。**経済成長率は10%を超える水準**を維持して、日本は先進工業国の仲間入りを果たす。産業構造は重化学工業にその中心がシフトしていった。日本の成長を牽引したのは、鉄道や道路などのインフラや大規模な工場の設備投資などの内需であった。日本は内需型の成長を遂げることになる。

　１９７３年に石油ショックが起き、原油など一次産品の価格高騰で、重化学工業は厳しい状況に直面した。日本の産業構造はエレクトロニクスや自動車にその中心を移していく。１９７０年代には日本の成長は石油ショックなどの影響で大きく揺れたが、**１９８０年代に入って安定感**を取り戻す。高度経済成長の時代と比

図7-1　実質GDP成長率（1956～2020年）

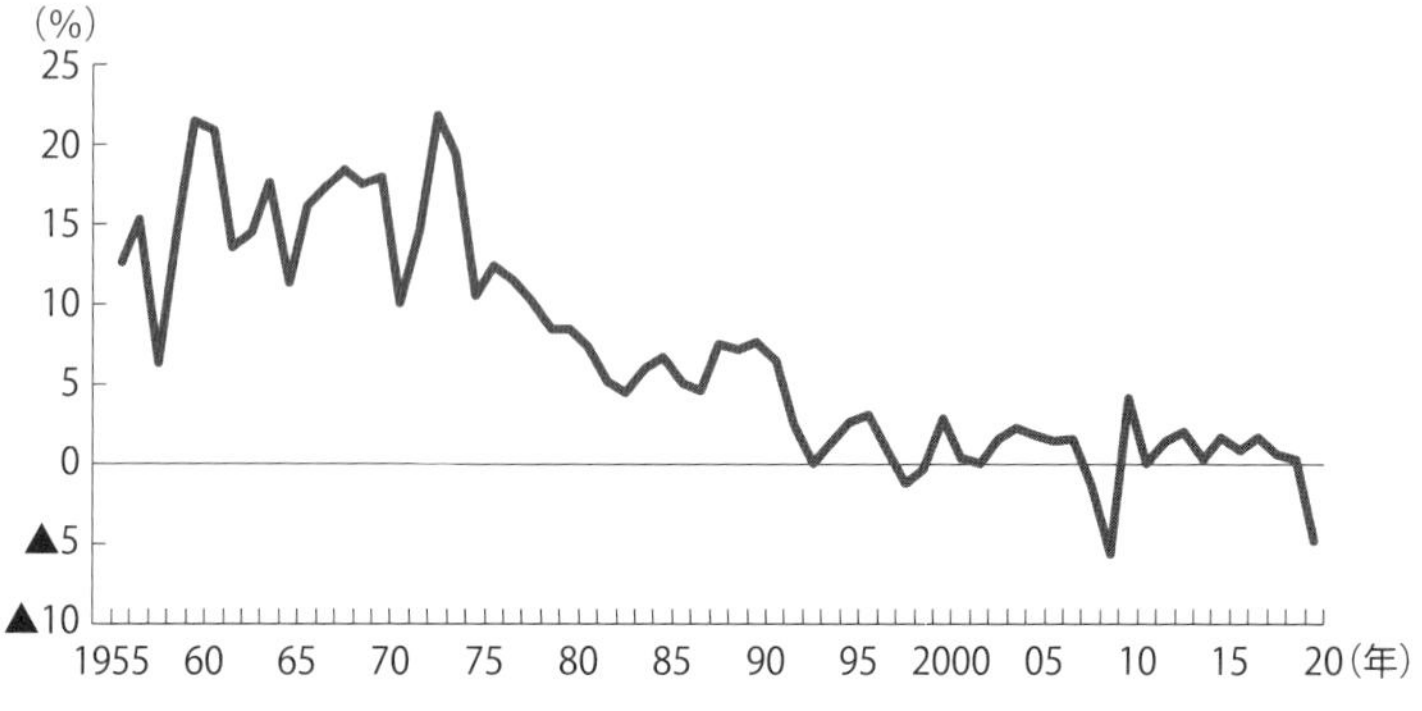

（出所）内閣府「国民経済計算（GDP統計）統計表一覧（2020年10−12月期2次速報値）」「日本経済2018−2019、長期経済統計」

べることはできないにしても、１９８０年代の後半にはバブル経済となり、成長率もそれなりに高い水準であった。

しかし、**１９９０年代のバブル崩壊後は、経済成長率が大幅に下がった**ことが図からも読み取れると思う。１９９８年に日本で起きた金融危機をきっかけにして日本の経済成長率はさらに低位で推移している。

なぜ、１９６０年代にはあれだけ高い成長率が実現できたのか。なぜこの30年、日本の成長率はこれだけ低い状態が続いているのか。後で説明する新古典派の成長理論によれば、資本蓄積がまだ低水準の状態の経済では、国内の貯蓄資金などによって投資が行われ、資本ストックの増加とともに生産が拡大していくと、高い経済成長率が実現できる。しかし、**資本蓄積がある程度の水準を超えると、資本の限界生産性が低下していき、成長率も落ちていく**（資本の限界生産性については後で説明する）。すでにある程度の資本蓄積が進んで人口も高齢化している日本の経済成長率が低下していくのは仕方のないことだと諦めている人も多いだろう。

ただ、同じように成熟化している経済でも、欧州の中には日本よりも高い１人当たりのＧＤＰを実現している国もある。経済成長率で見ても、たとえば米国やオーストラリアの経済成長率は日本よりも高くなっている。日本では１％を切るような経済成長率が続いているが、これを１・５％とか２％にまで引き上げることができれば、経済運営も随分と楽になる。財政健全化の道も見えてくるし、年金や医療費を大幅に削る必要もない。雇用機会も増えるだろう。

そして何より、国民の所得が増大する。
ただ、どうやって経済成長率を引き上げていったらよいのか、その処方箋がなかなか見えない。政府は成長戦略を何度も打ち出してきたが、その成果は見えにくい状況なのである。

人類史においては20世紀後半から大成長時代

戦後の日本から世界経済全体へと視野を広げてみると、経済成長率はどのように推移したのだろうか。１００年前、５００年前、そして１０００年前にはどうだったのだろうか。そのような長期間を遡ることは難しいと思われるが、経済学者の中にはそうした困難なプロジェクトに挑戦した人もいる。アンガス・マディソンの研究が有名なので紹介しよう。

図7-2はマディソンが行った西暦1年からの世界のＧＤＰの動きである。この図から見えてくるのは、**経済がそれなりの成長を実現するのは１８００年前後の産業革命以降**であり、特に20世紀の後半は世界経済の成長率はかつてないほど高くなっているということだ。「ある程度の経済成長は当たり前」というのが現代の多くの人たちの認識であるかもしれないが、これは人類の歴史の上では特異なことである。

西暦1年の頃のギリシャやローマの庶民と、１０００年頃のフランスやイタリアの農民（その頃の庶民の大半は農民だった）の生活水準はほとんど変わらないと言ってよいようだ。人類は全く成長がない世界に1000年以上もいたことになる。それを大きく変えたのが18世紀後半の産業革命であり、特に**20世紀後半から人類は大成長時代**に入るということになる。

　では21世紀はどうなのだろうか。すでに第2章で述べたように、先進国では経済成長のスピードが遅くなる傾向が出ている。長期停滞と呼ばれる現象である。日本が低成長に苦しんでいるのはその典型である。他方で、新興工業国や発展途上国の成長のスピードが高くなっている。第1章の表1－1に掲載したＩＭＦによる世界の主要国・地域の経済成長率の予測でも、総じて新興国や途上国の成長率が高くなっている。**「資本蓄積のレベルが低い国では資本が増えることによって高い成長率を実現できる」**と

図7-2　マディソンによる超長期のGDPの推移の推計（西暦1～2018年）

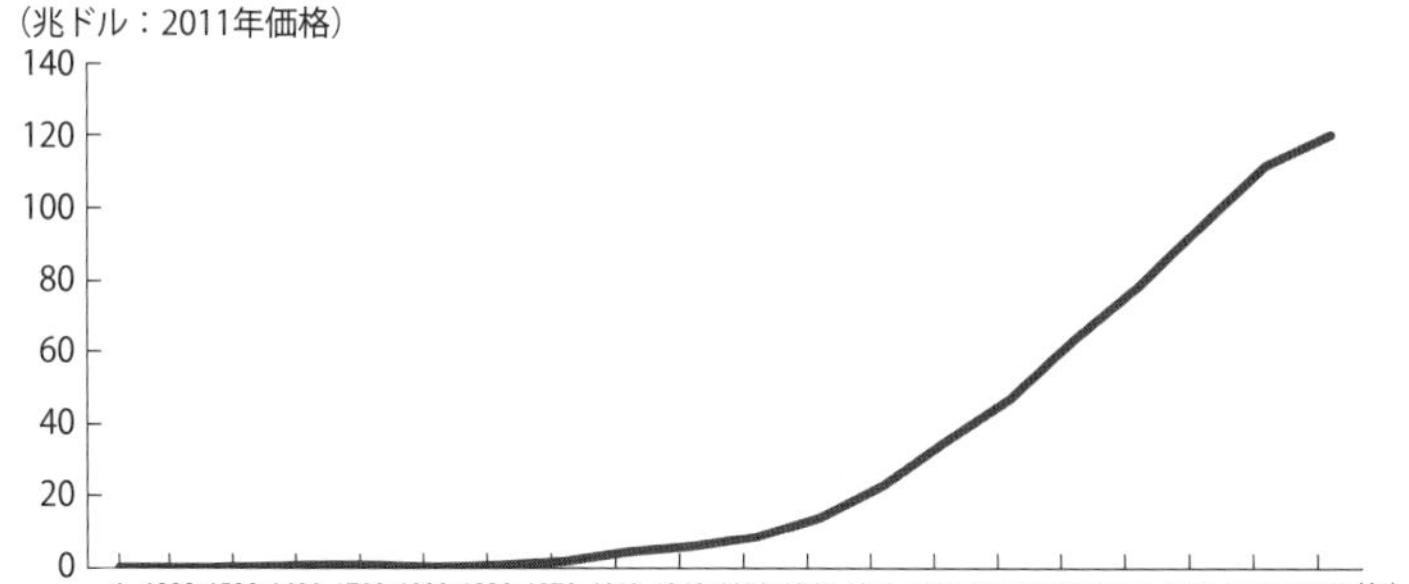

（注）①GDP pc:Real GDP per capita in 2011$　②Population: Population, mid-year（thousands）.
実質GDPは①に②を乗じて求めたものである。

（出所）University of Groningen, Groningen Growth and Development Centre, Maddison Project Database, version 2020. Bolt, Jutta and Jan Luiten van Zanden（2020）, "Maddison style estimates of the evolution of the world economy. A new 2020 update"

いう新古典派の成長理論が指摘するとおりである。

世紀の変わり目であった２００１年、世界経済の成長が落ち込んでいた。特に米国が厳しい状況だった。多くの専門家が世界経済の成長の将来に対して厳しい見方を示していた。そうした中で、米国の投資銀行ゴールドマン・サックスのエコノミストであるジム・オニールは、**ＢＲＩＣｓ**が世界を牽引するという議論をぶち上げた。ブラジル、ロシア、インド、中国（China）の頭文字を取ったものだ。先進国の成長率は頭打ちとなるかもしれないが、こうした**新興国が成長率を高めていくので、世界全体としては成長を続けていく**ことができるという。

新興国には大きな投資機会が数多くある。そこに潤沢な先進国の資金が流れ込んでいけば、新興国も先進国も成長の利益を享受できるし、世界経済の成長も続くというものだ。中国の成長を考えると、こうした予測は正しいようにも見える。ただ、ブラジル経済やロシア経済の様々な困難を見ると、話はそんなに簡単ではないようにも思える。いずれにしても、世界全体の成長の行方にとって新興国や途上国の動きが鍵になることは間違いない。

成長の負の側面――①環境への影響

経済成長は本当によいことなのだろうか。そうした疑問を持っている読者は多くいるはずだ。最近は経済成長だけでなく、資本主義経済や市場経済を全面否定した書籍がベストセラーになる時代だ。それだけ多くの人が経済成長の持っている影の部分を深刻に感じているのだ。

冒頭に触れた上海の話に戻ろう。30年ほど前に初めて訪問してから、上海には10回以上行く機会があった。その何回目かは覚えていないが、２０１０年頃だったと思う。地元の経済学者たちとの会話が強く記憶に残っている。「上海の空気は汚れているので上海に住んでいる人が肺癌になる確率は高い」というものだ。おそらく自動車の排気ガス規制が甘くて、有害な物質が多く空気中に排出されるということを言っていたのだろう。当時、現地で会った日本人のビジネスマンは、長く赴任していた台北から上海に転勤になった時、空気の問題を心配して家族は台北に残してきた、と言っていた。

日本でも高度経済成長以降、成長の対価としての水や空気の汚染の問題が深刻だった。経済成長は多くの好ましいものをもたらしてはくれるが、それと同時にやっかいなものも持ち込む。環境の汚染がその最たるものであるし、この後で議論する格差の拡大も成長の影の部分として出てくる。

経済成長の環境への影響の中で最も深刻な問題は気候変動だ。経済活動が活発化すると二酸化炭素などの温室効果ガスが大気中に放出される。それが蓄積することで地表が温暖化し、地球の気候がおかしくなるのだ。図7-3は、大気中にどの程度の温室効果ガスが蓄積されているのかを推計した国連のＩＰＣＣ（気候変動に関する政府間パネル）のデータである。

この図を見ると、大気中に放出される温室効果ガスの量は、産業革命の時代から増え始めて

図7-3　温室効果ガス排出量の推移

人為起源の累積CO_2排出量は、最近40年間で約2倍に増加

1750年以降の人為起源の累積CO_2排出量のうち、約半分は最近40年間（1970〜2010年）に排出された。そのうち、排出量の大部分を占める化石燃料の燃焼、燃料の漏出（油田やガス田からのフレア）、工業プロセス（セメント製造）のCO_2に限れば、累積排出量は最近40年で約3倍に増加している。

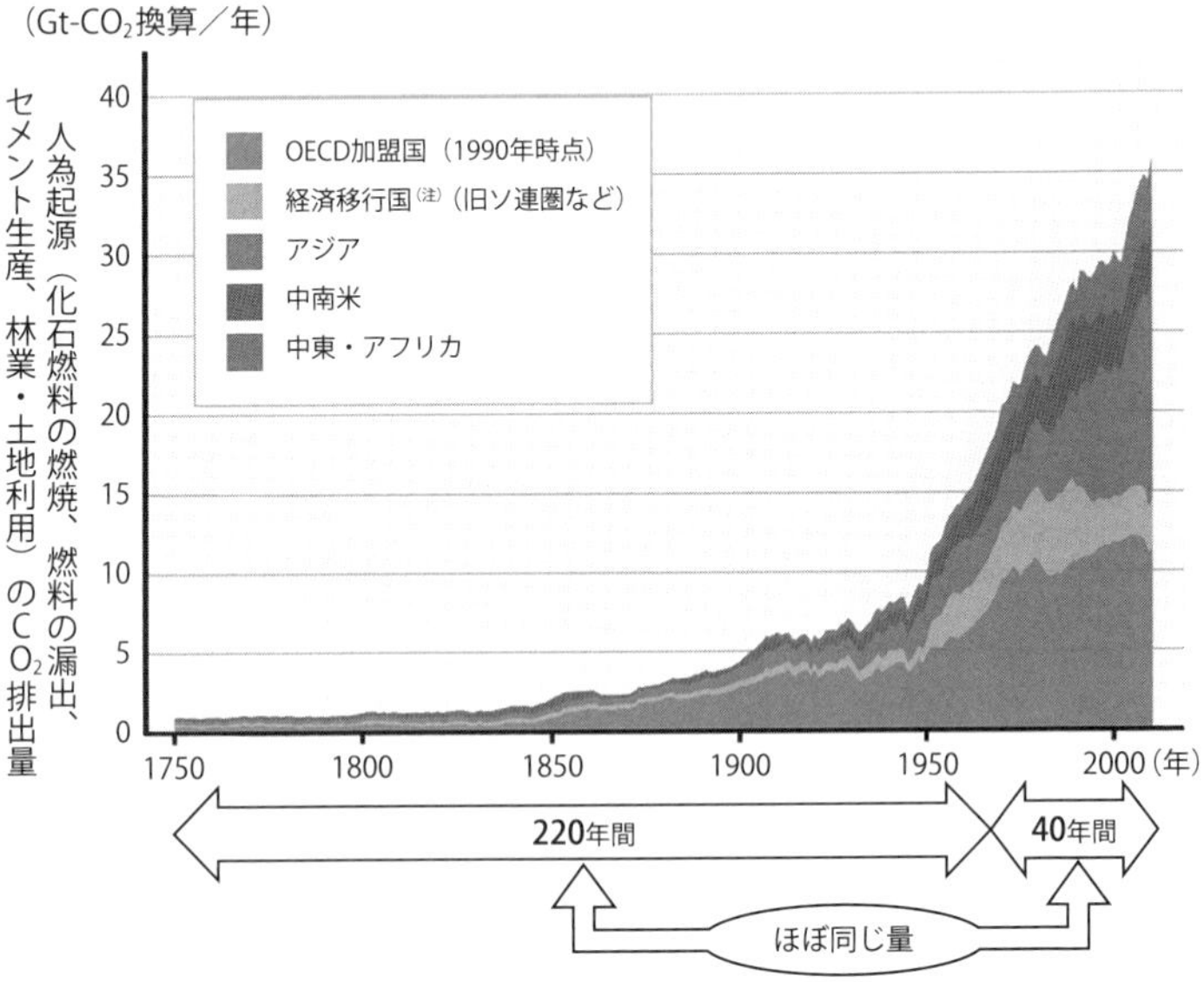

（注）経済移行国はおもにロシアなどの東欧や中央アジアの旧ソ連圏の国で、アジア地域の経済移行国は含まれない。

（出所）環境省地球環境局地球温暖化対策課「IPCC report communicator ガイドブック　基礎知識編」2015年6月16日版。原データはAR5 WG3 TS Fig.TS.2

いることがわかる。人類が地中から石炭や石油などの炭素燃料を掘り出し、それを燃焼させた結果である。経済成長率が高くなる20世紀以降は温室効果ガスの排出がさらに拡大している。国連のＩＰＣＣに参加している研究者たちの分析では、このままの状況を続けていれば、地表の温度は産業革命の時代に比べて2度以上高くなり、地球の環境は大変なことになるという。

それを防ぐためには、遅くとも**２０５０年までに温室効果ガスの排出を実質ゼロにする**必要がある。これがＩＰＣＣの研究者たちの分析である。その目標を実現するために何が必要なのか、今、世界的な規模での議論が進んでいる。人類はこれまで享受してきた経済成長の対価を払わなくてはいけない。

ただ、世界が脱炭素化に大きく舵を切ることが、経済成長にマイナスになるとは限らない。風力発電や電気自動車などの分野ではここ10年ほどで急速な技術革新が起きている。風力発電の発電コストの方が火力発電よりも低い地域も出てきた。気候変動対策ということで多くの企業が大幅に投資を増やす動きに出ている。結果的にこれが停滞した経済を転換させ、新たな経済成長の原動力になるかもしれない。そう考えている専門家も少なくない。

成長の負の側面――②格差拡大が社会問題を引き起こす

経済成長の影の面で、今日多くの関心を集めているのは格差の問題だ。経済全体の成長で多くの人々の所得は増えるかもしれないが、その流れに乗れない人もいる。所得や資産の格差が広がれば、社会の安定性も損なわれる。この問題への対応は多くの国でますます重要になっている。

格差の問題についても、中国の事例を使って考えてみたい。もう15年ほど前のことになるが、中国の大都市の病院での殺傷事件が報道されたことがある。経済発展のおかげで中国の大都市にはりっぱな病院が多くできた。富裕層などが高い質の医療を受けられる。もっともこうした病院は一般市民にも開放されているようで、救急車などで患者が運ばれてくる。

この事件では、搬送された患者に付き添っていた家族と病院の間でいさかいが起きたようだ。病院側は代金を払わないと診療はできないと主張し、患者側は後で持ってくるのでとにかく診てほしいと要望した。結局、話し合いはまとまらずに患者は放置されていたようだ。このような病院の対応に怒った患者の家族が病院関係者を刃物で刺した。そういう事件だ。

詳しいことはわからないが、金持ちはしっかりした医療を受けられているのに、お金がない自分たちはこんなひどい仕打ちを受けるという怒りがあったのだろう。豊かになった中国では医療設備の質は上がっている。お金さえあれば十分な医療を受けられる。ただ、すべての国民が十分な医療を受けられるわけではない。医療のような基本的なサービスで差別されていることに、国民の怒りが爆発したのだろう。

考えてみれば、経済成長を始める前の中国は非常に貧しく、大半の国民はまともな医療サービスを受けることができなかった。多くの国民はそれを当たり前のこととして受け止めていたのだろう。そもそも医療格差の問題はなかったのだ。ところが、**豊かになることで富裕層や一部の都市戸籍の住民だけが質の高い医療サービスを受けられることになり、不満が募ってくる。**絶対レベルで見れば、自分たちの医療水準が悪くなっているわけではないにもかかわらず、だ。

成長の負の側面——③技術革新によって生まれる格差

経済成長がつねに格差を広げる原因となるわけではない。実際、この40年ほどの間に世界の貧困層の人口は１９８１年の42・66%から２０１７年の９・27%にまで大幅に減少した。ここでいう貧困層とは１日当たりの所得が１・90ドル以下（２０１１年の購買力平価に基づく）の人のことで、栄養も十分に取れないほどの生活レベルの人たちである。

貧困層がこれだけ大幅に減少したことは、経済成長がもたらした大きな成果である。世界の貧困層の圧倒的に多くの割合は中国とインドにいた。世界全体の高い貧困率は、これらの国が貧しかったこと、そしてこれらの国の人口が非常に多いということに起因する。この40年間にこの2国が急速に経済成長をしたおかげで、低所得者の所得が上昇して、貧困層の数が大幅に減ったのだ。

ただ、別の資料を見ると、経済成長が格差の拡大をもたらすという見方もできる。図7-4に示したのは、米国で学歴の高い人と高校まであるいはそれ以下の学歴しかない人の所得の推移を比較したものだ。両者の間の格差が広がっていることがわかるだろう。こうした現象の背景にはいろいろな要因があるだろうが、よく言われるのは技術革新の影響だ。**技術進歩によってより高度な能力が求められるようになるほど、高い教育を受けた人とそうでない人の間の所得格差が大きくなる**のだ。米国ではこうした流れは顕著であるが、日本を含む多くの先進国でも同様の傾向が見られる。

　後で触れるように、経済成長は技術革新と密接な関係にある。技術革新があることで初めて経済成長が実現するといっても過言ではない。ただ、その技術革新が所得格差を拡大するとすれば、経済成長が進むこ

図7-4　米国の学歴別所得の推移（2000～21年第1四半期）

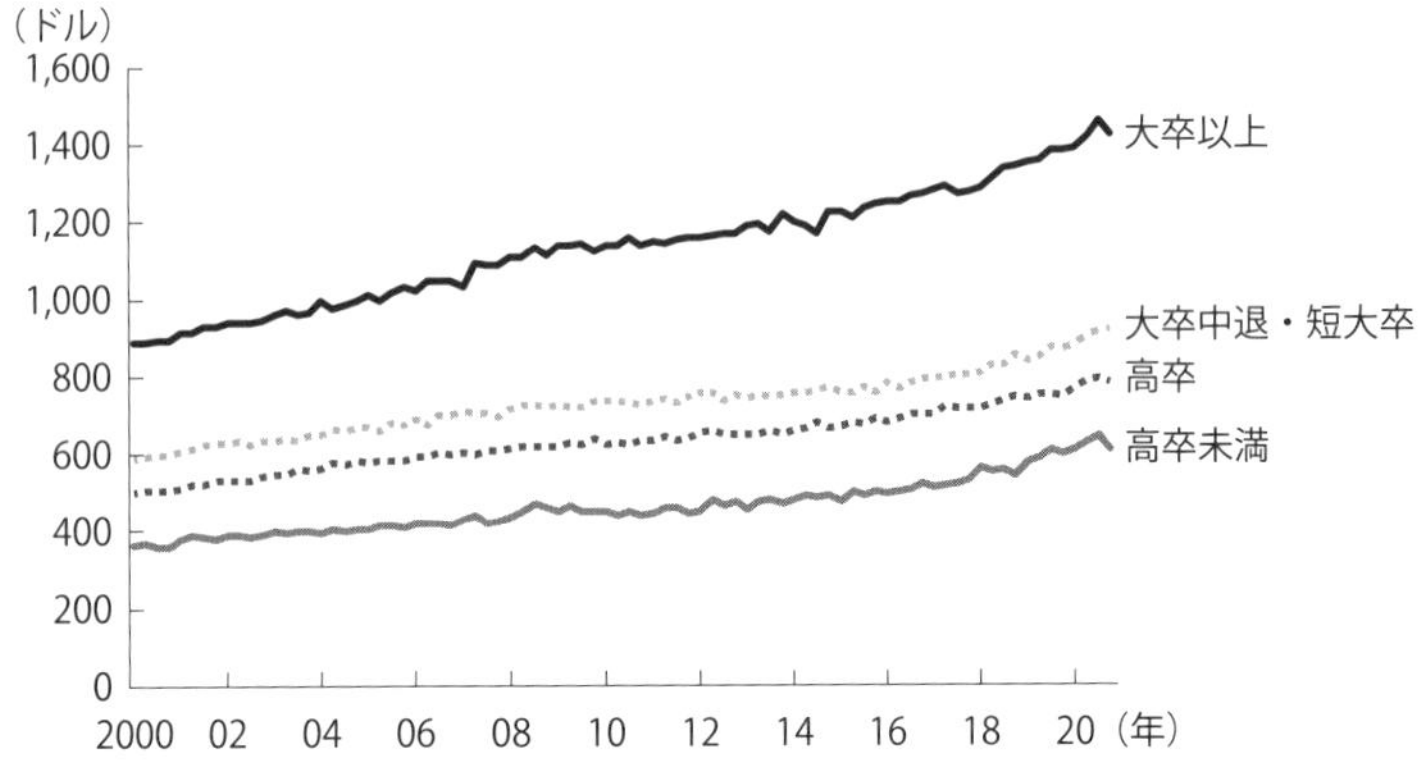

（出所）U.S. Bureau of Labor Statistics, Median usual weekly earnings of full-time wage and salary workers by educational attainment

とで格差も広がる。所得格差や資産格差の問題は、社会のあり方を考える上で非常に重要になっている。格差が広がった中で健全で安定的な社会を維持することは難しい。経済が成長することで格差の広がりが出てくれれば、それに対する適切な対応が求められるのだ。

市場と民意の衝突

資本主義と民主主義は両立するのか。多くの人が疑問に思っている大きなテーマである。

一般的に**市場メカニズムが強化されるほど、所得が一部の人に集中する傾向**がある。ウィナーテイクオール（勝者による総取り）と呼ばれるものである。これに対して、**民主主義は一人一票が原則**である。投票が行われれば、文字通りに一人一票である。投票が行われなくても、不満を持つ人がデモや暴動を起こす時にも、基本的には一人一票と同じ力がある。過去のいろいろな事例を見ても、この市場経済と民主主義の衝突はやっかいな問題を引き起こす。

18世紀中頃から起きた産業革命の中で、英国では多くの暴動が発生した。産業革命で資本家の所得は大幅に増えたが、労働者の所得は伸びないどころか下がる一方だったのだ。ある研究によると、英国のブルーカラーの労働者の１人当たりの所得は１７５５年から１８０２年の間に半分になってしまったそうだ。機械が次々に出てくる中で、肉体労働の仕事への需要が減少していったのだ。この間にも産業革命によって経済成長は続いているので、その利益は大半が資本家によって吸い上げられたことになる。労働者は怒りを募らせ、あちこちで暴動が起きることになる。**資本主義経済が威力を増すほど、格差は広がり、社会の不安定化は進む**ことになる。それではどうしたらよいのだろうか。英国をはじめとした多くの先進国が取った道は、社会の中に安定装置を設置することであった。社会保障制度を整備し、教育は無償化する。税金は累進的にして、金持ちからより多くの税金を取り、それを貧困層に配る。失業保険などの制度も充実させる。こうした安定装置はそれ自身が一人ひとりの国民を守る上で重要であるのはもちろんだが、市場経済を守るための安定化装置でもある。

ただ、こうした**安定化装置があっても、急速に変化する資本主義経済が生み出す格差の是正に十分ではないかもしれない。**ＡＩ（人工知能）の進展などによって多くの人の仕事が奪われるようなことになれば、ごく一部の人は多くの所得を得られても、大半の人は職を失うか、非常に低い賃金に甘んじなくてはいけないというようになるかもしれない。そうした社会は維持不能である。そこで国民全員に一定の所得を無条件に政府が配るようなベーシックインカムの議論が出てきた。

ベーシックインカムを維持するためにはどのくらいの財源が必要なのか、そして多くの人が働かないでベーシックインカムに頼るような社会がどうなるのか、様々にわからないことが多い。それでもそうした議論を真剣にしなくてはいけないほどに、技術革新がもたらす社会変化は大きいのだ。

新古典派の経済成長理論

経済成長の理論は戦後のある時期に非常に注目された分野であった。日本の著名な経済学者もこの分野で多くの貢献をした。そうした中で最もよく引用されるのが、ロバート・ソローなどによる新古典派の成長理論である。すでに第2章で取り上げたように、新古典派モデルの基礎には成長方程式という考え方がある。すなわち、GDPの成長率で示される経済成長率は三つの要素に分解できる。資本ストックの増加、労働の増加、そして生産性の増加である。この中の生産性の増加の部分は重要な項目であるが、ここではまず資本と労働の部分だけに注目したい。

成長方程式のメッセージは、資本と労働が一定割合（たとえば2％）で増えていけば、経済成長率も同じ率（2％）で増えていくということだ。ただし、生産性の上昇はここでは考えていない。標準的な新古典派の成長理論では、労働の増加率は人口の増加率と同じ率で増えていくと想定することが多い。たとえばこれを2％としてみよう。すると、資本の増加率が2％よりも高ければ、経済成長率も2％以上になるし、資本の増加率が2％よりも低ければ経済成長率も2％よりも低くなる。

次に**新古典派の経済成長モデルの重要な点であるが、資本について限界生産性の逓減効果が働く。**労働が一定割合でしか増えていかなければ、資本の増加のスピードが速いほど成長率は高くなるが、その成長率の増加のペースは次第に落ちていく。これをイメージで描いたのが図7–5である。この資本の限界生産性の逓減が、成長率の収束という新古典派成長モデルの重要な特徴を生み出す。これを以下で説明しよう。

多くの途上国ではもともと資本ストックが少ない。そこでは投資が行われて資本ストックが増えれば、資本ストックの増加率は高い水準になる。他方ですでに豊富な資本ストックがある先進国では、資本ストックが増えてもその増加率は小さくなる。

数値例を使って説明しよう。今、投資によって1兆円分の資本ストックの増加が見込まれるとし

図7–5　資本の限界生産性の逓減

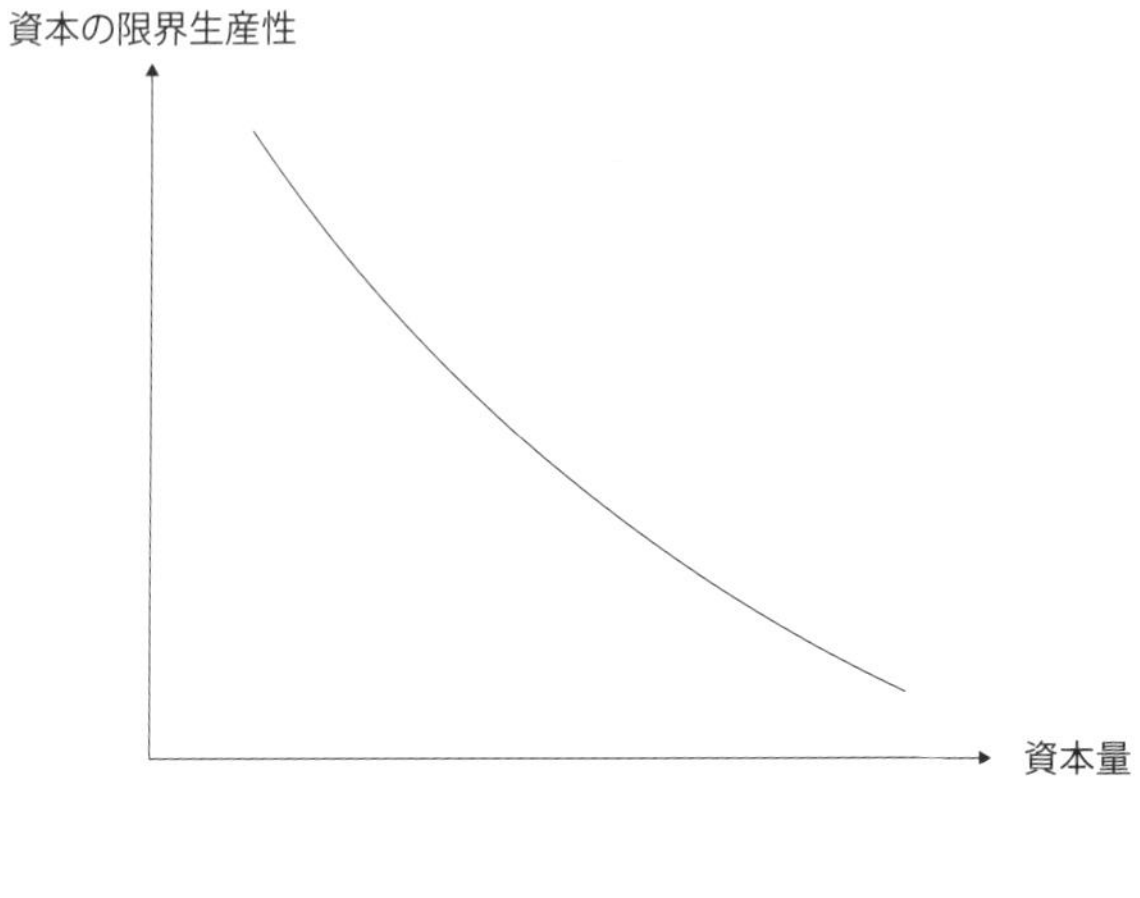

よう。当初の資本ストックが10兆円分しかない途上国では、資本ストックの伸び率は10%ということになる。当初の資本ストックが１００兆円ある先進国なら、資本ストックの伸び率は１％にしかならない。

一般的に資本ストックの蓄積がまだ低い発展途上国では成長率が高くなる傾向がある。他方で、経済の成長が進んで資本蓄積が進んだ先進国では経済成長率も低くなる傾向がある。すでに述べたように、日本の戦後の経験でもこの成長率の収束が見られる。世界の多くの国を見ても、１人当たりの所得が低い国の方が成長率が高くなる傾向は見られるようだ。こうした傾向には様々な例外がある。所得が非常に低いにもかかわらず経済成長率が非常に低い途上国も多くあるし、すでに高い所得を実現している先進国でも日本よりも高い経済成長率を実現している国もある。ただ、大きな流れとして、所得や資本ストックが大きくなった先進国の成長率が低くなるという傾向が見られる。

技術進歩の重要性

経済成長率の動きを見る上で、資本や労働の増え方と同じくらい重要であるのが、生産性の上昇である。先に触れたソロー教授の研究成果の重要なメッセージは「**戦後の多くの先進国の経済成長が資本の蓄積や労働の増加という要素だけでは説明できない**」というものだ。それどころか、**ＴＦＰ、全要素生産性と呼ばれる生産性の上昇を示した指標で説明できる部分が大きい。**

第2章でも説明したように、ＴＦＰとは経済の成長率のトレンド（潜在成長率）から、資本と労働の増加から想定される成長率を引いたものである。実際の成長率ではなくそのトレンドである潜在成長率を考えるのは、毎年の成長率は景気の動きによって変動する部分があるからだ。いずれにしても、ＴＦＰは資本や労働の増加で説明できない成長の部分、つまりブラックボックスということになる。

ソローの重要な指摘は、多くの先進国の成長率の半分以上がこのブラックボックスから来るというものだ。１９６０年から２０００年の間のＯＥＣＤ諸国の平均的な成長の中身を見ると、そのおおよそ3分の2がＴＦＰによるものであるという研究もある。資本が蓄積し、労働力が増えるから経済は成長すると考えられがちであるが、少なくとも先進国の経済成長を見る限り、ＴＦＰの方が重要な意味を持ってきた。

ＴＦＰとはどのようなものであると考えるべきか。定義からは、資本や労働の増加では説明できない経済成長の部分ということになる。すべての要因がこのＴＦＰというブラックボックスに入っている。「全要素生産性」という名前からも想定できるように、ＴＦＰが示しているものは資本や労働など様々な生産要素の生産性の上昇と考えればよい。**生産性の上昇をもたらすのは、まずは技術革新**である。技術革新のスピードが速くなれば、ＴＦＰは高くなる。また、生産性の低い産業・企業から生産性の高い産業・企業への転換が進めば、それもＴＦＰの上昇に寄与するだろう。

第２章で述べたように、**現在の日本の経済成長の深刻な問題は、このＴＦＰが低下傾向を続けており、ほとんどゼロに近い**水準になっていることだ。高齢化した成熟社会で労働も資本も増えていかない状況で、ＴＦＰも伸びていないので経済成長が停滞している。

よく、日本が高齢化すれば経済成長を続けることは難しい、という議論がある。ただ、先に紹介したＯＥＣＤのデータでは２０００年までの成長では、その３分の２はＴＦＰから出ている。高齢化の中で労働人口が縮小しても、かつてのようなＴＦＰの成長が見込まれれば、日本でもそれなりの経済成長が期待できるはずだ。人口がすべてを決めてしまうという単純な運命論は正しくないはずだ。

問題はＴＦＰが伸びていないという事実で、これをどう活性化させるのかが大きな課題となる。ここで注目しなくてはいけないのは、**ＡＩやロボットなどのデジタル技術の展開**である。こうした技術革新の波に乗ることができれば、ＴＦＰを伸ばしていくことは可能であるはずだ。デジタル革新によって社会や経済を変えていくことをＤＸ（デジタルトランスフォーメーション）というが、そのＤＸを加速化していくことが成長率の上昇にとって重要だと思われる。

コラム

アジアの成長は本物か？ ＴＦＰの視点から出された警鐘

１９９０年代前半、タイやマレーシアなどの東南アジアの国々は驚異的な成長を続けていた。アジアの奇跡として世界的にも注目されていた。そうした中で国際経済学者のポール・クルーグマンは『フォーリン・アフェアーズ』誌に、東南アジア諸国の成長は続かないかもしれないという論評を寄せた。当然、この議論に多くの批判が寄せられた。私がよく覚えているのは、当時の日本銀行の幹部の方の発言で、「だから数字で論議する経済学者の議論は信用できない。アジアを少しでも歩いてみれば、アジアの成長が本物であることは明らかだ」と興奮して話していたことだ。まるで私が叱られているようだった。

クルーグマンの議論は、アルウィン・ヤングという経済学者が分析したアジアの成長に関するＴＦＰについての結果を引用したものだ。それによればアジアの国々の成長の大半は資本や労働の増加で説明されており、ＴＦＰはほとんどゼロに近かったのだ。

当時のアジアでは海外から多くの投資がやってきて資本ストックは増え、また労働者の学歴も上がっており、能力を考慮に入れた労働力も増加していた。だから経済成長が起きているのは当然だ。ただ、永遠に海外から投資を呼び込むことは不可能だし、労働者の能力向上にも限界がある。ＴＦＰが増えていかない限り、持続的な成長は難しい。これがクルーグマンの議論だ。

この議論を、クルーグマンは１９５０年代の社会主義経済と比較している。当時のソビエト連邦などの社会主義国も高い経済成長率を維持していた。社会主義の国家統制で重化学工業製品の生産に資本を集中しているから、足下で成長するのは当然だ。ただ、当時の社会主義国でも成長方程式を分析すると、ＴＦＰの伸びは驚くほど低かった。社会主義の成長はいずれ止まるだろうと予測する欧米の経済学者が出てきて、その予想は見事に当たった。

さて、アジアの場合はどうだったのだろうか。１９９７年のタイのバーツの暴落から始まって、アジア諸国の経済成長は止まってしまった。それから20年、東南アジアの国々の成長率は低い水準にとどまっている。少なくともアジアの奇跡とかつて言われたような面影はどこにも見られない。クルーグマンの予測が当たったのかどうかは別として、長期的な成長の分析をする際にＴＦＰを見ることの重要性が再認識されたことになる。

ちなみに、本文中で述べたように、現状では日本のＴＦＰもその伸びが非常に低くなっている。将来の成長の展望にとっては大変厳しい現実である。

内生的成長モデル

新古典派の成長モデルの特徴は、資本ストックがある程度の水準までいくと、成長率が鈍化してくるということだ。だから資本ストックが低レベルである新興国や途上国は高い成長を遂げることができるが、先進国の成長率は低くなる。これまでに見てきたように、この結論はある程度は妥当なものである。

ただ、そこには大きな問題がある。一国の経済成長率は予め与えられた条件で決まってしまうので、成長率を引き上げることは不可能ということになる。現実の世界では、多くの国が自国の成長率を高めようとして様々な政策を行っている。それが意味のないことになってしまう。

しかし先ほど見たように、現実の経済成長はその多くが資本や労働の量ではなく、ＴＦＰによって決まる。ＴＦＰが重要な意味を持つとすれば、それがどのように決まるのかという分析が必要となる。加えて、可能であればＴＦＰを高めていくような政策についての研究が求められる。１９８０年代以降、経済に対して外部から与えられる要因（たとえば技術進歩）ではなく、経済の内部にある要因を追究しようとする**内生的成長モデル**に関する研究が多く出てきた。そこではＴＦＰを動かすメカニズムについての研究成果が多く提示されている。

内生的成長モデルの中身はテクニカルな説明を要するのでここで取り上げるのは難しいが、

いくつか重要となるポイントを提示しよう。内生的な成長モデルで重要な第一のポイントは、**経済全体に規模の経済性が働く**ということだ。すなわち、経済全体の生産が拡大すれば、それによって産業の生産性が高まっていくというものだ。

この規模の経済性を生み出すメカニズムの代表的な事例として、半導体のようなハイテク分野を考えてみよう。半導体ではより多くの生産を行っていけば、それだけ技術が向上して、半導体の能力や品質が高くなるという傾向が見られる。これを経験曲線効果と呼ぶこともある。新古典派の成長理論では資本ストックが増えると資本の生産性が下がっていくが、経験曲線効果のような規模の経済性の働く世界では、資本ストックが増えて経済全体の生産規模が拡大するとそれによる生産性の上昇効果が働くので、資本の限界生産性は必ずしも低下するというものではない。

現実の世界でも、すでに資本ストックが高くなっている先進国の間でも成長率に大きな違いが見られる。新古典派モデルが示唆する収束ではなく、内生的成長モデルが示唆する成長率の内生的な決定を反映している面があるということだ。

内生的な成長モデルの第二のポイントは、**成長率が経済政策によって変化しうる**ということだ。たとえば自由貿易協定（経済連携協定）によって海外との貿易や投資を自由化することは、その国の成長率を高めることにつながると言われる。こうした点をモデルの上で示したものもある。日本でもＴＰＰ（環太平洋パートナーシップ）協定に参加する時、もしそれによって市場を自由化したら経済成長にどの程度の影響が及ぶのかということについて、政府などもシミュレーション結果を出している。そこでも内生的成長理論の視点が重要となる。

第三に、より長期の視点からの経済政策と経済成長の関係を考える上でも、内生的成長理論の視点が意味を持っている。**低所得国の経済発展を促すためにはどのような政策が必要であるかという議論では、医療・保険制度、教育、安全な水の供給、政治体制など、様々な要因の重要性**が論じられている。実際にこれらの要因がどの程度重要であるのかを検証しようとする研究も多くある。これらは成長モデルではブラックボックスの部分に当たるものとなっている。

格差をどうやって測るのか

この章の前半で所得格差や資産格差の問題について触れた。そうした格差はどのような指標で評価したらよいのだろうか。当然のことながら、格差にはいろいろな側面があるので、単一の指標ではなく、様々な指標を使って多面的に評価する必要がある。

所得格差や資産格差を一つの指標で測る最も標準的な指標は、**ジニ係数**と呼ばれるものだ。図7-6で説明しよう。図の正方形の底辺は、左側から所得の低い人の順に並べた人口である。左の方に行くほど所得の低い人がおり、右の方に行くほど所得の高い人がいると考えてほしい。図に**ローレンツ曲線**が描かれているが、**この曲線の高さが、その点までの人口が持つ所得の合**

計が社会全体の所得に占める割合を示している。

たとえばローレンツ曲線上の点Aは、左から見て0・4のところにある。つまり下から4割までの所得層に対応する。その高さであるABは、所得の下の方から4割までの人たちの所得をすべて足し合わせたものが、社会全体の所得の何%になっているかを示している。今の例では、所得の下の方から4割までの人たちの所得合計が、社会全体の所得の20%になっていることがわかる。

この図では所得の低い人ほど左側の方にあるので、ローレンツ曲線は45度線よりも低いところを通ることになる。貧しい人の方から所得を足

図7-6　ローレンツ曲線とジニ係数

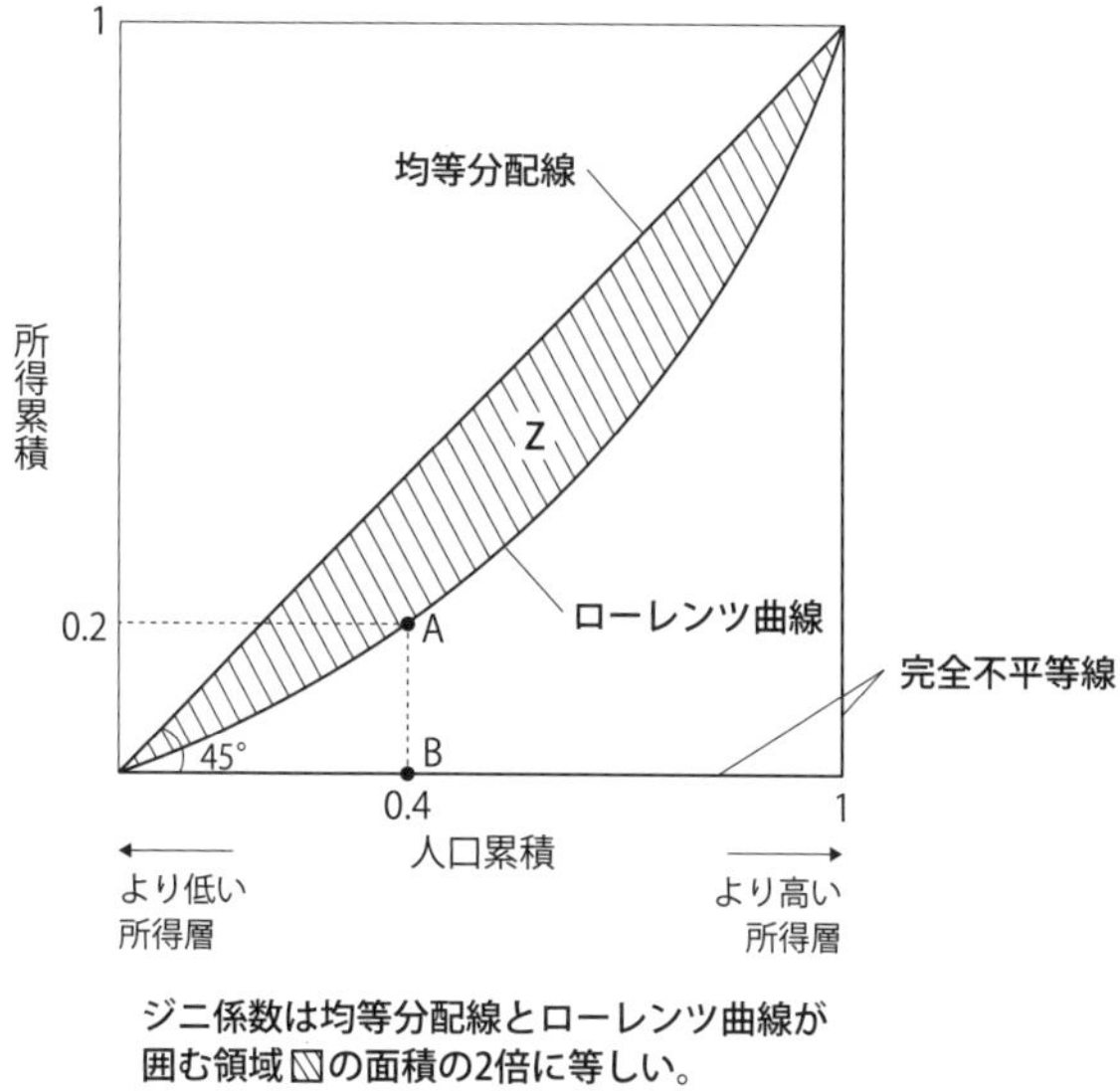

ジニ係数は均等分配線とローレンツ曲線が囲む領域▨の面積の2倍に等しい。

していくので、下から40％までの累計の人の所得の総額は、たて軸の40％の水準より小さくなる。

　ジニ係数とは、図の45度線とローレンツ曲線の間の領域（図のZ）の面積を2倍にしたものである。詳しい説明はしないが、これは45度線とローレンツ曲線の間の領域Zと45度線の下の領域（正方形の面積の2分の1）の面積の比にも等しくなっている。このように定義した**ジニ係数は、社会が最も平等な所得分配の時に0となり、最も不平等になった時に1となる。**

　これは次のような極端なケースを考えればわかるだろう。今、社会のすべての人の所得が同じであったとしてみよう。つまり完全に平等な所得分配である。この時、ローレンツ曲線は45度線になる。そこで45度線を均等分配線と呼ぶことがある。この時には45度線とローレンツ曲線の間の領域の面積は0となる。つまりジニ係数は0である。

　他方の極端なケースは社会の所得のすべてを1人の人が占有している状況である。この場合、ローレンツ曲線は、長方形の底辺と高さで構成されるL字となる。最も所得の高い人の位置に行くまで、所得の累積はずっと0のままであるからだ。この時には45度線とローレンツ曲線の間の領域の面積は2分の1となり、ジニ係数はその2倍の1となる。

　すべての国のジニ係数はこの0と1の間にある。そしてジニ係数が1に近い国はそれだけ所得分配が不平等であり、0に近い国は所得分配が平等であることになる。図7-7は主要先進国のジニ係数の推移を示したものだ。ジニ係数は国や地域の間での所得分配の不平等を比べることに利用できるだけでなく、一国の中で時間とともにどのように変化しているのかを検証するためにも使える。

この図から読み取ることができるのは、**ほとんどの国で、最近になるほどジニ係数の値が大きくなっているということだ。つまり所得分配の格差が広がっている。**国や地域での比較で見ると、米国や英国は高く、大陸欧州の国々は低くなっていることが読み取れる。日本はその中間である。

ジニ係数は、所得分配の平等を単一の指標で表示できるという意味では大変に便利な指標である。そこで、所得や資産の平等を測る上でよく使われる。ただ、ジニ係数だけで格差の状況を測ることには難点もある。そこで様々な指標で格差

図7–7　主要国のジニ計数の推移（2010〜18年）

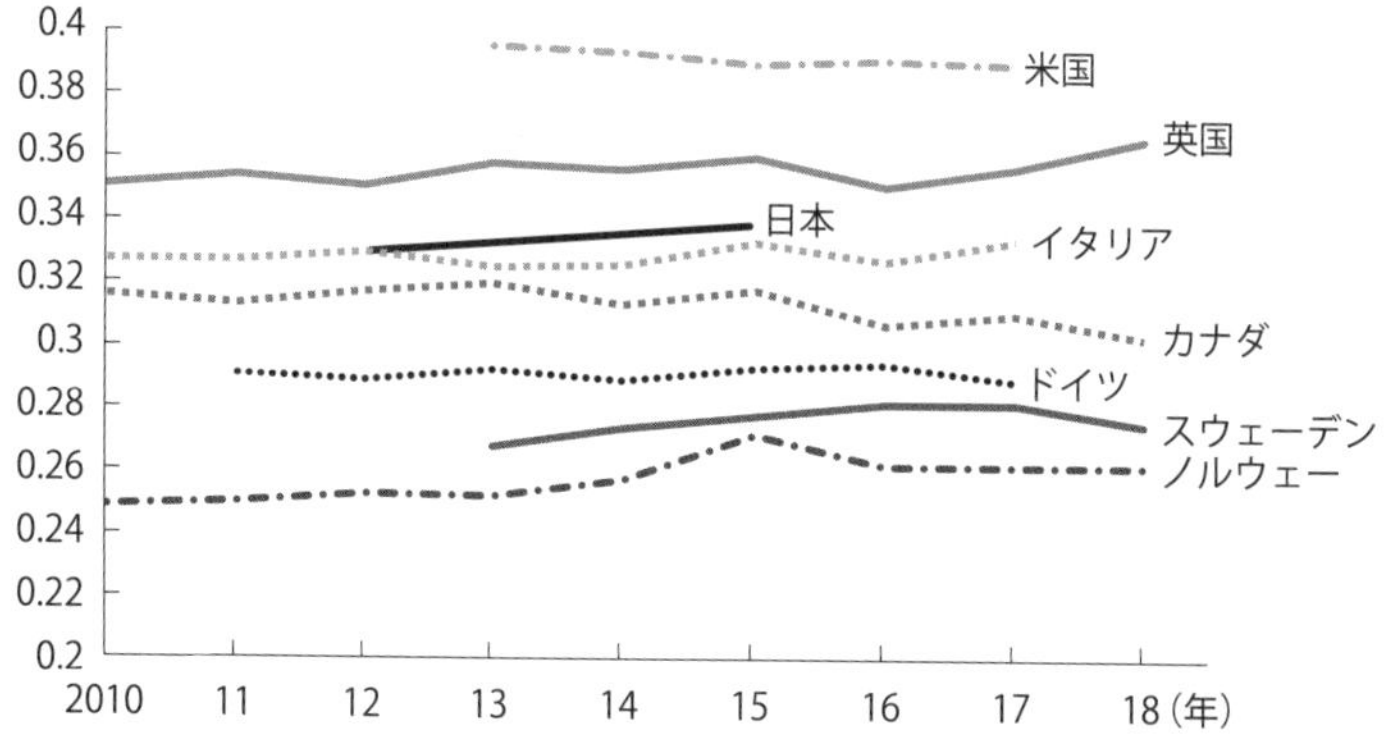

（出所）OECD.Stat
Social Protection and Well-being, Income distribution and poverty, Income Distribution Database Gini（disposable income, post taxes and transfers）New income definition since 2012

の動きについての分析が行われている。たとえば、図7－4で示したように、学歴の差によって生ずる所得格差に注目することもできる。また、**相対的貧困**という概念を定義して社会の中のどれくらいの人がそこに入るか計測することもできる。相対的貧困世帯とは、その社会の平均的な所得（子供の数などによって調整）の半分以下に満たない世帯のことで、日本は全世帯の中に占める相対的貧困世帯の割合がＯＥＣＤの中では多い方に入っている。

この章のポイント

- 経済成長の負の側面として気候変動、所得や資産の格差拡大、技術進歩が格差を拡大するなどの問題が生じている。
- 新古典派の成長理論では資本蓄積が進むと、成長率の増加ペースは次第に落ちていく。これは多くの国に当てはまり、先進国では成長率が低くなる傾向が見られる。
- ソローは資本と労働の増加以外に成長率に寄与する要因としてＴＦＰを指摘した。日本のＴＦＰはゼロ近くまで低下している。ＤＸなどを通じ、その向上を図ることが急務だ。

第8章

貿易収支の背後にマクロ経済問題

ネットニュースではわからない 国際金融

個人的な話から始めて恐縮だが、私が大学の学部学生の時にまとめた卒業論文のタイトルは「経済成長と国際収支」であった。これがきっかけで私は国際経済学の分野に深く関わっていくことになる。国際経済の分野は実に興味深い。マクロからミクロまで広範囲で様々な経済現象が学べるだけでなく、現実の経済でも国際経済がらみの問題が新聞などを賑わしている。円高に苦しむ日本、アジア通貨危機、欧州での共通通貨の出現、金融危機が世界に広がったリーマンショックなど、それらは実に多様だ。マクロ経済を学ぶ上でも、こうした国際経済の視点を外すことはできない。

第8章ではグローバル経済から見たマクロ経済について考察したい。世界中の国がつながっている。モノの貿易だけでなく、膨大な資金が国境を越えて動いている。企業活動もグローバル化している。こうした中では一国のマクロ経済も海外の動きと無関係ではありえない。

この章ではグローバルな視点でマクロ経済について考えるために重要な概念を中心に話を進めていく。最も重要なのは、言うまでもなく為替レートである。日本経済も円高や円安の大きな動きに翻弄されてきた。また為替レート自体も、その国のマクロ経済政策などに大きな影響を受ける。これまでマクロ経済のダイナミズムをお話ししてきたが、そのストーリーの中に為替レートという重要なプレーヤーをここで加えよう。

もう一つの重要な概念が貿易収支や経常収支など、国際収支に関わる一連の指標である。国際収支とは、国境を越えて行われるモノやサービスなどの取引を統計として整理したものだ。モノであれば出ていくのが輸出であり、入ってくるのが輸入であるが、その差を貿易収支と呼ぶ。貿易収支、サービス収支、所得収支、経常収支、金融収支など、様々なデータを通じて日本からの財サービスの出入りの多寡を調べることができる。

国際収支概念は、国内の経済状況の規模を表示したGDPと密接な関係にある。米国などはよく日本の貿易収支の黒字を問題にしてきたが、そもそもその原因は貿易赤字を出している米国側にもあるし、その背景には米国がマクロ経済として過剰支出体質であることが大きい。それが悪いということではない。米国が過剰に支出して貿易収支が赤字であるから、それだけ海外は米国に対して投資をすることができるという面もある。

こうしたメカニズムは難しく思えるかもしれないが、本書でこれまで学んできたマクロ経済の動きを国際収支の概念とつなげて考えるとわかってくる。国際経済学の分野へ視野を広げることは、マクロ経済についての理解をさらに深めることにつながる。

貿易収支問題で繰り返された日米対立

日本は米国との間で長い間、貿易摩擦の問題で衝突を繰り返してきた。「日本は米国に対して膨大な貿易黒字を出している。これは日本がアグレッシブに輸出を促進しており、輸入が増えないような保護主義的な構造を持っているからだ」――こうした議論を何年聞いてきたことか。アグレッシブな輸出をする日本、国内市場が閉鎖的で輸入を受け入れない日本。こうした日本のイメージがいつの間にか定着していった。

さすがにこの20年ほどは、このような日本叩きの話を聞くことが少なくなった。中国が巨大な輸出大国として浮上してきたので、日本の存在はその陰に隠れてしまった。また、日本がバブル崩壊後からデフレでずっと苦しみ続ける中で、日本経済のイメージも変わったのかもしれない。それでもトランプ前大統領のような政治家が出てくると、20年前に聞いたような批判が再び米国から出てくる。

こうした一連の対立には重要なポイントがある。それは貿易収支や経常収支を「貿易の問題」として捉えようとする点にある。たしかに貿易収支には「貿易」という側面はあるが、より重要なことは、実は貿易収支や経常収支は「マクロ経済の現象」であるということだ。米国が日本に対して貿易赤字を出すのは、日本が輸出でアグレッシブであるというより、米国が膨大な輸入をするからで、その旺盛な輸入の背後には米国の支出過多というマクロ経済の構造があるのだ。貿易収支や経常収支の中身については、後で詳しく説明するが、以下ではより直感的な説明をしよう。

こうした点を理解してもらうため、図8-1のようなイメージ図が役に立つだろう。この図のメッセージは、**貿易収支や経常収支は海面に出ている氷山の一角にすぎず、海面下により大きなマクロ経済が隠れている**ということだ。水面上の貿易収支や経常収支だけで議論すると問題の本質を見誤ることになる。

そもそも米国の貿易収支や経常収支が赤字であるということは、国内で生産する以上の支出が行われているということだ。その差額は米国の貿易収支や経常収支の赤字となって表れる。他方で日本の貿易収支や経常収支が黒字であるというのは、日本の国内で支出以上の生産が行われているからだ。その差額は貿易黒字や経常黒字として日本から出て行く。

日米全体のバランスで言えば、貿易収支の黒字や赤字が出る形で両国のバランスが保たれることはむしろ好ましいことである。それによって両国の支出と生産のアンバランスが調整され

るからだ。このように、貿易収支や経常収支という現象は、貿易の現象という以上に、マクロ経済の問題である。この点について、詳しくはこの章の後半で議論することにしたい。

為替レートに振り回される経済

為替レートが動くと、それによって経済は大きな影響を受けることになる。よく報道されるが、１ドル当たり１円円高になると、トヨタ自動車の利益は４００億円、日本の自動車産業全体で１０００億円以上減少するといわれる。数字の厳密さはさておき、大変な規模である。なぜそのようなことが起きるのだろうか。

日本の自動車メーカーは海外の多くの国で生産しているが、それでも日本国内で生産された自動車の多くが海外に輸出されている。この日

図8-1　貿易収支——氷山のメタファー

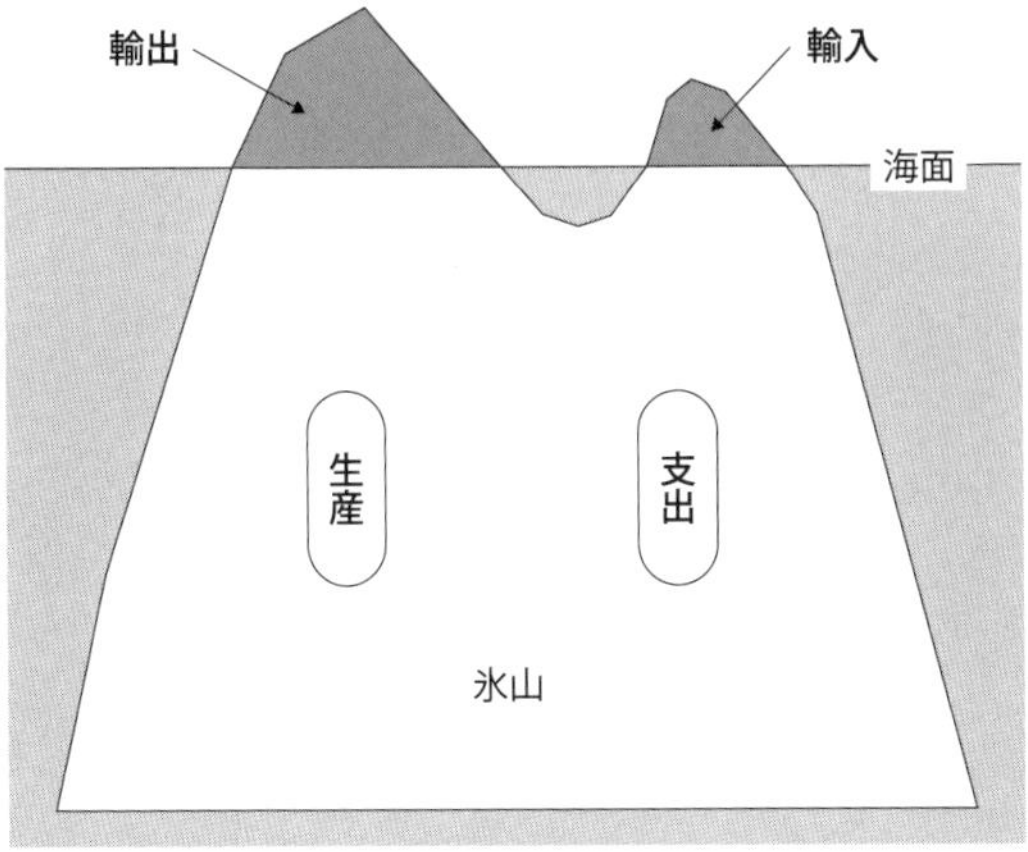

本での生産コストは円で表示される。人件費を含む大半の費用の多くが円建てであるからだ。しかしこうした自動車を海外で売る時にはドルやユーロなどの現地通貨となる。たとえば日本国内で２００万円で販売している自動車を１ドル＝１１０円で計算すると１万８１８１・82ドルとなる。仮に為替レートが１ドル＝１００円まで円高になると、２万ドルになってしまう。つまり**円高になるほど、日本から海外に輸出される商品は外国の通貨では割高になり、それだけ輸出が難しくなる**のだ。

それだけではない。日本の自動車メーカーは海外で生産活動もしている。たとえば、トヨタ自動車は米国での活動の結果、米国にあるトヨタの現地法人が大きな規模のドルの利益をあげている。期末の決算の際にはそれが配当などの形で日本のトヨタに支払われる。この**ドル建ての支払いを円に換算する時、円高（ドル安）になるほど円建ての換算額が下がってしまう**。これはあくまでも会計上の問題といえるかもしれないが、決算上は１円円高になると利益が４００億円下がるという数字になって表れるのだ。

もちろん、円高はすべての企業にとって悪いことではない。たとえばユニクロのような企業を考えてみよう。ユニクロは日本国内で多くの製品を販売しているが、その大半は海外で縫製したものを輸入している。こうした輸入については、円高になるほど割安になる。つまりユニクロは円高になるほど費用を下げることができ、利益を増やすことができるのだ。これは海外で生産したものを国内で販売するニトリやイオンのような小売業者すべてに当てはまる。

日本経済全体にとって円高と円安のどちらがよいのか。よくこのような質問が投げかけられる。答えは難しい。円高の方がよい面もあるし、円安の方が好ましい面もあるからだ。結局、**あまりに極端な円高や円安はよくない。ほどほどの水準で安定化した状態であることが好ましい**ことになる。

為替レートの安定化は可能か：国際金融のトリレンマ

「自分たちは必死の努力でコストを1％でも2％でも減らそうとしている。ところが為替レートが一気に20％も30％も円高になることがある。自分の努力の無力さを感じてしまう」。これはある輸出メーカーのエンジニアが言っていたことだ。その気持ちはよくわかる。

そこで為替レートを固定化することはできないのか、という質問が出てくる。現実に円ドルレートは、戦後は１９７１年まで1ドル＝３６０円という水準に固定されていた。固定レート制である。完全に固定することができるかどうかは別として、もっと為替レートを安定化できればよいというのは、企業関係者の切実な願いなのだ。

為替レートを安定化させることはできる。ただ、それを強行しようとすれば、ほかに様々な問題が起きる。これが国際経済の現実である。**国際金融のトリレンマ**（三つの選択肢の間の葛藤）という有名な命題がある。それは「**①為替レートを固定すること、②自由な貿易や投資を認め**

ること、③各国が自律的なマクロ経済政策を行うこと、この三つを同時に実現することは不可能である」というものだ。

かつての日本は１ドル３６０円という水準に為替レートを固定していた。それを実現する上で、国際的な貿易や投資が制限されていたことは大きかった。また、為替レートがこの固定水準から離れるような動きを見せた時には、政府は為替レートの固定を維持するためにマクロ経済政策を犠牲にして利用することになる。つまり、当時の固定レート制は「自由な貿易投資」と「自律的なマクロ経済政策運営」を犠牲にすることで成り立っていた。

現在でも、ＥＵの多くの国はユーロという共通通貨制度をとっている。これはドイツとフランスなど、ユーロを利用する国の間で為替レートが固定されていることと同じだ。この制度を維持するため、各国の中央銀行は金融政策の自律性を放棄して、金融政策はすべて欧州中央銀行（ＥＣＢ）に委ねられている。つまり自律的なマクロ経済政策を各国が放棄することで、ユーロという究極の固定レートが実現しているのだ。

日本について考えると、為替レートを固定するために貿易や投資を制限することは好ましくない。ましてや、為替レートを固定するために財政政策や金融政策を犠牲にするというのも現実的ではない。結局のところ、国際金融のトリレンマの中で、**日本は自由な貿易や投資を容認し、自律的なマクロ経済政策の運営をするため、為替レートの変動を容認せざるをえない**のだ。これは米国をはじめとする多くの先進国でも同じような状況だ。

ただ、途上国などには自国の為替レートを固定化する動きを見せる国も多い。ドルペッグという形で、自国通貨をドルに対して固定しようとする制度を採用している国も多い。なぜだろうか。

こうした途上国の政府や中央銀行のマクロ経済政策は、市場からの信認を得ることが難しい。現実に多くの途上国で乱暴な政策運営によってインフレや財政危機や為替ショックなどが引き起こされ、経済が混乱したことがある。途上国にはこうした問題を起こす国が多いので、途上国のマクロ経済運営には信認がないということになる。途上国による自律的なマクロ経済政策運営は信用できないというわけだ。

マクロ経済の安定性への信頼を得るために、途上国には自国のマクロ経済政策のアンカー（錨）になるものが必要となる。アンカーとして利用されるのが為替レートである。**自国の通貨をドルと固定するようにマクロ経済政策を運営するということは、マクロ経済政策の自律性は失うことになるが、マクロ経済の安定性には貢献**する結果になることが多い。こうした形で為替レートを固定できれば、結果的に国内の物価や財政運営にも縛りをかけることになる。そうした結果として途上国のマクロ経済は安定を維持し、海外からの投資に対するリスクなども減らすことができるのだ。

コラム

ユーロの欠陥と最適通貨圏の理論

１９９９年、欧州の主要国は共通通貨ユーロを導入するという歴史的な決断をした。各国の中央銀行は独自の金融政策を行うことを断念し、ＥＣＢが域内の金融政策を担うことになる。欧州諸国はたび重なる戦争を二度と繰り返さないため、域内での政治経済的な統合を目指してきた。その中で重要なステップとなったのが、共通通貨であるユーロの導入であった。これは政治的には大きな進展であったが、経済的にはいろいろな問題が指摘されていた。

ユーロのシステムが問題を抱えていることは、それから10年ほど後に起きたギリシャの財政危機で明らかになった。ギリシャ危機については第６章で触れたが、その背後にはギリシャが同じユーロのメンバーであるドイツなどに比べて成長率が低いことがあった。その結果、ギリシャの経済は国際競争などの面で劣ることになる。仮にギリシャとドイツが異なった通貨であれば、ギリシャの通貨ドラクマの為替レートが安くなることで両国の競争力のバランスが調整できるが、ユーロで固定されることでその調整もなくなった。経済的な困難の中でギリシャは財政危機に陥る。それでもユーロの他の国からの支援が十分ではなく、危機はさらに深刻化していく。

このことは、ユーロという通貨による統合だけでは地域統合が十分ではないことを明らかにした。たとえば米国との比較で述べれば、オレゴン州とカリフォルニア州は同じドルという通貨を利用しているが、両州の間で成長力や競争力は大きく異なる。それでも仮にオレゴン州で財政的な問題が起これば、国家から財政支援を受けられる。さらにオレゴン州が経済的に厳しくなれば、オレゴンの人はカリフォルニアに移住することができる。ユーロの場合では、ドイツがギリシャを財政的に助けることは難しいし、ギリシャの人が欧州の他の地域に移住するのもそう簡単なことではない。

ノーベル経済学賞を受賞したロバート・マンデルは、共通通貨が有効に機能するためには、域内で財政政策の協力が進み、域内を人々が自由に行き来できるようになることが必要であると指摘した。こうした圏内にある地域を最適通貨圏と呼んだ。ドルの米国や人民元の中国は、面積は広くても最適通貨地域であるが、財政協力や人の移動で制約のある欧州は最適通貨地域とは考えにくいのだ。最適通貨圏の条件を満たさないまま共通通貨を導入することで、ユーロは欠陥を抱えることとなる。

ただ、欧州の統合のプロセスで重要な特徴は、何か問題が起これば、それをきっかけに制度を改革してきたことだ。ギリシャ危機をきっかけにして、欧州域内での財政協力の議論が進んできた。そうした改革が進めば、欧州が最適通貨圏の条件を満たすようになるかもしれない。ただ、そのための政治的道のりは長いものだろう。

為替レートの予想は不可能

為替レートを理解する上で、「為替レートを予想することは不可能である」という考え方は重要なポイントである。これは第9章で説明する**「効率的市場仮説」を為替レートに適用**したものだ。為替レートを予想することはそもそも無理であるということを理解することも重要だが、なぜ予想できないのかという点も為替レートの独特のダイナミズムをより深く考えさせてくれる。

個人的な話をさせてほしい。もう20年以上前のことだが、ある大手銀行の新春の講演会で話をする機会があった。為替レートについて話をしてほしいという。私の前に銀行のエコノミストの方が、「今年は円安方向に向かう」といった話を述べた。「日本企業の海外展開も進んでいるし、輸出は減っていくので円安が進む」というようなストーリーだった。

このエコノミストの話を聴きながら、正直困ったと思った。私が話そうと思っていたことは、「為替レートを予想することは不可能である」という内容だったからだ。このエコノミストの話は意味がない、というようなものである。講演会のスポンサーの顔を立てるのであれば、そんな話はすべきではない。ただ、真剣に話を聴きに来ている人々のためには、そう言ってもいられない。そこで、予想は難しいという話を始めた。

なぜ為替レートを予想することは難しいのか。それは世の中に頭のよい人がたくさんいるからだ。仮に為替レートが予想できるとしたら、どんな矛盾が出てくるのだろう。たとえば、私が長年の研究と綿密なデータ分析によって為替レートの動きが予想できるとしてみよう。百発百中でなくてもよい。６割程度の的中率でも、大儲けできることになる。たとえば今１１０円の円ドルレートが半年後には１２０円まで円安になると予想できるなら、今のうちに１１０円でたくさんドルを買い込んでおけば、半年後には１２０円で売ることができて大儲けできることになる。

この話のどこがおかしいのか。そうした予想を私ができるとしたら、世界中の多くのプロもそれに気づくということだ。そこで多くの人が円を売ってドルを買いに走る。すると半年後に１２０円になるはずだった為替レートが、半年後ではなく今１２０円になってしまうのだ。市場関係者の表現を借りれば、**市場は瞬時に予想を織り込んでしまう**のだ。そうした中で、他の人が気づくより前に自分が気づくと考える人は、よほどの自信家である。**多くの人の予想が織り込まれた市場の予想を自分だけが出し抜くことはできない。**

為替レートは市場で活動している膨大な人の思惑や行動を反映した中で動いている。どんなに速く走れる人でも自分の影から逃げることができないように、市場を出し抜いて為替レートの予想をすることはできないのだ。

ここまで話すと、聴衆は銀行のエコノミストの話よりも私の話の方が正しそうだと考えたようだ。ただ、新年の忙しい時間を割いて講演会に来たのに、「為替レートを予想するのは不可能である」ということがわかっただけか、と失望された方もいたはずだ。そこで私がお話ししたのは次のようなことだ。「為替レートが予想できないからといって、何もしないということではない。机の前の壁に３枚の紙を貼ってほしい。そこに１００円、１１０円、そして１２０円と書く。そして毎日、３枚の紙に向かって祈ってほしい」と。

祈るというのは冗談だが、専門的な言い方をすればこれをシミュレーションという。もし為替レートが１００円まで円高になったとしたら、自分の会社の経営環境はどうなるのか考えることである。ただ、１００円の場合だけを考えてはいけない。逆に１２０円になったとしたらどうなるのかをシミュレーションをすることも重要だ。要するに**円高と円安の両方を想定しながら、どちらになっても困らないような対応の準備をするというのが経営にとっては重要**だと言いたかったのだ。

為替レートを予想することは難しい。ただ、いつの時代でも為替レートが大きく変動するのも事実だ。後で説明するように、為替レートは市場の様々な思惑だけでなく、各国のマクロ経済政策や経済状況に大きな影響を受ける。その結果としての為替レートの動きは、企業にとって大きなリスクとなる。

膨大な取引が行われる外国為替市場

為替レートは外国為替市場と呼ばれるところで決まる。市場といっても、豊洲の生鮮市場のように物理的に存在するものではない。銀行間でネットワークがつながっており、日々多くの額の取引が電子的に行われている仮想的な市場である。取引対象はドル・円・ユーロなどの通貨である。

たとえば円ドルで見ると、円をドルに換えるのが円売り（ドル買い）で、逆にドルを円に換えるのが円買い（ドル売り）である。この円とドルの交換比率が円ドルレートという為替レートである。１ドル１１０円というのは、円の価値で表した１ドルの値段である。

様々な通貨の間で交換が行われるが、日々の外国為替取引は膨大な額となる。２０１９年４月時点では、日本の外国為替市場での１営業日当たりの平均取引量は３７５５億ドルである。日本全体の１年間の輸出額がおおよそ７０００億ドルなので、**２営業日分の外国為替の取引が１年分の輸出額に匹敵**する規模となる。

膨大な額の外国為替取引が行われるのは、様々な目的を持って通貨の交換が行われているからである。後で掲載する表８−１の国際収支表にある、**国境を越えた取引のすべてに外国為替取引が付随する**と考えてよい。たとえば以下のようなものである。輸出や輸入などの対外貿易。

金融や物流など様々なサービスの取引。海外からの配当や利子などの送金。旅行者の支出。企業による海外への投資や不動産の購入。日本政府や非営利団体による海外に対する支援。これらの活動では国境を越えたやりとりが行われるので、外国の通貨と円を交換する必要がある。

すべての国境を越えた取引に為替レートが関わってくるので、当然、為替レートの変化は経済活動に様々な影響を及ぼす。たとえば、円高になれば輸出はしにくくなるし、輸入サイドはより低コストで海外から物を購入できるようになる。一般的に円高の時にはトヨタやソニーのような輸出型の企業の業績が下がり、ユニクロやニトリのような輸入型企業の業績が向上する傾向がある。

為替レートは投資にも大きな影響を及ぼす。円高は円の購買力が高くなるということだ。日本から海外の株式や不動産に投資する企業にとっては、海外の資産が割安になるということでもある。他方、日本の不動産や株式に投資をしようとしている外国の投資家にとっては、円安であるほど日本の資産が安く見えるのだ。

マクロ経済は為替レートにどう影響するか

図8-2は最近の円ドルレートの動きをグラフにとったものだ。為替レートは日々動いている。中長期で見ると、大きな波をうって動いているようにも見える。安倍内閣が成立する前の

２０１２年には１ドル＝80円前後という超円高を経験したが、その後アベノミクスで一時は１２０円台という円安にまで動いた。最近は１００円から１１０円の間を動くことが多いようだが、コロナ危機後のマクロ経済環境によってはこのレンジから大きく外れる可能性もあるだろう。

　このように為替レートが大きく動くのは、内外経済の様々な変化がすべて為替レートに影響を及ぼすからだ。たとえば、一般的に米国の経済が活況を呈してくると、為替レートはドル高に動く傾向がある。米国の景気拡大は米国金利を上昇させるが、それが海外からドルに資金を引き寄せる力となる。その結果、為替レートはドル高傾向となる。円や新興国の通貨はドルに対して安くなる。

　景気動向が為替レートに影響するのと同じように、各国のマクロ経済政策も為替レートに影響を及ぼす。**為替レートとマクロ経済の関係をつなぐ**

図8-2　円ドルレート（2012～21年3月）

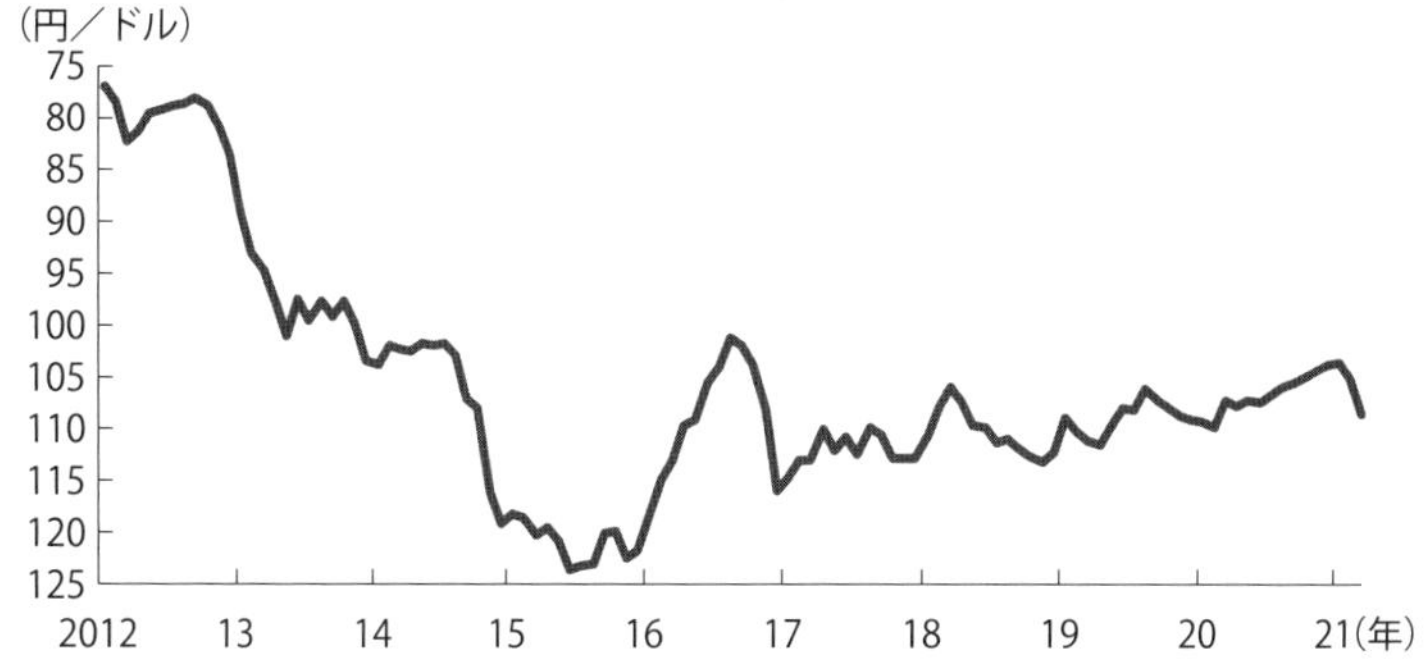

（出所）日本銀行「時系列統計データ検索サイト」為替、東京市場 ドル・円 スポット 17時時点／月中平均

最も重要な指標は金利である。今述べたように、米国の景気拡大は米国の金利上昇を通じてドル高をもたらす。金利と為替レートの関係を日本を起点に述べてみよう。一般的に**金利が下がれば、為替レートは円安方向**に動く傾向がある。その典型的な動きがアベノミクスの下で円安が進行していったことだ。アベノミクスの下で大規模な金融緩和が行われてきたことはすでに述べたが、日本の金利はさらに下がっていった。国際的な資金の流れで見ると、金利が低い日本から海外に資金が流れやすい状況になる。これが円安の圧力として働くのだ。

マクロ経済政策という意味では、財政政策も為替レートに大きな影響を及ぼす。これについては米国の事例を利用して説明しよう。一般的に財政刺激政策を強めれば、その国の金利は上昇する傾向となる。これが通貨価値（為替レート）を引き上げる。この点については、すでに第6章でマンデル＝フレミングの理論として説明した。もう少し具体的に理解するため、コロナ危機からの回復過程にある米国経済の動きとそれが途上国に及ぼす影響について説明してみたい。

コロナ危機の特徴は、新型コロナウイルス感染のパンデミックによって景気が非常に速く落ち込んでいったということだ。これが２０２０年に起きた。その反動もあって、２０２１年には景気が非常に速いスピードの回復を示している。これだけの回復スピードもこれまでにあまり見られなかった現象だ。こうした回復の背景には、主要国がこれを未曾有の危機ととらえ、大胆すぎるとも思われる景気刺激策をとっていることがある。

こうした動きが特に顕著なのが米国だ。トランプ政権からバイデン政権への移行というタイミングとも重なって、**バイデン政権は巨額の財政支出**を行っている。これは**景気回復のスピードを上げるという意味で好ましいことではあるが、同時に米国の金利が上昇を始める**という流れができつつある。一般的に景気が回復していく過程では金利が上昇していく。それに加えて政府が財政支出の財源の捻出のために**膨大な国債を発行するので、これも金利の上昇圧力**となる。

この米国の金利上昇に最も大きな影響を受けるのが途上国や新興国である。これらの国は巨額の資金をドル建てで借りている。金利が上昇すればそれだけ債務の利子負担が増える。さらに米国の金利上昇はドル高につながる。新興国の通貨がドルに対して安くなるのだ。新興国のドル建て債務が、新興国の自国通貨建ての価値では増えることになる。

米国金利の上昇による自国通貨の暴落を避けるためには、新興国は自国の金利を上げるしかない。それによって自国の通貨価値を守るのだ。ただ、コロナ危機などで国内の景気が低迷している中で金利を引き上げるのは、途上国にとって厳しいことだ。金利を引き上げることでの景気への悪影響を受け入れるか、それとも金利を上げずに通貨暴落のリスクを抱えるのか、難しい判断である。

国際収支の見方

日本は海外と様々な形で経済的なやりとりをしている。こうした動きの全体像を示したものが、表8-1に示したような国際収支表である。この表には1年間に国境を越えるあらゆるモノやサービスの金額が記載される。どのような取引がされているのか、この表に即して説明しよう。

国際取引は経常収支と金融収支に大別される。表中、経常収支の下に資本移転等収支という項目があるが、これは債務免除など対価の伴わない取引で大きな規模ではないので、以下では触れないことにする。

経常収支は四つの項目から構成される。一つはモノの輸出入である貿易取引、二つめはサービスのやりとりである。輸送サービスや金融サービスなどがここに入る。三つめの項目は所得収支に関わる項目で海外からの配当や利子の受け取り、あるいは海外への支払いなどがここに記載される（表の中では第一次所得収支と記されている）。四つめが移転収支であり、日本の政府や非政府組織に対する援助など対価を伴わない取引である（表では第二次所得収支となっている）。**貿易、サービス取引、所得、移転の四項目を合わせたものが経常取引**となる。

金融収支の欄には、債権債務関係が残る形での資産の売買が記載される。日本の企業や投資

表8-1　日本の国際収支状況（2020年）

（単位：億円）

	受取	支払	収支尻
貿易・サービス収支			▲7,250
貿易収支			30,106
輸出	673,701		
輸入		643,595	
サービス収支	172,992	210,349	▲37,357
（1）輸送	22,283	29,908	▲7,625
（2）旅行	11,425	5,873	5,552
（3）その他サービス	139,284	174,568	▲35,284
第一次所得収支	315,851	107,761	208,090
（1）雇用者報酬	187	425	▲238
（2）投資収益	315,551	106,630	208,921
（3）その他第一次所得	113	705	▲592
第二次所得収支	33,329	58,821	▲25,492
（1）一般政府	3,937	8,537	▲4,601
（2）一般政府以外	29,392	50,284	▲20,891
経常収支			175,347
（1）資本移転	225	1,894	▲1,669
（2）非金融非生産資産の取得処分	463	636	▲173
資本移転等収支	687	2,529	▲1,842
	資産	負債	ネット
（1）直接投資	183,174	70,581	112,593
（2）証券投資	171,501	129,162	42,339
（3）金融派生商品	▲670,614	▲679,276	8,662
（4）その他投資	172,175	193,793	▲21,618
（5）外貨準備	11,980		11,980
金融収支	▲131,785	▲285,740	153,955
誤差脱漏			▲19,551

（出所）日本銀行「時系列統計データ検索サイト」国際収支統計（2021年4月8日最終更新）

家が海外の不動産や株式を購入するのは長期の資本投資である。海外企業の買収のような直接投資もここに入る。貿易やサービスの取引への支払いで手形が発行されたり預貯金に代金が振り込まれたりすれば、これは短期の資本取引ということになる。日本企業や個人が海外の資産を取得することは資本流出（表では資産と記載されている）、海外の企業や個人が日本の資産を保有することを資本流入（表では負債と記載されている）と呼ぶ。外貨準備の項目には、国際的な決済の結果として発生する、政府・中央銀行が保有する外貨準備の増減が記載される。

貿易収支、サービス収支、所得収支（第一次所得収支）、移転収支（第二次所得収支）は、それぞれの収支項目の出入りの差をとったものである。貿易収支は輸出から輸入を引いたものとなり、**日本では貿易収支は黒字であることが多い**。つまり、輸出の方が輸入より大きくなっているのだ。サービス収支や移転収支については特に詳しく説明する必要はないだろう。所得収支は後で述べるように、現在の日本のマクロ経済を理解する上で重要だ。日本に所得として入ってくる配当や利子から、日本から出ていく所得を引いたものである。**海外に多くの資産を保有する日本は、所得収支が大幅な黒字**になっている。

経常収支とは、以上の四つの経常項目の収支を足し合わせたものである。日本の経常収支は黒字の状態が続いているが、これも日本のマクロ経済の状況を理解する上で重要な点である。

経常項目の収支を総計したものが経常収支であると述べたが、同じように金融取引の収支を合計したものとして金融収支を定義することができる。日本の人が海外に投資した金額（資本流出）から、海外の人が日本に投資した金額（資本流入）を引いたものが金融収支となる。日本では金融収支は資産の部分が負債よりも大きい状態が続いているが、これは後でもう少し説明するように、経常収支の黒字という現象と一体のものである。

経常収支の黒字幅と金融収支の金額はほぼ一致する（資本移転等収支分だけ差が出るがここでは触れない）。この点は重要な論点となるので後で詳しく説明する。

ここで、こうした現象の基礎になる国際収支表の重要な性質を一つだけ述べておきたい。**すべての国際取引は国際収支表の上で、必ず受け取りと支払い（金融収支では資産と負債）の項目として二重記載される**ということだ。たとえば自動車を輸出してその代金が短期の証書で支払われたとすれば、モノの輸出という貿易収支の受取項目と、輸出代金の受け取りという金融収支の資産の増加の項目として記載される。

輸出ではなく、経済援助としてアフリカのある国に医薬品が届けられた場合はどうなるだろうか。その場合は支払いを求めるわけではない。国際収支表の上では医薬品が第二次所得収支の項目として計上され、同時に金融収支ではそれに見合う金額が輸入の場合と同じように想定されて計上される。変な言い方だが、薬を輸出して「ありがとうの声」を輸入したというような感じだ。

いずれにしてもすべての取引が受け取りと支払いの両面で記載されるので、経常収支と金融収支が等しくなるという重要な性質が出てくる。

マクロ経済と経常収支の基本的関係

以上の説明を踏まえて、マクロ経済と経常収支の関係についていくつか重要な点を示したい。第1章で取り上げた内容と重複する部分があるが、重要なので再度整理しておきたい。

まず、第一に

経常収支（の黒字）＝民間部門の貯蓄投資差額＋政府部門の財政収支

という関係がある。マクロ経済のモノやサービスは内外で循環しているが、それを資金面で見ると、この関係になる。民間部門の貯蓄投資差額は、この部門の資金余剰を示している。民間部門は家計部門と企業部門に分解できるが、ここではまとめて扱う。日本では民間部門はかなりの額の資金余剰を出している。

政府部門の財政収支とは、政府部門の資金余剰（不足）にほかならない。日本では政府は膨大な財政赤字を出しているので、資金不足の状況にあるといえる。

経常収支とは海外部門の日本に対する資金余剰（不足）を示している。日本の経常収支は黒字基調であるので、その分、日本は巨額の資金を海外に対して提供していることになる。つまり海外が日本に対して資金不足状態にあるということだ。

この等式の意味は、**民間部門と政府部門と海外部門の資金余剰を足すとつねにそれがゼロ、つまりバランスしている**ということだ。**現在の日本の場合でいえば、民間部門の資金余剰が政府部門の資金不足（財政赤字）と海外部門の資金不足（経常収支の黒字）をまかなっている**ということになる。

この章の前半で経常収支を理解するためのイメージ図として氷山の絵を描いた（図8−1）。氷山の海面下に隠れた部分も含めてマクロ経済全体を捉えてみると、日本の経常収支が黒字になっているということは、民間部門と政府部門を合わせた全体で資金余剰になっているということだ。政府は財政赤字を出しているので資金不足であるが、それを補って余りある資金余剰が民間部門に生まれている。民間部門でこれだけの資金余剰が生じているのは、民間部門の支出が少ないということを意味する。消費者は消費を抑えて貯蓄に回しているし、企業は投資を抑えて内部留保（企業による貯蓄）を増やしている。

ちなみに、米国で経常収支が赤字であるというのは、この基本式の右辺が資金不足になっていることを意味する。つまり民間部門と政府部門を合わせて資金不足になっているのだ。**政府部門が財政赤字であるという点は日本と同じだが、それに加えて米国では民間部門が資金不足の状況にある。**つまり家計による消費や企業による投資が旺盛で、資金不足の状況が続いているのだ。

言うまでもないが、だからといってそれが問題であるというわけではない。米国が旺盛な支出を続けることが、米国だけでなく世界の景気にも貢献している。米国の経常収支が赤字になっている分、海外の投資家は米国に対して投資をしている。つまり米国の経常収支が赤字であるということは、米国への資本流入の方が資本流出より多いということなのだ。

対外資産の蓄積と所得収支の動き

マクロ経済と経常収支の関係で重要な第二のポイントは、

経常収支の黒字＝日本の海外に対する資産の純増

という考え方だ。**経常収支が黒字であれば、それに等しい額の新たな投資が海外に対して行われていることになる。**つまり、日本が海外に対して保有する資産が純増するのだ。「日本が」というのも不正確な言い方だが、日本の企業や家計が海外に対して保有する資産が純増するということだ。

日本は長期間にわたって経常収支の黒字を続けてきた。それは、日本が海外に対して資産を積み上げてきたことを意味する。資産の中身は株式・債券・不動産など多様である。その多くは企業が保有するものであるが、個人も海外の金融資産を保有しているし、日本国内で販売された保険や投資信託もその運用先は海外の金融資産であることが少なくない。

こうした**海外の資産は、配当や利子や賃料などの形で毎年大きな額の所得を生み出す。**その所得が日本に流れ込んでくるが、これが国際収支表の中では所得収支として出てくる。経常収支の黒字が続いたということは、所得収支が増えるということを意味する。

図8－3は日本の国際収支の長期的な推移のイメージを描いたものである。まず貿易収支であるが、長い間黒字傾向が続いたが、しだいにその黒字幅は縮小して、将来は赤字になることが予想されている。これは高齢化の影響が大きい。高齢化になるにしたがって貯蓄を切り崩す世代の人が増えてきて、家計部門の資金余剰が縮小していく。つまり家計部門全体として所得を超える支出が行われ、その分資産の取り崩しが起こる。あるいは取り崩しまではいかなくても余剰貯蓄は減少していく。これを貿易への影響でいえば、輸出は頭打

図8–3　日本の国際収支の長期的な推移のイメージ

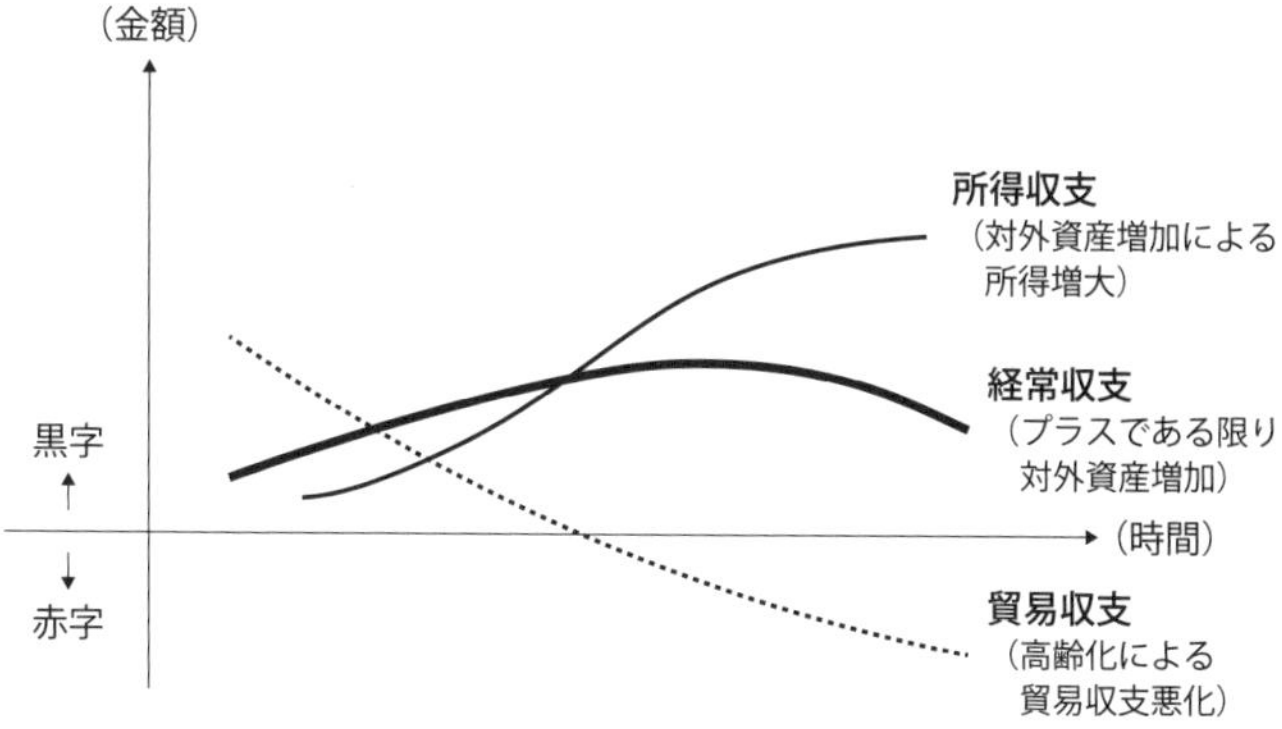

ちになり、輸入が拡大していく傾向が出てくるのだ。

貿易収支の黒字は縮小しても、経常収支の黒字は当分は増え続けるだろう。これは所得収支の存在によるところが大きい。これまでは貿易収支の黒字が経常収支の黒字の最も大きな要因であった。そうした経常収支の黒字が続くと日本の海外に保有する資産の額が積み上がっていく。これが巨額の所得収支の黒字を生み出すのだ。

図にもあるように**貿易収支の黒字が減少傾向**であるが、所得収支（第一次所得収支）の黒字は増加傾向となり、**経常収支の黒字の項目の中で所得収支の黒字部分の割合が多くなっている。**貿易収支の黒字がほとんど消滅していったとしても、所得収支の黒字が続くので、経常収支の黒字は残ることになる。

再度、マンデル＝フレミングの理論について

景気の動きは海外からも様々な影響を受ける。また、海外の政府が行う財政政策や金融政策は、日本にも大きな影響を及ぼす。こうした点を理論的に明解に示したのが、第6章で紹介したマンデル＝フレミングの理論である。ここでは、この議論を再度取り上げ、一国の景気拡大が外国にどのような影響を及ぼすか、マクロ経済的な波及のメカニズムについて整理しよう。

まず貿易を通じたルートから説明しよう。海外で景気が拡大すれば、その需要増加の一部は

日本からの輸出の拡大となるだろう。逆に、海外の景気が落ち込めば、日本からの輸出は減少する。このように海外の景気動向は貿易を通じて、日本にも同方向の影響を及ぼす。

もう一つの金融を通じたルートは、為替レートが鍵となる。海外で金融が緩和されて金利が下がれば、日本の金利は相対的に高くなるので、円レートは円高方向に動く傾向がある。たとえば、米国で金融緩和が行われれば円高方向に圧力がかかる。この円高への動きは日本の輸出を抑える力となるので、日本の景気を抑える効果を持つ。

図8－4は、こうした国際的な波及のメカニズムを財政政策と金融政策の効果として整理したものだ。**米国で大規模な財政刺激政策が行われ米国の景気が拡大すると、貿易ルートを通じて、日本から米国への輸出を増やす**力が働く。同時に、米国で景気が拡大する時には米国の金利が上昇傾向になるので為替

図8-4　景気の国際的な波及メカニズム

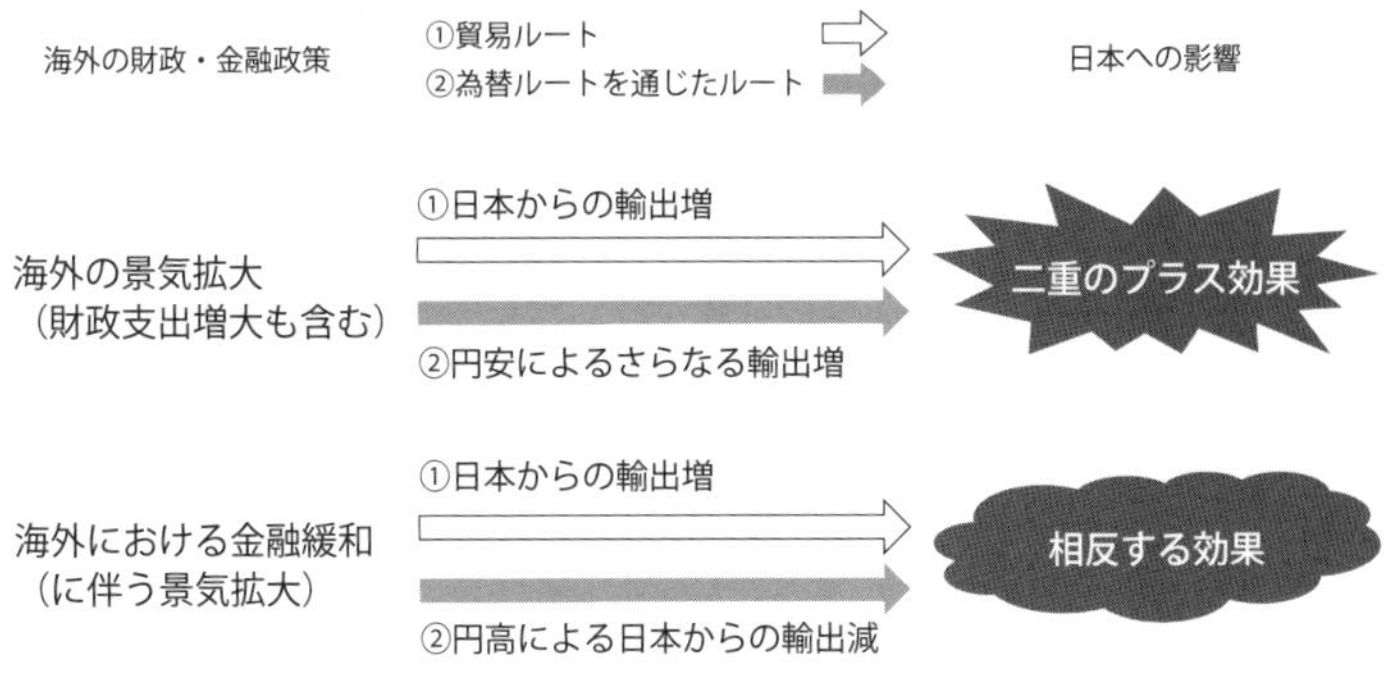

レートは円安（ドル高）の方向に動く。これも日本の輸出を増やし、日本の景気にさらにプラスに働く。**貿易ルートと為替レートのルートを通じて、ダブルで景気を刺激する効果**が期待できる。

他方、米国が大胆な金融緩和によって景気刺激を図れば、貿易ルートを通じて日本の輸出が増えることが期待できる一方で、為替レートは円高（ドル安）方向に動くので、こちらは日本の景気にはマイナス方向に働くことになる。結果的に**海外の金融緩和が日本の経済に及ぼす影響は、プラスとマイナスが混在**したものとなってしまうのである。

この章のポイント

- ☑ 貿易収支や経常収支はマクロ経済メカニズムとつながっている。
- ☑ 日本は民間部門が資金余剰であり、それが財政赤字と、海外部門の日本に対する資金不足（すなわち日本の経常収支黒字）をまかなっている。
- ☑ 一般に景気が拡大すると金利が上昇し、為替レートは上昇（円高）方向に動く。

海外で金融緩和政策がとられた場合、景気拡大の効果で日本の輸出は増えるが、同時に金融緩和が円高を引き起こすため、それが輸出を抑える力も働く。

第9章

ネットニュースではわからない 資産市場

バブルも危機も繰り返す

経済には平時の経済と危機の経済がある。リーマンショックやコロナ危機を経験して、そうしたことを強く感じる。危機の経済では平時の経済の常識が通用しない。ただ、危機がいつどのような形で起きるのかを予想するのは難しい。だから平時の経済にあっても、つねに危機が起きる可能性を想定しておくことが必要となる。

表9－1にここ30年に危機として起きた事象をまとめてみた。１９９０年頃のバブルの崩壊、97年末の山一證券の破綻に端を発した98年の金融危機、２００８年の世界的な金融危機（いわゆるリーマンショック）、11年の東日本大震災、そして20年のコロナ危機。振り返ってみると、どの時期もその時点では大変なことが起きたと大騒ぎした。経済にも深刻な影響が及んだ。

こうして並べてみると、10年あるいはそれよりも短いサイクルで危機が起きていることがわかる。危機とはいっても50年や100年に1度のまれな現象であるというよりは、もっと頻繁に起きるものであると考えた方がよい。そして危機の経済の流れがその後の経済のトレンドを決める上で重要な役割を担っている。バブル崩壊から金融危機への流れが日本の金融市場や産業の構造を大きく変えた。コロナ危機によってデジタル化やグリーン政策の流れが加速化している。

本書でこれまで取り上げてきたことは、その大半が平時の経済の分析である。マクロ経済学の解説書としての面はそれでよいと思う。平時の経済を理解することなくして、経済を理解することはできないから

表9-1　1990年以降に起きた危機

年	事象	
1990	バブル崩壊	株価暴落
1992		不動産価格暴落
1997	アジア通貨危機	タイバーツの暴落から始まる
	日本の金融危機	三洋証券・北海道拓殖銀行・山一證券が破綻
1998		日本長期信用銀行・日本債券信用銀行が破綻
2000	ITバブル崩壊	米国ナスダック総合指数が暴落
2001	米国同時多発テロ事件	
2008	世界金融危機（リーマンショック）	リーマン・ブラザーズ破綻
2011	東日本大震災	
2020	コロナ危機	

だ。ただ、本書の読者の多くは学生ではなく社会人だと思う。特にそうした読者の皆さんには、危機が頻繁に起きるということを意識することが、マクロ経済を見る姿勢として重要であると伝えたい。

残念ながら危機の発生を予測するのは難しい。中東での紛争や革命が世界的な石油ショックにつながったこともあるし、金融のシステミックリスクが表面化して世界的な金融危機になったこともある。新たなウイルス感染のパンデミックで経済が大きく揺れることもある。危機の原因は様々である。それでも、危機の経済を理解する上で重要なポイントとなる点がある。それは金融市場の動きである。もし危機によって金融市場が大きく混乱するようなことがあれば、経済に大きな影響をもたらす。経済と金融の混乱の悪循環となることもある。この章で述べる1930年代の世界大恐慌はその典型的なケースだ。コロナ危機でも金融市場への影響が大きな注目点である。

金融危機を起こしていないコロナ危機

2020年初めに新型コロナウイルスの感染が世界的な広がりを見せた時、経済への影響に対する懸念が強まった。IMFは3カ月ごとに世界経済の成長率の予測を発表し、多くの専門家の注目を集めるが、２０２０年４月時点の予想は、20年の世界全体の成長率がマイナス３・０％となるというものだった。この数字は新聞などで大きく取り上げられた。**１９３０年代の世界大恐慌以来の落ち込み**であるからだ。ちなみに１年後の２０２１年４月の改定値では20年の世界経済の成長率はマイナス３・３％となっており、当初のＩＭＦの衝撃的な予想はほぼ正しかったようだ。

世界大恐慌は90年近く前のことだ。もはや歴史の話であるが、20世紀で世界経済が最悪の事態になった時期である。それ以来の落ち込みということは一大事である。世界大恐慌とコロナ危機の比較が論じられる中で、重要な論点として出てきたのが、株式市場や債券市場などの金融市場の動きである。

世界大恐慌は１９２９年のニューヨークのウォール街での株の大暴落をきっかけに起きた。それから10年近く、多くの国が不況に苦しんだ。なぜこんなにも不況が長引いたのだろうか。よく言われるのはＦとＧの問題である。Ｆとは金融（financial）のことで、Ｇとはグローバル（global）のことである。当初の株の暴落はきっかけにすぎず、その後ＦやＧの分野で様々な混乱が広がり、これが経済の悪化を深刻化させ、不況の長期化につながった。**Ｆの問題とは金融市場の混乱であり、Ｇの問題とは保護主義政策の台頭や為替市場の混乱などである。**

そこでコロナ危機でも金融市場の動きに注目が集まった。２０２０年の2月以降、ウイルス感染の広がりに伴い主要国の株価は大幅な落ち込みを見せていた。日本では２０２０年３月時点で日経平均が１万６５５２・83円まで下がっていた。債券市場でも、リスクの高い債券と安全性の高い債券である国債との間に見られるリスクスプレッドが広がる傾向が見えた。トルコやブラジルなどの新興国の国債の利回りも上昇傾向を見せていた。要するに金融市場に動揺が走ったということだ。仮にこうした動揺がさらに広がれば、景気の後退はもっと長引いたことだろう。

２０２０年春、金融市場のこうした事態に対して、主要国の政府や中央銀行が大規模な政策を行った。特に中央銀行は量的緩和によって市場に資金を大量に流すだけでなく、実質的に株式を購入することになるＥＴＦの購入によって株式市場を支えようとした。さらに社債も積極的に購入することで、企業の資金繰りにも支援の手を差し伸べている。こうした一連の大規模な対応策によって株価は上昇を始め、債券市場でのリスクスプレッドも縮小する傾向になった。**日経平均は２０２０年３月に１万６０００円台で底を打った後、上昇を始め、21年２月には３万円を超える水準**まで上昇をすることになる。この間、実体経済は感染の広がりで非常に厳しい状態であったにもかかわらず、株価は高値の状態が続くのだ。**足下の実体経済が悪くとも、大規模な金融緩和政策によって株価が大きく押し上げられる**という結果になった。

金融危機を回避できたということは、コロナ危機への対応の中での大きな成果であった。

ＩＭＦは２０２１年４月の経済予測の改定で、21年の世界経済の成長率が６％になると予測している。前年３・３％の落ち込みだったものが翌年には６％という回復である。急降下に続く急回復というＶ字回復を予測していることになる。こうした楽観的なシナリオが描けるのも、金融危機を当面回避しているということが大きい。

ただ、これだけ高い株価が続く中で、この先金融危機が起きないという保証はない。今後も金融動向から目を離すことはできない。

リーマンショックの傷痕

金融危機が起きると景気の回復が遅れる。コロナ危機はこれまでのところ金融危機にならなかったことが大きかったと述べた。『国家は破綻する――金融危機の８００年』（日経ＢＰ、２０１１年）の中で、カーメン・Ｍ・ラインハートとケネス・Ｓ・ロゴフは大規模な経済危機の歴史を整理し、その中で大きな金融危機が起きると１人当たりのＧＤＰが回復するまでに７年以上かかっている、と指摘している。

２００８年に米国の大手金融機関リーマン・ブラザーズの破綻がきっかけとなった**国際的な金融危機（いわゆるリーマンショック）が起きた時、日本のＧＤＰが危機の前年の２００７年の水準に戻ったのは２０１６年**であった。もとの水準を回復するまでに10年近くかかっていることになる。

日本経済は１９９８年に深刻な金融危機を経験した。１９９７年の年末に山一證券が自主廃業、北海道拓殖銀行が経営破綻、続いて日本長期信用銀行、日本債券信用銀行など、多くの金融機関の破綻が続いた。存続した大手金融機関でも、合併や再編を繰り返し、かつては十数行あった大手銀行も3行に集約された。第1章で述べたように、日本が危機前の１９９７年のＧＤＰの水準を回復するのは２０１６年であった。その間、20年かかったことになる。

金融危機が起きると、危機が自己増殖的に経済の中に広がり、金融機関はもちろん多くの産業が影響を受ける。それだけでなく、経営状況が傷んだ金融機関はリスクをとった活動がしにくくなる。単純化して言えば、経済の潤滑油であるはずの金融システムが機能障害を起こすのだ。

リーマンショックに話を戻そう。２００８年のリーマンショックは、その前年ぐらいから顕著になったサブプライムローン問題を原因とする。サブプライムローンというのは、信用力の低い人たちに比較的高金利で融資する住宅ローンである。リスクの高いローンを高い金利で貸し出すこと自体は、それほど大きな問題ではない。貸した側がそのリスクを負担するからだ。しかし、そのサブプライムローンが証券化されたことが、やがて問題を引き起こしたのだ。

金融機関は住宅ローン債権を証券化して第三者に転売することができる。そうした証券化商品は多くのローンが組み合わせられたり切り分けられたりして作られる。サブプライムローンが組み込まれた証券化商品でも優良な債券と組み合わせれば評価が高くなり、安全資産に分類される。このような証券を世界の多くの投資家が購入した。日本の金融機関の中にも購入したところがあったようだ。

米国の不動産の価格が順調に上昇している限りは、サブプライムローンの焦げつきは少なかった。サブプライムローンを組み込んだ証券化商品にも問題は生じなかった。しかし、バブルとも思えた不動産価格が低下を始めると、サブプライムローンの中に多くの返済不能の案件が出てきた。それでも最初は、巨大な証券化商品の中に組み込まれていたのでそうした局所的なリスクは顕在化しないと見られていた。しかし現実には、サブプライムローンを組み込んだ証券化商品の市場が大きく崩れ始め、サブプライムショックといわれる衝撃へと拡大したのだ。

リーマン・ブラザーズのような巨大証券会社は、大きなリスクをとって積極的な資産運用を行ってきた。そのためサブプライムショックの中で証券化商品の価格が急落、それと連動して株価も大きく下がる中で、破綻にまで追い込まれることになる。リーマンの破綻は市場に大きなショックを与え、危機は他の金融機関にも及んでいく。その引き金を引いたこともあり、このことはリーマンショックと呼ばれている。

リーマンショックの特徴は、金融市場が証券化などで複雑に交錯している中で、衝撃が経済全体に急速に波及したことだ。破綻した金融機関は自己責任ともいえるが、それによって市場全体に影響が及ぶようだとそうもいっていられなくなる。too big to fail（大きすぎて潰せない）といわれることがあるが、市場や経済を守るためには大手の金融機関を破綻させるわけにはいかない。金融市場を安定化させるためには膨大な公的資金が注入されることもある。

ちなみに日本の金融機関にとっては、リーマンショックの影響は非常に軽微であった。それ以前の日本国内の金融危機の経験から、あまり大きなリスクをとった行動をしていなかったことが幸いだった。ただ、それでも日本経済への影響は深刻であった。**世界経済が大きく落ち込んだ影響を受けて、自動車などの輸出が大きく減少**したのだ。日本では金融危機が起きていなかったのにもかかわらず、主要先進国の中で日本経済の落ち込みが最も大きかった。また、先ほど述べたようにリーマンショック以前のＧＤＰに戻るまでに10年近くかかるという厳しい不況の長期化を経験することになる。

アジア通貨危機：タイが起点だった

資産市場での混乱が経済に大きな影響を及ぼす事例をもう一つ取り上げたい。１９９０年代末のアジア通貨危機の事例である。これが起きたのは20年以上前のことだが、その後も通貨危機はいろいろな途上国で発生している。アジア全域で起きた通貨危機であるということで、ここではこのケースを取り上げる。

アジア通貨危機はタイのバーツの暴落をきっかけにして起きた。図９-１にこの時期（１９９７～98年）のアジアの主要国の為替レートの動きがとってあるが、多くの国でほぼ同時に大規模な通貨の暴落が起きていることがわかる。通貨も株式や債券と同じように資産であるので、通貨暴落も資産市場で破綻が起きたということだ。

なぜ、タイの通貨は暴落したのか。いくつかの背景があるが、大きな要因の一つは**タイが自国の通貨バーツと米ドルの間の為替レートを固定していた**ことだ。第8章で述べたように、多くの途上国はドルやユーロなどの通貨に対して為替レートを固定している。それによってマクロ経済の安定を確保しているのだ。実際、**バーツの為替レートが固定されていたので、タイの企業はドル資金を容易に調達できた。**ドルで融資を受けてそれをバーツに変換する。将来は、バーツ資金をドルに変換して債務を返済すればよい。

為替レートが固定されているので、タイの貿易にもプラスの効果があった。安定化した価格で輸出も輸入もできたからだ。海外との貿易の拡大、そして巨額の海外資金の取り込みによって、タイ

図9-1　アジアの主要国の為替レートの動き（1997～98年）

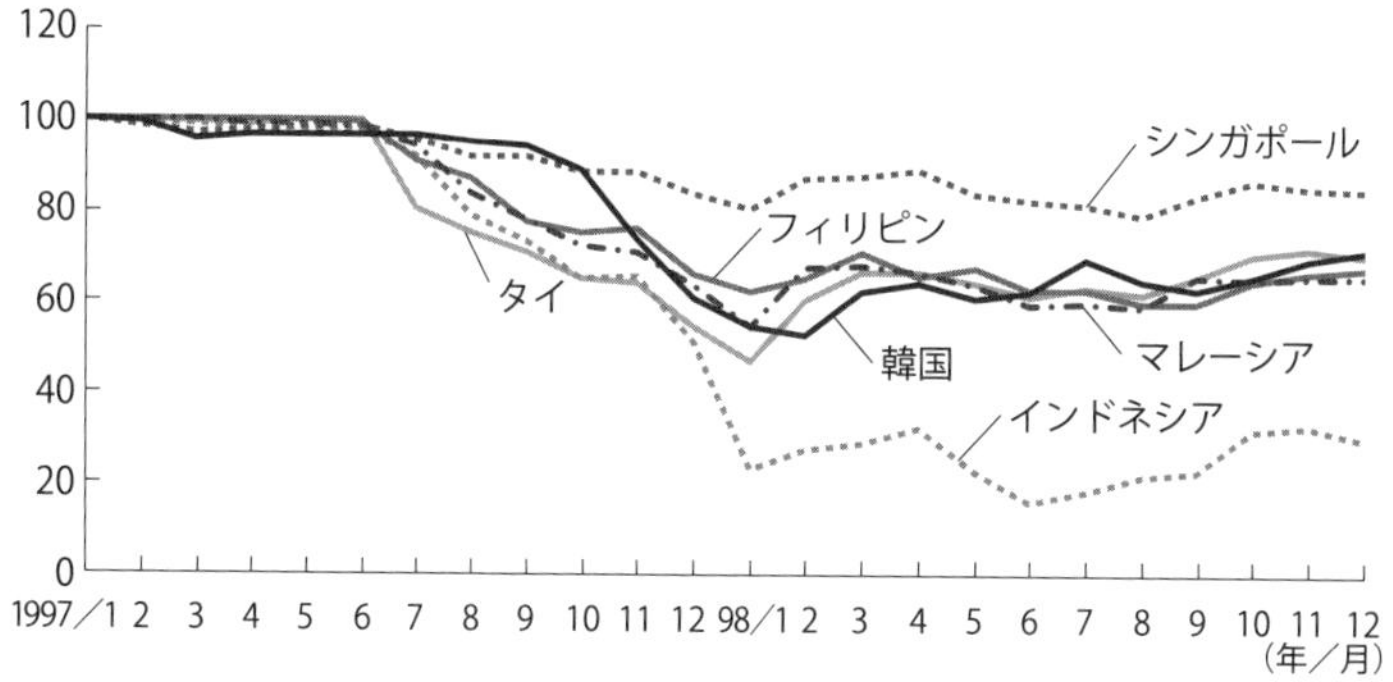

（注）1997年1月＝100として各国為替レートの動きを指数化。
（出所）IMF, International Financial Statistics（IFS）, Exchange Rates selected indicators

の経済は順調に成長していた。この結果、海外の銀行などもタイに積極的に資金を提供していった。海外からドルなどの資金が入り、それがタイ国内で投資に回ることは、新興国であるタイにとって好ましいことではある。ただ、金融市場の難しいところは、それが行きすぎる場合があることだ。

タイの金融会社は積極的にドル資金を取り込み、それをバーツに変換して、国内での投資資金として活用した。不動産投資や自動車ローン市場などがおもな投資対象だった。その結果、タイの金融会社のバランスシートには巨額のドルの債務と巨額のタイバーツ建ての債権（資産）が立っていた。

経済が順調であれば全く問題はない。ただ、タイ国内での過剰な投資などに海外投資家は少し慎重になってきた。一部の投資家はタイの金融会社への資金提供を抑え始めた。これまでの貸し出しを回収しようとするところも出てきた。安定的な海外からの資金提供を前提としたタイの金融会社にとっては、資金繰りが厳しいことになる。不動産など固定的な投資をしてしまった資産は簡単に取り崩すことができない。それでも何とかやりくりしてドルの債務を返済しようとする。

こうした流れの中で、ドル資金を取り込んでバーツに変換するというドルの供給は大幅に縮小し、**バーツをドルに変換して借金を返すというドルへの需要が急速に増えていった**。外国為替市場ではバーツ安の圧力が強くなっていく。バーツが下がることを防ぐためタイの政府と中央銀行は手持ちのドル資金（外貨準備）を市場に放出して、バーツの下落を防ごうとした。ただ、巨大な市場の力の前では、こうした市場介入には限界がある。

投機が変動を拡大させる

ここで、外国為替市場で起きうる投機について触れておきたい。バーツが下がる圧力に抵抗しているタイの政府・中央銀行の動きを見て、市場の投資家はどのように考えるだろうか。

この先、タイ政府が為替レートの固定を維持できるか、バーツが大きく下がるか、このどちらかである。それなら大量のバーツ売り（おもに先物）の取引をしておけば、損失の恐れがない中で巨額の儲けを出すことができる大きなチャンスだ。先物取引の仕組みをごく簡単にいうと、投機家は予め決めたレートで将来のバーツ売り（バーツをドルに換える取引）の約束をしておく。もし予想通りにバーツが暴落すれば、この投資家はその時の安い価格でバーツを購入して、予め決めていた価格でそのバーツを売ることができ、その差額が利益となる。

バーツ危機の時、投資家の判断にとって重要だったのは、バーツが現状よりも引き上がる可能性がほとんどなかったということだ。**タイ政府は引き下げに抵抗しているのであって、為替レートは現状維持か下落しかない。投資家には、絶対に損をすることがない投機の機会が提供されることになった。**

結果的に、様々な形で巨額のバーツ売りの投機が出てきて、結局バーツは暴落することになる。図9-1に見られるとおりだ。その結果、タイの金融会社の大半が破綻することになる。バーツの暴落（ドルの暴騰）によってドル建ての負債のバーツでの評価価値が膨らむからだ。金融会社はいくら資産を切り崩しても、ドル建ての債務を返済することが不可能になってしまった。

　バーツの暴落によって、タイ経済は危機的な状況になる。国内の投資はストップし、多くの企業が破綻をする。バーツの暴落と連動して、国内での株式市場も厳しい状況になる。1998年当時、タイのバンコクに行く機会があったが、高速道路沿いに建設の止まったビルがいくつもあったことが不気味だったのをよく覚えている。

　タイの通貨危機の教訓は、これもバブルとその崩壊のストーリーであったということだ。固定レート制の下で海外から潤沢な資金流入があったことで、タイ国内で過剰な投資が行われていた。タイ経済の中にある種のバブルが生まれていた。それがタイ国内の株価や不動産価格にも反映されていた。**通貨下落という市場の変化によって、そのバブルが崩壊**するのだ。

　タイのバーツの暴落は、あっという間にアジアの近隣国に広がった。図9-1に示したように、アジアの多くの国で同じ時期に通貨の暴落が起きている。これを「**危機の伝染効果**」と呼ぶことがある。伝染病のように危機が近隣諸国に広がっていくのだ。タイ経済とフィリピンや韓国が連動しているわけではないが、**タイの通貨危機を見て、多くの投資家は他のアジア諸国の市**

場にも不安を持つようになった。それが近隣国の通貨切り下げの引き金を引く結果となったのだ。

債券価格はどう決まるのか

金融資産には多様なものがある。代表的なものは株式と債券だが、これらの資産も様々な通貨で発行されているので、為替レートの動きからも影響を受ける。また、標準的な株式や債券以外にも、様々な金融資産が世の中に存在する。不動産の収益をベースにした不動産証券や、オプションやフューチャーなどのデリバティブ取引を活用した複雑な金融資産もある。詳細の説明は専門書に譲るが、最も基本的な資産形態として債券と株式を取り上げ、その価格形成の理論に触れておきたい。

債券には国や地方政府が発行する公債と企業など民間が発行する社債がある。どちらも似たような構造なので、公債の中でも特に規模の大きな国債を例に使って説明したい。なお、第6章で、金利が低いほど国債の価格が高くなるということに何度も触れたが、以下で述べることはその説明でもある。

国債は図9-2のような構造を持っている。毎年一定の金額をクーポン（利息）として払い、満期が来ると予め決まった償還価格で払い戻してくれる。本書に何度も出てきた10年物国債とは、発行してから償還までに10年かかる債券である。

クーポンがつかず、満期時に元本（額面金額）が一括償還されるタイプの債券を割引債（ゼロクーポン債）と呼ぶ。ここでは計算を単純化できるので割引債（割引国債）を例に説明したい。他の債券でも同じように考えることができる。1年後に1万円で償還される国債に現時点ではどのような価格がつくだろうか。国債は日々取引されており、その需給で価格が決まる。結論からいうと、これから1年間の金利がr%であるとすれば、この国債の価格は、

$$10000/(1+r)$$

となるはずだ。これは**1年後の1万円（償還価格）を金利rで現在価値に割り引いた金額**である。**割引現在価値**と呼ぶ。たとえば、金利が1%であるとすれば、割引現在価値は1万円を1・01で割って、約9900円という結果が出てくる。つまり金利が

図9-2　国債のイメージ

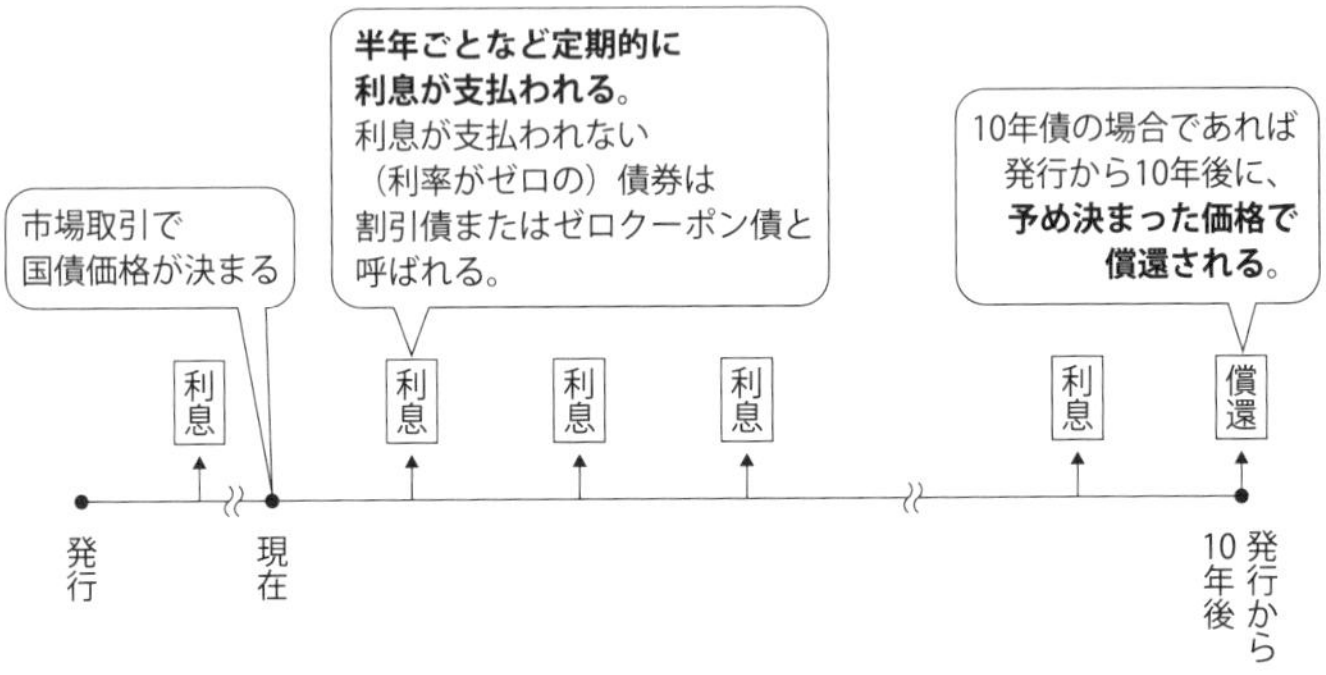

１％の世界では１年後に１万円で償還される国債の現在の価格は９９００円ということになる。

これは直感的にも理解しやすいだろう。もし現実の市場で国債の価格がこれよりも安ければ、今購入して１年保有していれば償還から得られる１万円は１％以上の収益になる。逆に、今の国債の価格が９９００円以上であれば、１万円で償還されても１％以下の収益にしかならない。国債の購入を他の運用方法と比較して考えるとすれば、９９００円は妥当な価格である。

ちなみに、金利が２％であれば、国債の価格は約９８００円となる。**金利が高くなるほど一定の償還価格に対する国債の割引現在価値は低くなる。金利が低いほど国債価格が高くなる**のだ。

もし、国債の償還まであと10年であったらどうなるだろうか。理論的にはこれまでの話を10年に延長すればよいことになる。10年後に１万円で償還される国債の価値は９年後（つまり償還の１年前）には$10000/(1+r)$となる。そのさらに１年前の８年目には$10000/(1+r)^2$となる。こうした操作を繰り返せば、10年後に１万円で償還される国債の価格は$10000/(1+r)^{10}$である。金利が１％であれば、おおよそ９０００円ということになる。本来は複利であるのでここで出した数字は端数を除いたような単純化したものであるが、１万円は金利１％だと毎年１００円の利子を生む。10年で１０００円となる。したがって10年後に１万円で償還してくれる国債は、現在は10年分の利子１０００円を引いた、おおよそ９０００円という価格になる。

さて、以上は国債の話である。国が破綻して国債が償還されないような事態は起こらないことを前提としている。一方、企業が発行する社債には破綻というリスクが伴う。企業が倒産すれば、社債が償還できないこともある。たとえば、２０１０年に日本航空が破綻した時、日本航空の社債を保有していた人はその資産を失うことになった。そこで**リスクのある社債の価格は、投資家のリスク負担分（リスクプレミアム）を付加した価格設定**になる。そのための簡便な方法として、**リスクプレミアムを上乗せした金利**を利用することになる。

たとえば国債の価格を計算する金利が１％であるとすれば、リスクの大きな企業の社債の金利は３％、というようになる。その差の２％がこの企業のリスクプレミアムである。もちろん、企業によってリスクの程度は異なるので、**リスクの高い企業ほど金利は高くなる**。同じ償還価格であっても、リスクの高い企業の社債の方が価格は低くなる。価格が低く利回りが高いのでなければ、投資家はリスクの高い企業の社債を買おうとしないからだ。

金融市場のニュースに、よく「リスクオン」とか「リスクオフ」という表現が出てくる。リスクオンとは多くの投資家がリスクを取って投資をする意欲が高い状態を指す。逆にリスクオフとは多くの企業がリスクを避けようと行動する状況をいう。

こうした投資家の態度によって株価などは大きな影響を受けるが、債券のリスクプレミアムもこうした投資家の市場への見方を反映している。景気悪化、国際情勢の緊張など悪いニュースはリスクオフの行動につながる。一般的に**リスクオフの状況になると、リスクの高い社債と安全資産である国債の金利の差であるリスクプレミアムは拡大**する。

株価はどう決まるのか

それでは株式の価格はどう決まるのか。株式は債券と違って償還がない。つまり償還価格から株価を求めることはできない。もう一つの重要な違いは、債券であれば一定のクーポンが払われるが、株式の場合には毎期支払われる配当が、企業の業績によって変動するということだ。企業の業績が好調であれば配当も多く支払われるが、業績が悪いと配当なしの無配になることもある。ちなみに、金融業界では債券のことをフィックスト・インカムと呼ぶことがある。金利収入が固定されているのでそう呼ぶのだろう。

といっても、株価の決定の基本式は、実は債券とそれほど変わらない。ある会社の株の現在の価値は、1年後にその会社の株がいくらで売れるのか、そして今年どれだけの配当が払われるのか、そして金利がどのような水準であるのかによって決まる。数式で表現すると、

$$株価 = \frac{1年後に予想される株価 + 今期の配当}{1 + r}$$

となる。rはこれまでと同様に金利を表しているが、社債と同じようにリスクプレミアムを含んだ金利である。企業が倒産すれば株価は無価値になってしまうので、その企業のリスクの程

度によってそれを反映した金利で計算する必要がある。

ここでは配当は1年後に支払われると想定して、計算式が書かれている。**現在の株の価値は1年後に予想される配当と株を売却する収益を、金利で1年分割り引いた金額**となる。繰り返しになるが、債券と同じく、株式の保有者は1年間その株式を保有したらどれだけの収益になるかを計算して、今の株価が割高か割安かを判断する。1年間株を保有することの収益は配当と1年後に売却できる株の価値（1年後の株価予想）であり、それを金利rで割り引いた数字となる。

ここで気をつけなくてはいけないのは、現時点において1年後の株価はまだ不確実であるということだ。償還価格が固定している債券とはここが違ってくる。そうなると、現在の株価は人々が将来の株をどう予想するのかに大きく依存することになる。つまり市場の思惑が株価に大きく影響を及ぼすのだ。

この株価決定の基本式からどんなことがわかるのか。**現在の株価に影響を及ぼすものは、配当、金利、そして将来予想される株価**、この三つである。配当が大きければ株価が高くなるのは当然だろう。業績のよい企業は多くの配当を出すが、これは株価に反映される。

金利が株価に影響を及ぼすという点はきわめて重要である。一般的に金利が低いほど株価は高くなる傾向にある。コロナ危機の中で実体経済が非常に悪いのにもかかわらず株価が非常に高い状況であるとしたら、それは金利が非常に低いということで説明できる部分が大きい。また、再度注意を促すが、ここで金利と呼んでいるのは株式へのリスクプレミアムを含んだ金利である。国債などのリスクフリーの金利ではない。ただ、人々がリスクを取りに行く傾向が強いリスクオンの状況ではリスクプレミアムが低くなり、それを加味した金利も低くなる。その分、株価が高くなる傾向がある。

リスクプレミアムが低いことも含めて金利が非常に低くなっていることで、実体経済に比べて株価が非常に高くなっていることがすべて説明できるのかどうか。これを理論的に明快に判断することは難しい。株価が非常に高くなっていることから、今の株価はバブルではないかという議論が多く出ているが、そうであると明言することもできない。いずれにしても金利が非常に低ければそれだけ株価も高くなる。

現在の株価に影響を及ぼす第三の要因が、将来の株価である。前述の基本式で1年後に予想される株価とされるもののことだ。この点も理解は難しくないだろう。1年後に値段が高くなっていると予想される株であれば、現在の価格もそれを反映するからだ。**将来の見通しが現在の価格に大きな影響を及ぼすということが、株式のような資産の大きな特徴である。**

それでは将来の価格が高くなる要因にはどのようなものがあるのか。最も基本的な要因は来期以降の企業の業績である。足下で配当が少ない企業でも将来的に業績がよくなっていることが期待されれば、それに応じて配当が増えることが期待できる。足下で業績がよくなくても、将来の業績に期待できる企業の株価は非常に高くなる。その典型が米国のアマゾンの評価だ。

アマゾンの利益はそれほど高くないかあるいは赤字の時期もあったが、株価は非常に高い数値をつけてきた。それはアマゾンが急激なスピードで成長していくと市場が判断したからだ。

不動産市場の価格形成

代表的な資産として債券と株式を取り上げたが、もう一つ、不動産についても簡単に触れておきたい。不動産は経済における資産の額としては最も大きなものである。また不動産市場への資金の流入は金融市場と連動しており、株式や債券などと密接な関連がある。１９９０年からのバブル崩壊で日本の多くの金融機関が破綻したが、不動産関連の融資が大きな要因の一つとなっていた。２００８年に起きたリーマンショックでも、その大きな原因は不動産ローンであるサブプライムローンの問題であった。

不動産の価格はどのように決まるのだろうか。一定の家賃収入を生む建物の価格の基本的な決定式は、株式と同じである。

$$\text{不動産価格} = \frac{\text{1年間の家賃収入} + \text{来期に予想される不動産価格}}{1 + r}$$

この式の解釈は株式と同じだ。不動産を１年間所有することで期待できる収入は**年間の家賃**

収入と来年になって売却することで得られる不動産売却収入であり、それを**1年分の金利で割り引いた金額**が、計算上の当該不動産の価値である。

株式と同じように現在の不動産価格に影響を及ぼす要因は三つある。**賃料収入が高いほど、金利が低いほど、そして将来の不動産価格が高いと予想されるほど、現在の不動産価格も高くなる**のだ。その解釈は株式市場と同じなので繰り返さない。

ここでも不動産価格に金利が大きな影響を及ぼす。金利が低ければ不動産投資のための資金調達のコストも安くなるので、不動産価格を押し上げる影響がある。また、将来の不動産価格が上昇していくと予想されるほど、不動産の現在の価格も高くなる。不動産価格については合理的な説明ができない地価上昇神話のようなものも起こりうるので、それを反映して不動産価格のバブルが生まれることもありうる。

バブルとファンダメンタルズ

マクロ経済との関わりで資産市場を考える時に最大の論点となるのが、バブルの発生とその破裂のメカニズムである。この章の冒頭でも触れたように、日本経済はバブル崩壊による大きな影響を受けてきた。バブルを考察するためにはすでに説明した株価の基本式をさらに展開する必要がある。詳しい導出の計算は章末の注に譲るが、配当割引モデルと呼ばれる株価決定の基本式は次のように展開することができる。[1]

$$\text{現在の株価} = \frac{\text{今期の配当} + 1\text{期後に予想される株価}}{1+r}$$

$$= \frac{\text{今期の配当} + \dfrac{2\text{期後の配当} + 2\text{期後に予想される株価}}{1+r}}{1+r}$$

$$= \text{今期以降の毎年の配当を現在に割り引いた総額} + \text{遠い将来の株価を割り引いた金額}$$

かなり乱暴な書き方をしたが、その内容は理解してもらえると思う。株の現在の価値は、これから期待される毎年の配当をそれぞれ現在に割り引いた価値で足し合わせたものに、遠い将来の株価を現在に割り引いたものの和となる。

経済でバブルが発生しておらず合理的な価格形成が行われていれば、遠い将来（１００万年後？）の株価を現在に割り引いた金額はゼロになるはずである。その場合には、**企業の価値である株価は企業が今後生み出すことのできる配当の割引現在価値**ということになる。株価は企業の生み出す価値を反映しているのだ。これを「株価はファンダメンタルズを反映した価格になっている」という。**ファンダメンタルズとは株価を決める基本的な要素**のことであり、ここでは（将来の予想も含めて）配当と金利ということになる。

問題は現実の株価がこの配当の割引現在価値ではなく、それに遠い将来の株価の部分が加わっているということだ。**配当では期待できないがこの企業の株価は上がるはずだという漠然とした期待で株価が上がっているとすれば、それはバブル**が起きているということだ。

後で述べるように現実の経済ではこうしたことが起こりうる。「株価が上がっているので株価はさらに上がると期待できる。それが株価をさらに引き上げる」という自己増殖的なプロセスによってバブルが生じるのである。

コラム

コロナ危機下の株高の解釈

２０２０年の３月頃から、コロナは世界中の経済を混乱に陥れた。世界経済の成長率はこの年、戦後最悪となった。それにもかかわらず、株価は一時的な下落の後、上昇を続け、史上最高値に迫るような状況である。株価は短期間で大きく変動することがあるので、本書が世に出る頃にどうなっているかはわからない。ただ、歴史的な経済低迷の中で歴史的に株価が高くなったことは、記憶に留められることになるだろう。

景気が悪いのになぜ株価は高くなっているのか。本文中の議論に基づけば、金利が歴史的に低くなっていることが大きいことは明らかだ。株価は企業の将来収益の割引現在価値に等しくなるとすれば、同じ収益構造でも金利が低いほどその企業の株価は高くなる。特に金利がゼロに限りなく近づけば、割引現在価値は限りなく大きくなる。もちろん、株にはリスクが伴うので、割引の利子にはリスクプレミアムがついており、その利子はゼロよりある程度は高くなっているはずだ。

コロナ危機からの経済の回復のスピードが速いという予想も、株価を高くする要因だ。株価は企業の将来の収益も織り込むものであり、仮に足下で業績が悪くても今後業績が急速に回復すると予想されれば株価もそれを反映する。

さて、市場関係者が恐れるのは、こうした異様に高い株価はどこかで大きく値を下げることはないのか、ということだ。仮にコロナ危機の中での株価がバブルであるとすれば、バブルのクラッシュということもあるだろう。ただ、株高をバブルであると認定することは難しい。そもそも超低金利というファンダメンタルズでも株高は説明できそうである。

ただ、仮にバブルではないとしても、金利が非常に低いことで株高になっているとすれば、その株価は金利の動きに非常にセンシティブであると考えられる。金利がわずかに上昇しただけで、株価が大きく下がることもありうるのだ。市場関係者が米国の金利上昇の動きに強い関心を持つのもそうした理由からだろう。

効率的市場仮説か行動経済学か――大衆の知恵それとも群衆の狂気

ファイナンス理論では**効率的市場仮説**が支配的で、多くのビジネススクールで教えられている。実務の世界でもこうしたファイナンス理論に基づいた投資のアドバイスが行われている。その基本にあるのは、大衆の知恵（wisdom of crowds）という考え方である。第8章の為替レートの予想に関する議論を思い出してほしい。市場に多くの優秀な人がいる時、そこで市場を出し抜く（beat the market）ことは不可能であるのだ。

株価などの市場価格は経済の至るところにある情報をすべて織り込んでおり、その裏をかいて株の売買で大儲けするということはありえない。こうした考え方は実務の世界にも影響を及ぼしており、「投資運用はパッシブに限る」という言い方がされることがある。これは自分で株式を選別して恣意的に投資配分を決めるのではなく、Ｓ＆Ｐ５００や日経２２５などのインデックスに投資した方がよいというのだ。

ファイナンスの分野で効率的市場仮説がこれほど大きな影響力を持っているということは、この考え方がそれだけ多くの実務家やアカデミアに支持されているからだろう。有力なビジネススクールで効率的市場仮説に基づいたファイナンス理論を徹底的に叩き込まれた若者が高い給与で雇用されているのは、この考え方がそれだけ評価されているからだろう。

ただ、**平時においては説明力が高い効率的市場仮説も、バブルの発生やその破裂という危機を説明することはできない。**そもそもバブルが頻繁に起きるということは効率的市場仮説だけで説明できないことがあるということだ。リーマンショック前後の２００７年10月から09年２月まで、資産のすべてをＳ＆Ｐ５００という米国の非常に分散されたポートフォリオで持っていたとすると、資産の51％を失うことになる。こうした事態は合理性に基づいた効率的市場仮説では説明できるものではない。

そこで資産市場の研究でも合理性を否定した理論でバブルの発生や破裂などを分析する研究が広がっている。その根底には、**個々の投資家は合理的に行動するわけではないという行動経済学の立場**がある。行動経済学とは、人々の行動は旧来の経済学で想定するように合理的であるとは言えない面が多く、その非合理性の癖やパターンを理解することが経済を分析する上で有益であるという考え方だ。現実に市場で大量の資金を動かしている投資家の行動を見ると、効率的市場仮説が想定するようなものとはほど遠いケースが多い。時にはそうした一見非合理な行動をとっている投資家が大きな利益をあげることもある。

ファイナンス学者のＭＩＴ（マサチューセッツ工科大学）のアンドリュー・ローは、こうした動きを**進化論的な市場仮説**として論じている。資産市場は効率的な市場仮説が想定するような数学と物理学の世界である以上に、生物学が想定する進化論の世界だというのだ。いろいろなタイプの行動をとる投資家が次々に現れて成功したり消滅したりを繰り返していく。時にはそうした動きが「群衆の狂気」（madness of mobs）となって、市場を破壊することもある。バブルがその典型だ。

　大衆の知恵が正しいのか、それとも群衆の狂気が市場を支配するのか。単純に答えるのは難しいだろう。**平時には大衆の知恵、つまり効率的市場仮説が支配し、危機になると群衆の狂気が暴れ出す**ということかもしれない。市場は長期的には合理的な動きをするだろう。ただ、短期的には異常な動きを示すことも少なくなく、多くの投資家はその短期の変動を持ちこたえられないことが多い。先ほど、米国株をＳ＆Ｐ５００と同じポートフォリオで２００７年10月に購入した投資家の例を挙げたが、その投資家もその資産をその後10年も保有していれば、全く問題はなかった。ただ、２００９年の2月までしか資産を持ち続けることができないとすれば、大きな損失を被ることになる。

　よく「バブルはそれが破裂してバブルであることが初めてわかる」といわれる。バブルを早期に認識してそれを潰すということは、できるのであれば素晴らしいが、現実には難しい。もちろん、市場の過熱や暴落を防ぐための対応は必要だが、一方で**金融危機はいつでも起こりうるという考え方が必要**だろう。

　大地震が来るのを防ぐことはできないし、いつ来るのかもわからない。だから地震が来ても大被害にならないような対応策で固めておく必要がある。同じように株の暴落のようなことが起きても金融機関に深刻な被害が出て経済が混乱しないような防衛を平時から心がける必要がある。リーマンショックを受けて、金融のリスクへの対応の強化を目指したプルーデンス（リスクへの対応策）の重要性が多くの人によって指摘された。

注1

配当割引モデルとは次のような考え方である。
P_0：株の現在の価値、P_1：1期後に予想される株価、P_2：2期後に予想される株価、P_n：n期後に予想される株価、D：毎年一定の配当、r：金利（安全資産の金利に株のリスクプレミアムを加えた金利）

現在の株価P_0は、

$$P_0 = \frac{D}{1+r} + \frac{P_1}{1+r} \qquad (1)$$

であり、1年後の株価は、

$$P_1 = \frac{D}{1+r} + \frac{P_2}{1+r} \qquad (2)$$

(1) 式に (2) 式を代入すると、

$$P_0 = \frac{D}{1+r} + \frac{\dfrac{D}{1+r} + \dfrac{P_2}{1+r}}{1+r}$$

$$= \frac{D}{1+r} + \frac{D}{(1+r)^2} + \frac{P_2}{(1+r)^2}$$

これをn年先まで繰り返すと、

$$P_0 = \frac{D}{1+r} + \frac{D}{(1+r)^2} + \cdots + \frac{D}{(1+r)^n} + \frac{P_n}{(1+r)^n} \qquad (3)$$

(3) 式の右辺第1項から第n項までが本文中に示した式の「今期以降の毎年の配当を現在に割り引いた総額」で、右辺最終項が「遠い将来の株価を割り引いた金額」である。ここで、株価の上昇率がrより小さいとすると、右辺最終項はnを無限大にする時、ゼロとなる。すると次の (4) 式が得られる。

$$P_0 = \Sigma\left\{\frac{D}{(1+r)^n}\right\} \qquad (4)$$

(4) 式は初項 $\dfrac{D}{1+r}$ 、公比 $\dfrac{1}{1+r}$ の無限等比級数となるので、P_0は次のように表すことができる。

$$P_0 = \frac{D}{r}$$

この章のポイント

- 金融危機が起きると、回復までに何年もかかる。コロナ危機において、各国が金融緩和政策をとったことで金融危機を回避したことは評価できる。

- 合理的な投資家を想定した効率的市場仮説の支持者は多いが、バブルの説明はできていない。そのため行動経済学など新たな研究が生まれている。

- リーマンショックなどの経験から、バブルや金融危機はいつでも起こりうること、危機への対応策の準備が必要だという認識が広まった。

あとがき

２０１２年の年末に発足した安倍内閣で、私は経済財政諮問会議（以下、諮問会議）の議員に選ばれた。諮問会議は内閣の経済政策の司令塔的な存在で、首相や財務大臣など主要経済閣僚や日銀総裁、そして4人の民間の議員が会議メンバーである。私はその4人の民間議員のメンバーの一人であった。

結局、任期2年を3期、全部で6年務めたことになる。後で内閣府の方から聞いたが、この6年間に、全部でおよそ１２０回の会合が開かれたという。それぞれ1回の本会議のために、準備の会議や関連の委員会の会議に2回か3回は出席するので、6年間に４００回から５００回、会合での議論に参加したことになる。

この6年間、私の生活はこの諮問会議を中心に回っていた。つねに様々な経済政策の問題を議論していたことになる。マクロ経済政策運営に関わるものが多かった。景気刺激策、法人税の減税、財政健全化の道筋、社会保障改革、消費税の改定などに、多くの時間が使われた。

本書の多くの部分に、この6年間に考えたことが反映されている。もちろん政府の見解ではなく、一人の経済学者の考え方ではあるが、政府の重要な会議での濃密な議論を反映したものではある。この点は通常のマクロ経済学の教科書と本書の違いだ。

本文でも書いたように、日本経済は大きく変化し続けている。ウイルス感染という危機が起きたことで、経済のあらゆる面が見直されようとしている。マクロ経済も例外ではない。そうしたこれからのマクロ経済の問題にどこまで踏み込めたのか自信はない。ただ、本書はコロナ禍のまっただ中で執筆されたものであるので、コロナ後の世界はいやでも意識することになった。

私にとって教科書の執筆はライフワークの一つだ。マクロ経済学を本格的に取り込んだ教科書を初めて書いたのは、１９８８年に初版を出した『入門経済学』（日本評論社）である。この本は後半がすべてマクロ経済学に関する部分である。30年以上経った今でも改訂版が出ているので、それなりに世の中に受け入れられてきたと考えている。

教科書を書くという作業は、実は結構大変なことだ。基本的な点をすべて自分なりに詰めていかないと、読者が理解できるような解説はできない。『入門経済学』を書いた時、膨大な時間をそうした作業に費やしたわけだが、おかげで自分なりに納得のいくように議論を整理できたと考えている。本書をまとめるに当たっても、そうした過去の遺産をうまく活用できたと考えている。

大学の教師がマクロ経済学の本を書く時には、普通は学生を念頭におくものだ。経済のことを全く知らない若者にどう関心を持ってもらうのか、苦心する。本書は、社会人を読者と想定してまとめた。日々経済問題に接し、新聞やテレビでいろいろな情報を仕入れることができる社会人の感性は鋭い。すでに様々なマクロ経済の問題に関心を持たれている読者の方々に、経済学のロジックは有益だと思っていただきたい。そういう思いでこの本をまとめた。

もっとも、学生にもこの本を読んでもらえればと密かに願っている。経済学の考え方に慣れ親しんでもらうためには、できるだけ早く生の経済に触れるのがよいからだ。抽象的なマクロ経済理論ではなく、生きた経済を見るための手法としてのマクロ経済学を身につけてほしい。

私の研究室の山本和代さんの力なくしては、この本は成り立たなかったかもしれない。本文中で利用するデータを丁寧に整理するだけでなく、私の勘違いなども指摘してくれた。東洋経済新報社の伊東桃子さん、近藤彩斗さんにも大変にお世話になった。彼らの熱意がなければこんなに早く筆が進むことはなかっただろう。この場を借りて感謝したい。

２０２１年６月

伊藤　元重

【著者紹介】

伊藤元重（いとう　もとしげ）

東京大学名誉教授。学習院大学国際社会科学部教授。

1951年静岡県生まれ。東京大学経済学部卒業。1979年米国ロチェスター大学大学院経済学博士号（Ph.D.）取得。東京大学大学院経済学研究科教授を経て、2016年より現職。専門は国際経済学、ミクロ経済学。安倍政権の経済財政諮問会議議員を務め、現在、復興推進委員会委員長、気候変動対策推進のための有識者会議メンバー。

『伊藤元重が警告する日本の未来』『東大名物教授がゼミで教えている人生で大切なこと』（いずれも東洋経済新報社）、『百貨店の進化』（日本経済新聞出版社）、『経済大変動――「日本と世界の新潮流」を読み解く60の視点』（PHPビジネス新書）など著書多数。経済学教科書『入門経済学（第4版）』『ミクロ経済学（第3版）』『マクロ経済学（第2版）』（いずれも日本評論社）は定評がある。


ネットニュースではわからない本当の日本経済入門

2021年9月2日発行

著　者――伊藤元重
発行者――駒橋憲一
発行所――東洋経済新報社
〒103-8345　東京都中央区日本橋本石町1-2-1
電話＝東洋経済コールセンター　03(6386)1040
https://toyokeizai.net/

装　丁………秦　浩司
ＤＴＰ………アイランドコレクション
印　刷………廣済堂
編集担当……伊東桃子
©2021 Itoh Motoshige　　Printed in Japan　ISBN 978-4-492-39662-9

本書のコピー、スキャン、デジタル化等の無断複製は、著作権法上での例外である私的利用を除き禁じられています。本書を代行業者等の第三者に依頼してコピー、スキャンやデジタル化することは、たとえ個人や家庭内での利用であっても一切認められておりません。

落丁・乱丁本はお取替えいたします。